职业院校新能源汽车专业通用教材

CHUN DIAN DONG QI CHE GOU ZAO YU JIAN XIU

纯电动汽车构造与检修

（微课版）

组编　上海景格科技股份有限公司
主编　扈佩令　江于飞　陈友强

华东师范大学出版社
·上海·

图书在版编目(CIP)数据

纯电动汽车构造与检修/扈佩令,江于飞,陈友强主编;
上海景格科技股份有限公司组编. —上海:华东师范大学
出版社,2021
ISBN 978-7-5760-1904-9

Ⅰ.①纯… Ⅱ.①扈…②江…③陈…④上… Ⅲ.
①电动汽车—构造—职业教育—教材②电动汽车—车辆检
修—职业教育—教材 Ⅳ.①U469.72

中国版本图书馆 CIP 数据核字(2021)第 148175 号

纯电动汽车构造与检修

组　　编	上海景格科技股份有限公司
主　　编	扈佩令　江于飞　陈友强
责任编辑	李　琴
特约审读	李秋月
责任校对	杨月莹　时东明
装帧设计	庄玉侠
出版发行	华东师范大学出版社
社　　址	上海市中山北路 3663 号　邮编 200062
网　　址	www.ecnupress.com.cn
电　　话	021-60821666　行政传真 021-62572105
客服电话	021-62865537　门市(邮购)电话 021-62869887
地　　址	上海市中山北路 3663 号华东师范大学校内先锋路口
网　　店	http://hdsdcbs.tmall.com
印 刷 者	上海华顿书刊印刷有限公司
开　　本	787×1092　16 开
印　　张	23.25
字　　数	594 千字
版　　次	2021 年 9 月第 1 版
印　　次	2021 年 9 月第 1 次
书　　号	ISBN 978-7-5760-1904-9
定　　价	52.00 元
出 版 人	王　焰

(如发现本版图书有印订质量问题,请寄回本社客服中心调换或电话 021-62865537 联系)

新能源汽车系列教材编写专家委员会

主任委员

李丕毅	上海交通职业技术学院
尹宏观	重庆立信职业教育中心学校

副主任委员

杜洪香	潍坊职业学院
侯企强	晋中市职业中专学校
陈　刚	湖南汽车工程职业学院
王　毅	贵州交通职业技术学院
赵　宇	长春汽车工业高等专科学校

委　员

赵春田	天津滨海汽车工程学院
杨传帅	禹城市职业教育中心
李　健	涿州职教中心
常　亮	兰州石化职业技术学院
张维军	兰州石化职业技术学院
陈　清	四川交通职业技术学院
蔡　军	海南省技师学院
宋文奇	韩城市职业中等专业学校
邱家彩	咸宁职业技术学院
张　扬	山西职业技术学院
马云贵	湖南交通职业技术学院
黄小东	湖南工业职业技术学院
苟春梅	新疆交通职业技术学院
潘　浩	深圳职业技术学院
刘　冬	胡杨河职业技术学校
陈　标	湖南汽车工程职业学院
黄良永	广西科技师范学院
朱熙河	昆明市官渡区职业高级中学
陈国庆	广西电力职业技术学院
崔广磊	包头职业技术学院
李文博	长春汽车工业高等专科学校
侯　建	长春汽车工业高等专科学校
扈佩令	南昌汽车机电学校
胡　鑫	上海南湖职业技术学院
汪　琦	上海交通职业技术培训中心

内容简介 NEI RONG JIAN JIE

近年来,随着纯电动汽车技术的发展,我国纯电动汽车技术已经逐渐成熟。在各种政策和项目的有力推动下,纯电动汽车保有量和使用量越来越多,但随之而来的是纯电动汽车安全维修的问题。纯电动汽车动力系统的工作电压高达几百伏,极具危险性,安全规范地完成纯电动汽车的维修至关重要,故维修人员必须掌握纯电动汽车构造原理的相关知识和安全规范维修的操作技能。

本教材以系统介绍纯电动汽车构造、原理和检修为目标,让使用者了解纯电动汽车组成、原理及特点。为了实现这一目标,主要从两个方面进行介绍,一是以实际车型为案例介绍纯电动汽车结构原理;二是以纯电动汽车实际维修岗位的典型工作任务为实训任务,并配有引导使用者安全规范操作的技能操作视频等数字资源,注重培养使用者的职业素养。同时,为了方便教材的应用,匹配了与教材实训任务完全对应的学习工作页,大大提高了应用的可行性。

本教材主要参考新能源汽车国家标准规范和维修手册进行编写,分为六个项目,主要介绍了纯电动汽车基础认知、纯电动汽车电机驱动系统构造与检修、纯电动汽车电源系统构造与检修、纯电动汽车整车控制系统构造与检修、纯电动汽车底盘构造与检修、纯电动汽车车身及辅助电器构造与检修的相关知识。每个项目主要介绍这个系统相关的基本结构和原理,再结合典型车型具体介绍系统的组成特点和检修方法,并配有实训任务来培养使用者的专业技能。

本教材可作为职业院校新能源汽车技术等相关专业教学用书,也可作为高等教育或汽车技术人员培训教材。汽车维修人员和汽车技术爱好者亦可用于自学。

前言 QIAN YAN

根据《国家中长期教育改革和发展规划纲要(2010—2020年)》的精神,为推进职业教育课程改革和教材建设进程,我们依据理实一体化课程改革理念,以工作任务为课程设置与内容选择的参照点,以任务为单位组织内容并以任务活动为主要学习方式,开发、编写了新能源汽车技术专业的系列课程教材。《纯电动汽车构造与检修》既是新能源汽车各专业必修核心课程教材之一,也是上述系列课程教材之一。

本系列课程教材与项目课程教学包的设计和编制同步进行,是项目课程教学包的配套教材。

本项目课程教材的主要特色有:

◆ **以实践为主线**

教材编写的宗旨是培养以就业为导向、以职业为载体的学生全面发展。一切教学任务来源于实际工作过程中的典型生产任务,颠覆理论为主、实践为辅的传统教学模式,把纯理论课程与实际车型相关联,增加可实践操作内容,理论知识够用即可。

◆ **以互动性为基础**

本教材为融合创新立体化教材,它以独具魅力的纸质教材为核心,借助移动互联网,通过扫描二维码实现纸质教材与移动端数字化资源的瞬间连接,将教材配套的数字化资源与纸质教材内容充分融合,益教易学。

◆ **以资源库为支撑**

资源库中含有内容丰富、数量充足、知识全面的素材,分为理论教学、结构认知、虚拟实训和实操演示四部分,教材的编写引用大量的多媒体素材,条理清晰、内容全面。

◆ **以实用性为原则**

本教材的编写以工作过程为线索,形成以项目实施为主体思路、理论与实际相结合、专业教学标准与职业资格标准相融合的系列课程教材。教材任务与实际的典型工作任务相吻合,具有很强的实用性。

  本系列课程是校企合作共同开发的课程,适应各地学校新能源汽车技术等相关专业教学。希望各校在选用本项目课程教材实施教学的过程中,及时提出意见和建议,以便在修订时改正和完善。

编者
2021.08

目 录 MU LU

视频资源清单 ……………………………………………………………………………… 1

项目一　纯电动汽车基础认知 ……………………………………………………… 1
任务 1　纯电动汽车结构与原理 ………………………………………………… 2
任务 2　纯电动汽车类型 ………………………………………………………… 16

项目二　纯电动汽车电机驱动系统构造与检修 …………………………………… 25
任务 1　电机驱动系统基本构造与原理 ………………………………………… 26
任务 2　比亚迪 E5 电机驱动系统构造与检修 ………………………………… 48
　　实训 1　比亚迪 E5 驱动电机总成拆装 …………………………………… 56
　　实训 2　比亚迪 E5 驱动电机检修 ………………………………………… 61
　　实训 3　比亚迪 E5 驱动电机分解与组装 ………………………………… 66

项目三　纯电动汽车电源系统构造与检修 ………………………………………… 73
任务 1　电源系统基本构造与原理 ……………………………………………… 74
任务 2　比亚迪 E5 电源系统构造与检修 ……………………………………… 98
　　实训 1　比亚迪 E5 动力蓄电池拆装 ……………………………………… 110
　　实训 2　比亚迪 E5 动力蓄电池检修 ……………………………………… 113

项目四　纯电动汽车整车控制系统构造与检修 …………………………………… 123
任务 1　整车控制系统基本组成及原理 ………………………………………… 124
任务 2　比亚迪 E5 整车控制系统构造与检修 ………………………………… 148
　　实训 1　比亚迪 E5 高压电控总成拆装 …………………………………… 165

实训 2　比亚迪 E5 高压电控总成检修 ································· 171

　　实训 3　比亚迪 E5 车载网络系统检修 ································· 180

项目五　纯电动汽车底盘构造与检修 ································· 187

任务 1　行驶系统构造与检修 ································· 188
　　实训 1　比亚迪 E5 车轮拆装 ································· 207
　　实训 2　比亚迪 E5 悬架拆装 ································· 208

任务 2　转向系统构造与检修 ································· 216
　　实训　比亚迪 E5 电动助力转向机构检修 ································· 231

任务 3　制动系统结构与检修 ································· 236
　　实训 1　比亚迪 E5 盘式制动器拆装 ································· 261
　　实训 2　比亚迪 E5 盘式制动器检修 ································· 267
　　实训 3　比亚迪 E5 电动真空泵检修 ································· 272

项目六　纯电动汽车车身及辅助电器构造与检修 ································· 277

任务 1　纯电动汽车车身结构认知 ································· 278

任务 2　纯电动汽车空调系统构造与检修 ································· 299
　　实训 1　比亚迪 E5 电动空调压缩机检测维修 ································· 345
　　实训 2　纯电动汽车空调 PTC 拆装 ································· 352

视频资源清单

项目一　纯电动汽车基础认知　001

纯电动汽车整体结构-情景导入／2
纯电动汽车组成／3
纯电动汽车机械减速装置布置形式／7
纯电动汽车工作原理／11
电动汽车优缺点／12
纯电动汽车类型-情景导入／16
纯电动汽车分类-按电源数目分／20

项目二　纯电动汽车电机驱动系统构造与检修　025

纯电动汽车电机驱动系统认知／26
纯电动汽车电机驱动系统功用／27
纯电动汽车驱动系统布置形式／28
新能源汽车电机驱动系统基本组成／30
纯电动汽车电驱冷却系统功用／41
驱动电机旋转变压器故障检修-情境导入／48
比亚迪E5电机驱动系统安装位置／49
比亚迪E5电机驱动系统组成／49
比亚迪E5驱动电机结构／50
比亚迪E5机械减速装置组成／51
比亚迪E5电驱冷却系统组成／52
比亚迪E5的电机冷却系统工作过程／52
比亚迪E5驱动电机总成拆装-前期准备／56
比亚迪E5驱动电机总成拆装-拆卸驱动电机总成／57
比亚迪E5驱动电机总成拆装-安装驱动电机总成／60
比亚迪E5驱动电机总成拆装-复位工作／61
比亚迪E5驱动电机检修／61
比亚迪E5驱动电机分解与组装-前期准备／66
比亚迪E5驱动电机分解与组装-分解驱动电机／66
比亚迪E5驱动电机分解与组装-检查驱动电机内部情况／67

比亚迪 E5 驱动电机分解与组装 – 组装驱动电机 / 68

比亚迪 E5 驱动电机分解与组装 – 复位工作 / 68

比亚迪 E5 驱动电机分解与组装 – 整理归位 / 69

项目三　纯电动汽车电源系统构造与检修　073

纯电动汽车电源系统供电规律 – 情景导入 / 74

纯电动汽车电源系统组成 / 75

动力电池形成过程 / 79

锂电子电池工作原理 / 79

电池管理系统工作原理 / 84

充电机功用 / 87

纯电动汽车电池冷却系统功用 / 93

比亚迪 E5 动力电池包故障检修 – 情景导入 / 98

比亚迪 E5 动力电池拆装 – 前期准备 / 111

比亚迪 E5 动力电池拆装 – 拆卸动力电池总成 / 112

比亚迪 E5 动力电池拆装 – 安装动力电池总成 / 112

比亚迪 E5 动力电池拆装 – 归位整理 / 113

比亚迪 E5 动力电池检修 – 前期准备 / 114

比亚迪 E5 动力电池检修 – 动力电池不拆解检测 / 114

比亚迪 E5 动力电池检修 – 动力电池拆解检测 / 118

比亚迪 E5 动力电池检修 – 复位工作 / 121

比亚迪 E5 动力电池检修 – 整理归位 / 121

纯电动汽车整车控制系统认知 – 情境导入 / 124

纯电动汽车控制总线 CAN 组成及原理 / 144

纯电动汽车电路线控系统故障检修 – 情境导入 / 148

比亚迪 E5 整车控制系统工作原理 / 156

比亚迪 E5 车载网络系统组成与工作过程 / 161

比亚迪 E5 高压电控总成拆装 – 前期准备 / 166

比亚迪 E5 高压电控总成拆装 – 拆卸相关附件 / 166

比亚迪 E5 高压电控总成拆装 – 拆卸高压电控总成 / 169

比亚迪 E5 高压电控总成拆装 – 安装高压电控总成 / 169

比亚迪 E5 高压电控总成拆装 – 安装相关附件 / 170

比亚迪 E5 高压电控总成拆装 – 复位工作 / 170

比亚迪 E5 高压电控总成检修 – 前期准备 / 171

比亚迪 E5 高压电控总成检修 – 高压电控总成在线检测 / 171

比亚迪 E5 高压电控总成检修 – 高压电控总成绝缘检测 / 172

比亚迪 E5 高压电控总成检修 – 高压电控总成不拆解检测 / 173

比亚迪 E5 高压电控总成检修 – 复检工作 / 179

比亚迪 E5 高压电控总成检修 – 整理归位 / 180

比亚迪 E5 车载网络系统检修 – 前期准备 / 180

比亚迪 E5 车载网络系统检修 – 车载网络系统诊断仪检测 / 181

项目四　纯电动汽车整车控制系统构造与检修　123

比亚迪E5车载网络系统检修－动力电池子网检测 / 181
比亚迪E5车载网络系统检修－动力网检测 / 185
比亚迪E5车载网络系统检修－整理归位 / 185

项目五 纯电动汽车底盘构造与检修 187

纯电动汽车行驶系统故障检修－情境导入 / 188
承载式车身功用 / 189
承载式车身结构 / 190
转向驱动桥功用 / 192
支持桥结构 / 193
四轮定位参数 / 193
车轮类型 / 196
辐板式车轮结构 / 196
轮辋类型 / 197
充气轮胎类型－按组成结构分类 / 198
无内胎充气轮胎结构 / 199
充气轮胎类型－按胎面花纹不同分类 / 199
充气轮胎类型－按胎体帘线排列方向不同分类 / 199
轮胎规格标记方法 / 200
轿车轮胎规格表示方法 / 200
悬架功用 / 201
悬架组成 / 201
双向作用筒式减振器结构 / 202
双向作用筒式减振器工作原理 / 203
悬架类型 / 204
麦弗逊式悬架结构 / 205
螺旋弹簧非独立悬架结构 / 206
螺旋弹簧非独立悬架工作原理 / 206
比亚迪E5车轮拆装－前期准备 / 207
比亚迪E5车轮拆装－拆卸轮胎 / 207
比亚迪E5车轮拆装－安装轮胎 / 208
比亚迪E5车轮拆装－整理归位 / 208
比亚迪E5悬架拆装－前期准备 / 209
比亚迪E5悬架拆装－拆卸悬架系统 / 212
比亚迪E5悬架拆装－安装悬架系统 / 213
比亚迪E5悬架拆装－整理归位 / 213
新能源汽车转向系统故障检修－情景导入 / 216
转向系统功用 / 217
转向系统类型 / 217
机械转向系统组成 / 218
转向盘结构 / 221
转向盘的自由行程 / 221
转向柱管吸能装置结构3D结构展示 / 222
电磁式轮速传感器工作原理 / 224
非接触式转矩传感器结构 / 225
转矩传感器工作原理 / 225
纯电动汽车电动助力转向系统组成 / 227
蜗轮蜗杆减速机构原理 / 228
比亚迪E5电动转向机构检修－前期准备 / 232
比亚迪E5电动转向机构检修－电动助力机构在线检测 / 232

比亚迪 E5 电动转向机构检修－电动助力电机检测 / 234
比亚迪 E5 电动转向机构检修－整理归位 / 234
新能源汽车制动系统故障检修－情景导入 / 236
制动系统功用 / 238
真空助力器工作原理 / 245
盘式制动器基本结构 / 247
定钳盘式制动器的工作原理 / 248
浮钳盘式制动器工作原理 / 249
制动防抱死系统 ABS 工作原理 / 252
比亚迪 E5 盘式制动器拆装－前期准备 / 261
比亚迪 E5 盘式制动器拆装－拆卸前轮制动器 / 263
比亚迪 E5 盘式制动器拆装－安装前轮制动器 / 263
比亚迪 E5 盘式制动器拆装－拆卸后制动器 / 265
比亚迪 E5 盘式制动器拆装－安装后制动器 / 265
比亚迪 E5 盘式制动器拆装－复位工作 / 266
比亚迪 E5 盘式制动器检修－前期准备 / 267
比亚迪 E5 盘式制动器检修－盘式制动器基本检测 / 267
比亚迪 E5 盘式制动器检修－检测制动摩擦片厚度 / 269
比亚迪 E5 盘式制动器检修－检测制动盘厚度 / 270
比亚迪 E5 盘式制动器检修－检测制动盘跳动量 / 271
比亚迪 E5 盘式制动器检修－整理归位 / 271
比亚迪 E5 电动真空泵检修－前期准备 / 272
比亚迪 E5 电动真空泵检修－电动真空泵在线检测 / 272
比亚迪 E5 电动真空泵检修－检测电动真空泵保险丝 / 274
比亚迪 E5 电动真空泵检修－检测电动真空泵 / 274
比亚迪 E5 电动真空泵检修－复检工作 / 275
比亚迪 E5 电动真空泵检修－整理归位 / 275

项目六　纯电动汽车车身及辅助电器构造与检修　277

纯电动汽车车身结构认知－情境导入 / 278
玻璃升降器的组成 / 288
叉臂式玻璃升降器工作原理 / 288
绳轮式玻璃升降器工作原理 / 289
车门类型－按开启方式不同分 / 291
电动座椅结构及工作过程 / 295
空调制冷循环系统检修－情境导入 / 299
汽车空调功能 / 300
冷凝器工作原理 / 306
蒸发器功能演示 / 306
膨胀阀作用 / 307
储液干燥器工作原理 / 310
新能源汽车空调制冷循环系统工作原理 / 312
PTC 加热器工作原理 / 313
汽车空调配气系统的结构及工作原理 / 316
汽车空调控制系统 / 318
涡旋式压缩机结构及工作原理 / 325
北汽 EV160 空调制冷系统控制逻辑 / 328
北汽 EV160 采暖系统工作原理 / 329
电动空调压缩机检测维修 / 345

项目一 纯电动汽车基础认知

项目概述

纯电动汽车是指由电机驱动车轮行驶的汽车,其动力源主要来自动力蓄电池。与传统的内燃机汽车相比,纯电动汽车结构简单,运转、传动部件少,噪声小且排放"零"污染;同时,驱动电机可回收车辆制动过程中消耗的部分能量,能量转换利用率高。比较传统燃油车和各种新能源车辆,纯电动汽车颇受汽车制造商和汽车爱好者青睐,成为现代都市出行的重要选项。

本项目旨在通过对纯电动汽车基础理论知识——纯电动汽车的结构、工作原理及不同划分类型的内容梳理,帮助学生初步完成对纯电动汽车的基本认知,以便于之后项目的深入学习。

任务 1　纯电动汽车结构与原理

 任务目标

1. 了解纯电动汽车总体结构及各组成部分的功能。
2. 了解纯电动汽车电源系统、电机驱动系统及整车控制系统的组成及作用。
3. 掌握纯电动汽车工作原理。
4. 掌握纯电动汽车特点。

任务导入

张女士进入 4S 店，欲购买一款纯电动汽车作为上下班的代步工具，她现在要了解纯电动汽车的组成及特点，店长要求你作为 4S 店的营销顾问向客户张女士介绍纯电动汽车，并引导客户产生对纯电动汽车的兴趣。现请你学习纯电动汽车的相关知识之后，完成店长布置的任务。

纯电动汽车整体结构-情景导入

知识储备

从传统燃油车到新能源汽车,现代汽车发展至今,车辆结构发生了很大变化。以纯电动汽车为例,其总体结构主要由电源系统、电机驱动系统、整车控制系统及车身、底盘、辅助电器等组成。且不同类型的纯电动汽车结构及工作特性也会有差异。本任务主要介绍纯电动汽车的结构、特性与原理,帮助学习者初步认识纯电动汽车。

一、纯电动汽车总体结构

与传统汽车相比,纯电动汽车取消了发动机等部件,整车结构和布局也发生了部分改变,现代纯电动汽车主要由决定纯电动汽车工作性能的三大系统,即电源系统、电机驱动系统、整车控制系统组成,如图1-1-1所示。另外,还有起支撑、防护等作用的底盘、车身和辅助电器等。

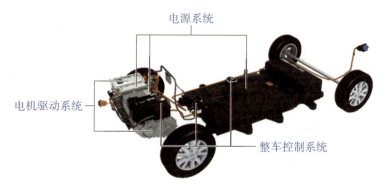

纯电动汽车组成

图1-1-1 纯电动汽车结构

（一）电源系统

纯电动汽车的电源系统是纯电动汽车的能源系统,它替代了传统燃油汽车的燃油供给系统,主要是给电动机提供驱动电能、监测动力蓄电池的使用情况(状态),并控制充电机向动力蓄电池充电。其主要由动力蓄电池、动力蓄电池管理系统、充电系统、动力蓄电池冷却系统及低压电源系统等组成,如图1-1-2所示。

1. 动力蓄电池

动力蓄电池是能量存储装置,它的作用是向电机提供驱动电能。对于没有辅助电源的纯电动汽车而言,动力蓄电池是唯一的动力源,它的好坏直接影响电动汽车的动力性能、续驶能力和安全性,如图1-1-3所示。

2. 动力蓄电池管理系统

动力蓄电池管理系统即能量管理系统,是动力蓄电池保护和管理的核心部件,它一方面检测收集并初步计算动力蓄电池实时状态参数,并根据检测值与允许值

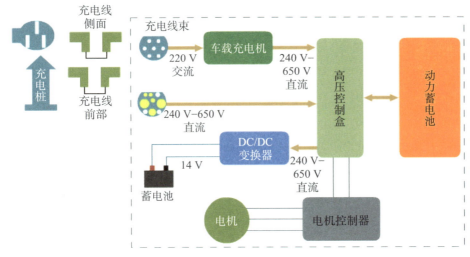

图1-1-2 电源系统

图1-1-3 动力蓄电池

的比较关系控制动力蓄电池的充电和放电,并控制其电量的变化;另一方面,将采集的关键数据上报给整车控制器,并接收控制器的指令,与车辆上的其他系统协调工作。

动力蓄电池管理系统能准确估测动力蓄电池组的荷电状态(电池剩余电量),并动态监测动力蓄电池组的工作状态,在单体蓄电池、动力蓄电池组间实现状态均衡调节;同时,汽车行驶过程中,它能够有效进行能源分配,协调各功能部分工作的能量管理,使有限的能量源最大限度地得到利用。

3. 充电系统

纯电动汽车充电系统的作用是为车载储能装置即动力蓄电池适时地补充电能,从而保证动力蓄电池持续且平衡地提供电能。纯电动汽车一般配有快充充电口和慢充充电口(图1-1-4),所以纯电动汽车可以实现快充充电和慢充充电。其中,快充电流大、充电速度快、充电时间短,便于车辆旅途快速补充电能;慢充采用恒压、恒流的传统充电方式对电动车进行充

(a)快充充电口

(b)慢充充电口

图1-1-4 充电系统

电,充电速度较慢,充电时间要持续8个多小时。电动汽车家用充电设施和小型充电站多采用慢充充电方式。

4. 动力蓄电池冷却系统

纯电动汽车的动力蓄电池冷却系统是指对供电系统的动力蓄电池进行降温冷却的冷却装置。动力蓄电池的冷却性能的好坏直接影响动力蓄电池的效率,同时也会影响动力蓄电池的寿命和使用安全。由于充放电过程中动力蓄电池本身会产生一定热量,从而导致温度上升,而温度升高会影响动力蓄电池的很多特性参数,如内阻、电压、SOC、可用容量、充放电效率和寿命。为了使电池包发挥最佳性能和延长其使用寿命,需要优化电池包的结构,对它进行热管理,增加散热设施,控制动力蓄电池运行的温度环境。

纯电动汽车为了将动力蓄电池的温度控制在正常工作范围以内,一般动力蓄电池系统专门配备单独的冷却系统。纯电动汽车动力蓄电池冷却系统有空调循环冷却式、水冷式和风冷式三种类型,目前大多纯电动汽车采用水冷式或风冷式冷却系统中的一种,如比亚迪 E5 采用水冷式,北汽 EV160 采用自然风冷却的风冷方式。

5. 低压电源系统

低压电源系统主要由低压辅助电池和 DC-DC 转换器组成,其作用主要是给电动汽车各种辅助装置,如电动助力转向机构、制动力调节控制装置、灯光、空调、电动门窗、中控台、仪表等提供所需要的工作电源,一般为 12 V 或 24 V 的直流低压电源。DC-DC 转换器将动力蓄电池的高压电转换成低压辅助电池需要的低压电,并给其补充电能;低压辅助电池接受 DC-DC 转换器提供的电能并给各种电器供电,常用的低压辅助电源有蓄电池和低压铁电池。

(二)电机驱动系统

电机驱动系统是纯电动汽车的心脏,其功用是在驾驶员的控制下,高效率地将存储在动力蓄电池中的电能转化为车轮的动能,推动汽车行驶,并能够在汽车减速制动或者下坡时,实现能量回收(将车轮的动能反馈到蓄电池中)。纯电动汽车电机驱动系统主要由驱动电机、电机控制器、机械减速装置和电机冷却系统等组成,并通过高低压线束、冷却管路与其他系统连接,如图 1-1-5 所示。

图 1-1-5 电机驱动系统

1. 驱动电机

驱动电机是动力系统的执行机构,是电能与机械能之间的转化部件,如图 1-1-6 所示。驱动电机在纯电动汽车中被要求承担着电动机和发电机的双重功能,即在正常行驶时发挥其主要的驱动功能,将电能转化为机械旋转能,通过传动装置驱动或直接驱动车轮;而在降速和下坡滑行时又能进行转换发电,将车辆的动能转换为电能。

2. 电机控制器

电机驱动系统的核心是电机控制器,如图 1-1-7 所示。电机控制器的功用是根据电子控制单元的指令、电机的速度和电流反馈信号,对电机的速度、驱动转矩和旋转方向进行控制。

图 1-1-6 驱动电机

图 1-1-7 电机控制器

电机控制器与电机必须配套使用,当汽车进行倒车行驶时,需通过驱动控制器使电机反转来驱动车轮反向行驶。当纯电动汽车处于降速和下坡滑行时,驱动控制器使电机运行于发电状态,电机利用其惯性发电,将电能通过驱动控制器回馈给动力蓄电池。

3. 机械减速装置

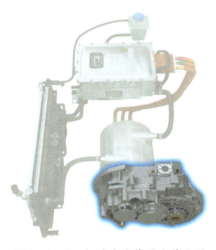

图 1-1-8 机械减速装置安装位置

纯电动汽车机械减速装置的作用是将驱动电机的驱动转矩传输给汽车的驱动轴,从而带动汽车车轮行驶,所以机械减速装置一般与驱动电机的输出端相连接,安装在驱动桥上,如图 1-1-8 所示。由于纯电动汽车驱动电机可以直接带动负载起动,并可以通过控制电路电流流向或者改变三相绕组顺序来改变电机转向来实现倒挡,通过改变电流频率和大小改变电机转速,所以纯电动汽车用于动力传动的机械减速装置可以没有离合器。纯电动汽车机械减速装置大多由具有固定传动比的二级减速器和差速器组成,这类机械减速装置与传统汽车的传动系统相比具有结构简单、体积小、占用空间少的特点。

电动汽车机械减速装置可以通过三种不同的布置形式来实现车辆的减速运行,它们分别为通过差速器来驱动车轮的传统布置形式、电机与车轮通过单级传动齿轮箱或齿形带直接连接的分体单级减速布置形式,以及电机直接与车轮相连接的电机集成式,如图 1-1-9 所。现代纯电动汽车常见的机械减速装置为电机与车轮通过单级传动比齿轮箱连接式,而电机集成式是未来电动汽车机械传动装置发展的主要方向。该系统具有巨大的潜在优势,其中包括 100% 的传动效率。这个系统的劣势在于大多数电机的转速比车轮转速快 2~4 倍,而把电机设计成转速较慢的类型会使其重量增大。将电机设置在轮毂中的好处是可以节约汽车的空间布局,但是反而会影响操纵性。

（a）传统式布置形式　　（b）分体式单级减速布置形式　　（c）电机集成式布置形式

图1-1-9　电动汽车电动系统三种不同的布置形式

纯电动汽车机械减速装置布置形式

4. 电机冷却系统

电机冷却系统主要用于保证驱动电机和电机控制器在规定的温度范围内工作，使其具有良好的工作性能。纯电动汽车运行过程中，电机驱动系统中的驱动电机和电机控制器会产生热量而使其温度上升。当温度上升到一定程度时，驱动电机的绝缘材料会发生本质的变化，最终使其失去绝缘能力，同时也会使驱动电机相对运转的金属部件因温度升高而变形或膨胀，从而使其强度、硬度降低，甚至会影响部件的润滑，最终大大降低驱动电机相关部件的使用寿命；电机控制器温度过高会导致电机控制器中的半导体结点烧坏、电路损坏，甚至烧坏元器件，从而引起电机控制器失效。纯电动汽车的电机驱动系统一般采用两种方式散热：空气冷却和水冷却，纯电动汽车通常多采用水冷却，如图1-1-10所示。

图1-1-10　电机冷却系统组成

（三）整车控制系统

电动汽车的整车控制系统是保证电动汽车正常工作的关键系统，它的作用是对整辆电动汽车的控制起协调管理的作用。纯电动汽车的整车控制系统主要由低压电气系

图1-1-11　低压电气系统

统、高压管理系统、车载网络系统组成,如图 1-1-11 所示。

1. 低压电气系统

纯电动汽车的低压电气系统主要由低压电源、DC-DC 转换器、车身电器、底盘电器等组成,一般可提供 12 V 或 24 V 的电源,其作用是一方面为灯光、刮水器等常规低压电器供电,另一方面为整车控制器、电机控制器和电动辅助装置的工作电路供电,监控这些系统的运行状态和故障处理。

2. 高压管理系统

纯电动汽车的高压管理系统主要部件是整车控制器、电机控制器、高压配电装置、动力蓄电池管理器等。相对于传统汽车而言,纯电动汽车采用了大容量、高电压的动力蓄电池及高压电机和电驱动控制系统,并采用了大量的高压附件设备,如电动空调、PTC 电加热器及 DC-DC 转换器等,如图 1-1-12 所示。因此,作为纯电动汽车高压系统安全管理的单元,其作用是进行动力电池电源的输出及分配,实现对各支路用电器的保护及切断,同时还可以控制汽车在减速制动或下坡滑行时的能量回收。

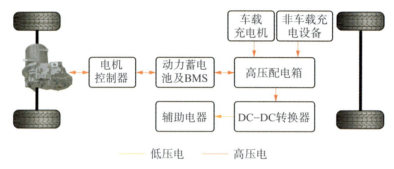

图 1-1-12　纯电动汽车高压管理系统框图

3. 车载网络系统

纯电动的汽车车载网络系统使用的是 CAN 总线,它是一种串行数据通信总线,是一种具有很高保密性,有效支持分布式控制或实时控制的现场串行通信网络。其功用是实现通信和资源共享,并解决汽车电子化出现的线路复杂和线束增加问题,同时也为线控操作技术提供有力的支撑。使用车载网络控制系统可以减少汽车制造成本、简化汽车电器线路、提高汽车通信效率、提高汽车电控系统可靠性。

纯电动汽车的 CAN 总线网络结构,即驱动系统的高速 CAN 和车身系统的低速 CAN。高速 CAN 总线每个节点为各个子系统的 ECU,低速 CAN 总线按物理位置设置节点,基本原则是基于空间位置的区域自治。

(四) 汽车底盘

汽车底盘是整个汽车的基体,它的功用是用来支撑蓄电池、电机、驱动控制器、汽车车身及空调在内的各种辅助装置,并将电机动力进行传递和分配,使汽车按照驾驶员意图行驶。传统的汽车底盘包括传动系统、行驶系统、转向系统、制动系统四大系统。纯电动汽车的底盘要求具有足够的空间存放动力蓄电池,并要求线路连接、充电、检查和拆卸方便。所以,纯电动汽车底盘的布置打破了传统汽车底盘的布置模式,主要由行驶系统、转向系统、制动系统三大系组成,如图1-1-13所示。

图1-1-13 汽车底盘组成

1. 行驶系统

电动汽车行驶系统主要由车架、车桥、车轮和悬架等组成。行驶系统的主要功用是承受汽车的总重量;接收传动系统传来的动力,通过驱动轮和地面之间的附着作用,产生驱动力,从而克服外界阻力,保证汽车正常行驶;传递并承受路面作用于车轮的各种反力及所形成的力矩;缓和不平路面对车身造成的冲击和振动,保证汽车平顺行驶。

并且行驶系统加大了承载空间的跨度和承载机构件的刚度,需要充分做好动力蓄电池组渗出的酸或者碱液对底盘构件腐蚀的防护。另外,纯电动汽车由于动力蓄电池组的质量大,为了减小整车质量,需要采用轻质材料制造底盘总成。

2. 转向系统

当汽车需要改变行驶方向时,必须使转向轮绕主销轴线偏转一定角度,直到新的行驶方向符合驾驶员的要求时,再将转向轮恢复到直线行驶位置。这种由驾驶员操纵,转向轮偏转和回位的一整套机构,称为汽车转向系统。转向系统有液动力助力和电动力助力两种形式。电动汽车转向系统多采用电动力助力形式,主要由转矩传感器、车速传感器、助力电动机、减速机构和电子控制单元(ECU)等组成,如图1-1-14所示。汽车转向系统的功用是改变或保持汽车的行驶方向。

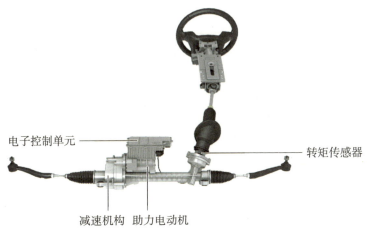

图1-1-14 转向系统结构组成

3. 制动系统

制动系统可以让行驶中的汽车减速甚至停车,使下坡行驶的汽车速度保持稳定,以及使已停驶的汽车保持不动。为实现汽车制动,在汽车上必须装设一系列专门装置,以便驾驶员能根据道路和交通等情况,借以使外界(主要是路面)在汽车某些部分(主要是车轮)施加一定的与汽车行驶方向相反的力,对汽车进行一定程度的强制制动。这种可控制的对汽车进行制动的外力称为制动力,这样的一系列专门装置即称为制动系统。电动汽车的行车制动系统主要由制动踏板、真空泵、真空罐、真空助力器、控制单元、制动主缸、制动轮缸、制动器和制动管路等组成,如图1-1-15所示。

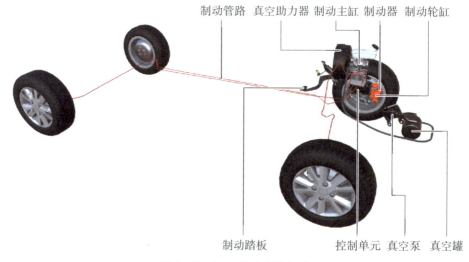

图1-1-15 制动系统组成

(五) 汽车车身

汽车车身主要由车身本体、开启件、座椅、内外饰部件和安全保护装置等组成,其中开启件主要是指门、窗、行李舱和车顶盖等,而安全保护装置主要有保险杠、安全带、安全气囊等。汽车车身的作用是安全容纳驾驶员、乘员及货物,使其免受外界侵袭和恶劣气候影响,即车身可以为驾驶员提供舒适的驾驶环境,为乘员提供安全、舒适和享受的乘坐条件,保护他们尽量少受汽车行驶的振动、噪声、废气的影响,使其安全、正点到达目的地。

鉴于车身的安全作用,对车身的构造与布局要符合下列要求:

① 车身应保证汽车具有合理的外部形状,造型美观、色彩协调,在汽车行驶时能有效地减少空气阻力和能源消耗。

② 针对纯电动车能源有限的特点,电动汽车车身外形应尽量符合空气流体动力学原理,减小行驶过程中的空气阻力,并选取高强度轻型材料来减轻自重。

③ 车内布局应尽量减少刚性机械部件连接的动能传动,选取柔性电缆,使得电动汽车车内布局有较大灵活度。动力蓄电池作为电动汽车上必不可少的动力源,其自身也有一定重量,尽量使其分散布置,作为配重进行布局。

总体而言,纯电动汽车各个部件的总体布局应在符合车辆动力学对汽车重心要求的同时,尽可能降低汽车质心高度和汽车总体质量。

（六）辅助电器

电动汽车辅助电器主要包括空调、照明、各种声光信号装置、车载音响装置、刮水器、电动门窗、电动座椅调节器、车身安全防护装置等。这些辅助装置主要为提高汽车操纵性、舒适性和安全性而设置，可根据需要进行选用。在纯电动汽车上，空调系统压缩机采用独立电动机驱动，并由动力蓄电池提供电能。空调压缩系统可以按照制冷量的变换调整运转速度，不受车速或汽车驱动力的变化影响。

二、纯电动汽车工作原理

当汽车行驶时，电机驱动系统将存储在动力蓄电池中的电能高效地转化为车轮（驱动汽车行驶）的动能，整车控制系统的整车控制器根据加速踏板、制动踏板和变速杆挡位的输入信号，向电机控制器发出指令，电机控制器控制驱动电机的起动、加速、减速、制动，以及汽车减速制动和下坡滑行过程中的能量回收。机械传动装置将驱动电机的转矩传递给汽车的驱动轴，从而（将动力传递到车轮上，驱动汽车行驶）带动汽车车轮的前进和后退。电动汽车续驶里程与动力蓄电池容量有关，动力蓄电池容量受很多因素限制，要提高一次充电续驶里程，必须尽可能地节省动力蓄电池的能量，如图 1-1-16 所示。

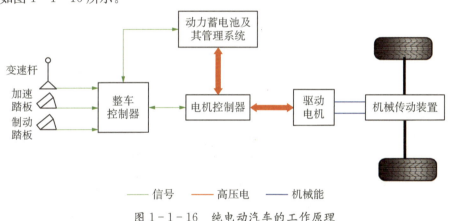

纯电动汽车工作原理

图 1-1-16 纯电动汽车的工作原理

三、纯电动汽车特点

纯电动汽车是现在新能源车型中最主流的，纯电动汽车需要通过外接电源来给车辆动力蓄电池充电，然后通过电机驱动汽车行驶。汽车的特点影响汽车的应用，下面从纯电动汽车的优点、缺点两个方面来描述其特点。

优点

优点一：零排放

优点二：对电网削峰填谷

优点三：可回收能源

电动汽车优缺点

缺点

缺点一：动力蓄电池价格昂贵　　缺点二：整车成本高　　缺点三：续驶能力低

图 1-1-17　纯电动汽车的主要优缺点

（一）纯电动汽车优点

1. 能源效率高

纯电动汽车的能源效率与传统内燃机汽车相比，其能源效率更高。传统内燃机汽车效率为38%，尤其是在城市道路行驶中频繁停车、低速行驶等使其最终效率不过12%；纯电动汽车停车时无机器空转，80%以上的动力蓄电池能量可转为汽车的动力，即使考虑到发电、送配电、电池充放电的效率，其最终效率也约达到19%。而且，当车辆制动或减速时，电机可转化为发电机，实现能量的回收利用，汽车停止时，则不消耗电量，如图1-1-18所示。

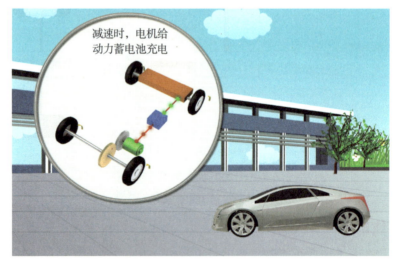

图 1-1-18　纯电动汽车能源效率高

2. 节能环保

纯电动汽车在各种工况下都是由动力蓄电池的电力驱动，电力可以由煤炭、天然气、水力、核能、太阳能、风力、潮汐等能源转化，不一定要依靠石油资源，所以大大节省能源消耗。纯电动汽车行驶过程中无燃料燃烧，也就无废气排除，不污染环境。

3. 结构简单、易保养

纯电动汽车在工作过程中仅使用电机及动力蓄电池驱动，没有发动机、变速器、油箱和排气系统，而且车上运转、传动的部件很少，所以相较内燃机汽车结构简单。从使用方面来说，纯电动汽车没有传统发动机那些繁琐的养护项目，比如：更换机油、滤芯、传动带等，只需定期检查电机、动力蓄电池等组件即可。

4. 噪声低

纯电动汽车整车完全在纯电动工况下行驶，其噪声主要来自于电机噪声、轮胎噪声和风动噪声，所以相较有内燃机噪声的传统汽车，车内、车外声音极小。纯电动汽车行驶过程中没有换挡冲击，可以给用户提供燃油车无法比拟的驾驶、乘坐环境。

5. 超高的安全性能

纯电动汽车动力蓄电池包具有防水、防漏电的保护设计，并且电源管理系统智能化监控动力蓄电池的运行参数，保证动力蓄电池的正常运行。

6. 使用经济性

纯电动汽车使用成本低廉，只有汽油车的五分之一左右。而且能量转换效率高，同时可回收制动、下坡时的能量，提高能量的利用效率。在夜间利用电网的低价"谷电"进行充电，起到平抑电网的峰谷差作用。

（二）纯电动汽车缺点

1. 续驶里程短

目前蓄电池的单位重量能够储存的能量较少，单次充电后可续驶里程有限，目前大多数的纯电动汽车续驶里程都在 100～300 km，再加上天气、路况、动力蓄电池等方面因素，实际的续驶能力也就 100 km 出头。可以满足平时上下班短途驾驶，但是周末外出、节假日出游等长距离需求难以满足。

图 1-1-19 纯电动汽车续驶里程短

2. 充电时间长

目前纯电动汽车正常充电时间为 8 h 左右,快速充电需要 0.5~1 h,其充电时间相较传统汽车补充燃料较长。

3. 配套设施不完善

目前国内的充电桩、充电站等配套设施不完善,还需要一段比较长的时间建设配套基础设施。

4. 易保养,但维修成本高

目前,纯电动汽车主要采用锂离子电池,电池组价格昂贵且循环使用寿命有限,加之未形成规模经济,成本较高。

本任务介绍了纯电动汽车总体结构、纯电动汽车工作原理及纯电动汽车特性。

纯电动汽车主要由电源系统、电机驱动系统、整车控制系统、底盘、车身和辅助装置等组成。

纯电动汽车的电源系统由动力蓄电池、电池管理系统、车载充电机及辅助动力源等组成。它的功用是给电机提供驱动电能、监测动力蓄电池的使用情况(状态)并控制充电机向动力蓄电池充电。

电机驱动系统的功用是将存储在动力蓄电池中的电能高效地转化为车轮的动能,推动汽车行驶,并能够在汽车减速制动或者下坡时,实现能量回收(将车轮的动能反馈到动力蓄电池中)。主要由驱动电机、电机控制器、机械传动装置、电源和冷却系统等组成。

整车控制系统的作用是对整辆电动汽车的控制起协调管理的作用。对于纯电动汽车而言,实现电机的驱动控制、动力蓄电池的工作控制是关键技术。

汽车底盘的功用是支撑动力蓄电池、电机、驱动控制器、汽车车身、空调在内的各种辅助装置,并对电机动力进行传递和分配,按照驾驶员意图行驶。

汽车车身的作用是为驾驶员提供舒适的驾驶环境,为乘员提供安全、舒适和享受的乘坐条件,保护他们尽量少受汽车行驶的振动、噪声、废气的影响,使其安全、正点到达目的地。

电动汽车辅助装置主要包括空调、照明、各种声光信号装置、车载音响装置、刮水器、电动门窗、电动座椅调节器、车身安全防护装置等。这些辅助装置主要为提高汽车操纵性、舒适性和安全性而设置,可根据需要进行选用。

纯电动汽车工作原理:当汽车行驶时,电机驱动系统将存储在动力蓄电池中的电能高效地转化为车轮(驱动汽车行驶)的动能,整车控制系统的整车控制器根据加速踏板、制动踏板的输入信号,向电机控制器发出指令,电机控制器控制驱动电机的起动、加速、减速、制动,以及汽车减速制动和下坡滑行过程中的能量回收。机械传动装置将驱动电机的转矩传递给汽车的驱动轴,从而(将动力传递到车轮上,驱动汽车行驶)带动汽车车轮的前进和后退。

纯电动汽车的性能指标通常用传动系统的传动比性能、驱动电机功率及电压性能、动力蓄电池性能、续驶里程性能、动力性能等来评定。

任务练习

一、判断题

1. 纯电动汽车的电源系统由动力蓄电池、电池管理系统、车载充电机、冷却系统及辅助动力源等组成。（ ）
2. 车载充电机又称直流充电机，是把 220 V 直流电转换为相应电压的高压交流电。（ ）
3. 电机控制器的功能是根据电子控制单元的指令、电机的速度和电流反馈信号，对电机的速度、驱动转矩和旋转方向进行控制。（ ）
4. 纯电动汽车传动装置的所有部件协同工作，将驱动电机的驱动转矩传输给汽车的驱动轴，从而带动汽车车轮行驶。（ ）
5. 当汽车行驶时，电机驱动系统将存储在驱动电机中的电能高效地转化为车轮（驱动汽车行驶）的动能。（ ）

二、选择题

1. 纯电动汽车的充电口有（   ）。【多选题】
   A. 快充充电口　　　B. 慢充充电口　　　C. 低压充电口　　　D. 高压充电口
2. CAN 总线采用串行通信方式，总信号通过差分电压进行传送，两条信号线分别为_____和_____。（   ）【单选题】
   A. CANH、CANL　　B. CANA、CANK　　C. CANH、CANB　　D. CANC、CANL
3. 纯电动汽车底盘的布置打破了传统汽车底盘的布置模式，主要由_____、_____、_____三大系统组成。（   ）【多选题】
   A. 行驶系统　　　　B. 转向系统　　　　C. 传动系统　　　　D. 制动系统
4. 下列（   ）是纯电动汽车的电池性能。【多选题】
   A. 电动势　　　　　B. 工作电压　　　　C. 充电电压　　　　D. 能源效率

三、简答题

1. 请说出纯电动汽车总体组成及各组成部分的作用。

2. 请简述纯电动汽车的工作原理。

任务 2　纯电动汽车类型

1. 了解纯电动汽车的分类方法。
2. 掌握每一类纯电动汽车的特点。

任务导入

张女士进入 4S 店想要购买一款纯电动汽车作为上下班的代步工具,她想要了解纯电动汽车类型及每款纯电动汽车特点,一名销售顾问接待这个客户并进行纯电动汽车相关介绍。假设你是这位销售顾问,应该从哪些方面进行介绍,又应该学习纯电动汽车哪些知识呢?

纯电动汽车类型-情景导入

知识储备

纯电动汽车是指由电机驱动的汽车。电机的驱动电能来源于车载可充电蓄电池或其他能量储存装置。它具有零排放、噪声小、结构简单等优点,是目前发展最快的新能源汽车。根据不同的划分标准,如用途、驱动电机类型、电源类型等,纯电动汽车可以划分为不同的类型。

一、按照用途分类

根据电动汽车使用过程中的用途不同,纯电动汽车分为纯电动乘用车、纯电动货运车和纯电动公交车三种类型。

(一)纯电动乘用车

纯电动乘用车(图1-2-1)是指以车载蓄电池(动力蓄电池)为电源,以驱动电机为动力源驱动,同时用于输送人员及其随身物品,且座位布置在汽车两轴间的车辆,其座位数不超过九个。

纯电动乘用车所选用的动力蓄电池应该能提供足够高的比能量和比功率,并且在车辆制动时能回收车辆动能,具有高比能量和高比功率的动力蓄电池有助于纯电动乘用车的加速性能和爬坡能力的发挥。纯电动乘用车动力蓄电池可以集中布置在车的尾部或者底盘下面。

现在普遍使用的纯电动乘用车在满足舒适性要求的前提下,具有经济性好、环保等特点。在国家政策的推动下,某些纯电动乘用车使用成本可以达到0.1元/km。

图1-2-1 纯电动乘用车

图1-2-2 纯电动货运车

(二)纯电动货运车

纯电动货运车(图1-2-2)是指以车载动力蓄电池来提供电能驱动行驶的货车,该类车全部以电能驱动。目前的纯电动货运车仍是面向中短途运输和专用车市场。

例如,沃尔沃卡车推出的自家首款纯电动货运车FL系列及第二款电动货运车FE系列都属于纯电动货运车类型,该系列车总重可达27t左右,续驶里程约200 km。特斯拉、奔驰、沃尔沃等国外企业及中国重汽、一汽解放、东风商用车、比亚迪等国内企业均在纯电动货运车领域有车型推出。可以看出,纯电动货运车的规模化应用离我们越来越近。

从发展情况来说,由于纯电动货运车对电池的蓄电能力和车辆续驶能力要求较高,其续驶里程和充电设施普及水平还远未达到人们的期望,应用范围受到限制,但因其所具备的独特优势,纯电动货运车仍被业内人士看好。因此,纯电动货运车市场有待大力开发。

(三) 纯电动公交车

纯电动公交车是指以车载动力蓄电池来提供电能驱动行驶的公交车,该类公交车全部以电能驱动。这种公交车具有良好的动力性能,持续行驶里程可达 500 km,电池使用寿命长,而且成本较低,与整车的配备良好。同时,这种公交车噪声小,行驶稳定性高,能实现零排放,且符合道路交通、安全法规各项要求,是一种典型的绿色环保公交车。但是要求纯电动公交车具有良好的动力性、操控性,这使得其对传动系统的要求较高,同时如何延长其续驶里程,也是待攻破的关键技术。

二、按照驱动电机类型分类

驱动电机是纯电动汽车的动力源,相当于传统汽车的发动机,它直接将动力蓄电池的电能转换为机械能,并驱动汽车行驶,所以驱动电机的性能影响纯电动汽车的运行性能。搭载不同类型驱动电机的纯电动汽车具有不同性能,纯电动汽车按照驱动电机的类型不同,可分为直流电机驱动的纯电动汽车、交流电机驱动的纯电动汽车和双电机驱动的纯电动汽车。

(一) 直流电机驱动的纯电动汽车

使用直流电机作为驱动电机的汽车为直流电机驱动的纯电动汽车,由于直流电机转速相对较低,转矩较大,所以直流电机驱动的纯电动汽车转速低、转矩大,适用于城市道路。在电动汽车发展的早期,因为直流电机技术较为成熟,有着控制方式容易、调速优良的特点,所以直流电机驱动的纯电动汽车在我国广泛应用。常见的有小型、低速的搬运设备上采用的小功率直流电机驱动的电动车,如休闲用电动汽车、高尔夫球车等;低速、大转矩的专用车上采用的大功率直流电机驱动的电动车,如矿石搬运电动车、玻璃搬运电动车等。

直流有刷电机因电刷和换向器负载能力低、加速性能差和维护成本高等限制,所以纯电动轿车上搭载的直流电机一般为永磁无刷直流电机。这种电机的最大特点就是具有直流电机的外特性而没有电刷组件的机械接触结构,是一种高性能的电机。搭载永磁无刷直流电机的纯电动汽车,使用过程中没有换向火花,没有无线电干扰,转速不受机械限制,电机传动系统具有较高的能量密度和传动效率,且使用寿命长、运行可靠、维修简便,有着很好的应用前景。但是永磁无刷直流电机驱动的纯电动汽车因在恒功率模式下运行需要一套复杂的控制系统,所以造价很高,而且其体积和质量较大,目前这种类型的电动汽车已经很少了。

(二) 交流电机驱动的纯电动汽车

使用交流电机作为驱动电机的汽车为交流电机驱动纯电动汽车,常用的交流电机驱动的纯电动汽车主要有交流异步电机驱动的纯电动汽车、永磁同步电机驱动的纯电动汽车和开关磁阻电机驱动的纯电动汽车三种。

1. 交流异步电机（三相异步感应电机）驱动的纯电动汽车

使用交流异步电机（三相异步感应电机）作为驱动电机的汽车为交流异步电机（三相异步感应电机）驱动的纯电动汽车，其中笼型感应电机驱动的电动汽车是比较常见的。这种电机驱动的纯电动汽车，因电机内的定子和转子采用硅钢片叠压，并且定子之间没有相互接触的集电环、换向器等部件，所以汽车结构简单，运行可靠，经久耐用。使用这种电机驱动的纯电动汽车可采用空气冷却或液体冷却方式冷却驱动电机，冷却自由度高，所以对环境的适应性好；其转速在 12 000～15 000 r/min 范围内能输出要求的功率，并能在减速或者制动时实现能量回收，所以这种电机驱动的纯电动汽车与同样功率的直流电机驱动的纯电动汽车相比较，效率较高，质量较小，维修方便。

但是这种电机驱动的纯电动汽车因电机的耗电量较大，转子容易发热，在高速运转时需要保证对三相交流感应电机的冷却，否则会损坏电机。三相交流感应电机的功率因数较低，使得变频变压装置的输入功率因数也较低，因此需要采用大容量的变频变压装置。三相交流感应电机的控制系统的造价远远高于三相交流感应电机本身，增加了电动汽车的成本。另外，三相交流感应电机的调速性也较差。

2. 永磁同步电机驱动的纯电动汽车

使用永磁同步电机作为驱动电机的汽车为永磁同步电机驱动的纯电动汽车。这种电机驱动的纯电动汽车，其电机控制精度和转矩密度高，所以搭载该款电机的纯电动汽车转矩平稳性好，振动噪声低，已成为国内外最具竞争力的电动汽车类型之一。同时，电机体积小，质量小，且功率密度高，转矩惯量比大，所以搭载该款电机的纯电动汽车过载能力强，尤其低转速时输出转矩大，起动加速耗时短，因此受到国内外电动汽车界广泛重视。比较典型的应用车型有丰田普锐斯混联式混合动力轿车。

3. 开关磁阻电机驱动的纯电动汽车

使用开关磁阻电机作为驱动电机的汽车为开关磁阻电机驱动的纯电动汽车。这种电机驱动的纯电动汽车，其电机的转子上没有集电环、绕组和永磁体等，只是在定子上有简单的集中绕组，绕组的端部较短，没有相间跨接线，因此，汽车比其他任何一种电机驱动的汽车都要简单，维修护理容易，且可靠性好；同时，该款电机转速可达 15 000 r/min，效率可达 85%～93%，且转子永磁体调速范围宽，搭载该款电机的纯电动汽车不仅控制灵活，易于实现各种特殊路况要求的转矩与速度，而且在很广的范围内能够保持高效率，甚至比交流感应电机驱动的汽车效率还要高。另外，开关磁阻电机结构和控制简单，无论通过正向电流或反向电流，其转矩方向不变，功率变换器电路较简单，因此，对应的纯电动汽车可控性能好，能量回收能力强，且不易出现直通故障。

但由于该类型的纯电动汽车噪声大，转矩脉动和非线性严重，目前应用车型较少。

（三）双电机驱动的纯电动汽车

双电机驱动纯电动汽车（图 1-2-3）具有两台电机和两组电机动力系统，并通过运动合成器将两者有机合成起来。这种纯电动汽车的两组电机分别承担汽车低速运转和高速运转的工作，当汽车达到一定速度时两个电机可同时工作，使汽车具有低速爬坡和高速续驶的性能，在整个运行过程中全部是自动变速，从根本上改变了纯电动车的机动性能，同时也使其续驶里

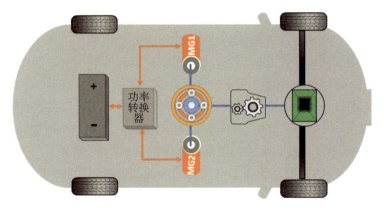

图1-2-3 双电机驱动纯电动汽车

程达到最高。双电机驱动的纯电动汽车具有很高的工作效率、较强爬坡能力、较大的续驶里程,而且有安全保险备用系统,是一种安全、节能、环保、经济的汽车。

特斯拉的Model S 60D及Model S 85D两款车型就属于双电机驱动纯电动汽车。

三、按照电源分类

动力蓄电池是电动汽车的能量存储装置,为驱动电机提供电能,相当于传统汽车的油箱。它属于二次能源,可以通过物理反应、化学反应、风力、水力、热能及太阳辐射产生。要使电动汽车能与燃油汽车相竞争,关键是开发出比能量高、比功率大、使用寿命长、成本低的电池。而随着纯电动汽车电动技术的提高,单一的动力蓄电池无法满足汽车的动力参数要求,有的纯电动汽车还需要增加储备电源来实现车辆的正常驱动。因此,按照采用的电源数量不同,纯电动汽车又可分为单电源纯电动汽车和多电源纯电动汽车两类,如图1-2-4所示。

纯电动汽车分类-按电源数目分

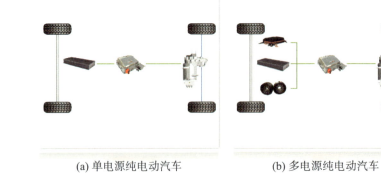

(a) 单电源纯电动汽车　　(b) 多电源纯电动汽车

图1-2-4 纯电动汽车按电源数目分类

(一) 单电源纯电动汽车

单电源纯电动汽车是指以单一动力蓄电池作为动力源的纯电动汽车,只装置

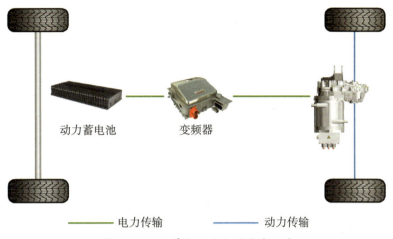

图 1-2-5 单电源纯电动汽车组成

了动力蓄电池,它的电力和动力传输系统(路线)如图 1-2-5 所示。

其主电源就是动力蓄电池,如锂离子电池、聚合物电池等。这种纯电动汽车结构简单,控制器简便。但同时存在如下缺点:

① 主电源的瞬时输出功率容易受蓄电池性能的影响。

② 制动能量的回馈效率也会受制于蓄电池的最大可接受电流量及蓄电池的荷电状态。

(二)多电源纯电动汽车

以单一动力蓄电池作为动力源的单电源纯电动汽车,动力蓄电池的比能量和比功率较低,要求动力蓄电池组的质量和体积较大。因此,某些纯电动汽车上增加了辅助电源,如飞轮电池、超级电容器、太阳能蓄电池等,就形成了动力蓄电池和超级电容器或动力蓄电池和飞轮电池的组合电源。这种组合电源,可以改善纯电动汽车的起动性能,增加其续驶里程,并且降低动力蓄电池容量、比能量、比功率等的参数要求。同时,在汽车起步、爬坡、加速等行驶工况下,辅助电源(超级电容器、飞轮电池)可短时间内输出大功率,协助动力蓄电池供电,使电动汽车的动力性大为提高;而在汽车制动时,则利用辅助蓄能装置可接受大电流充电的特点,提高制动能量回馈的效率。多电源纯电动汽车的电力和动力传输系统(路线)如图 1-2-6 所示。

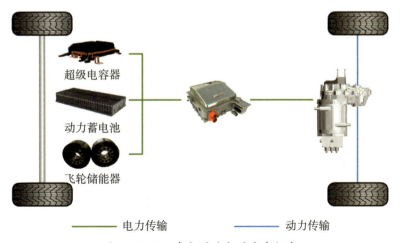

图 1-2-6 多电源纯电动汽车组成

任务小结

本任务讲解了纯电动汽车类型,主要介绍了按用途、按驱动电机类型、按电源三种分类方法。

根据电动车使用过程中的用途不同,纯电动汽车分为纯电动乘用车、纯电动货运车和纯电动公交车三种类型。

纯电动汽车按照驱动电机的类型不同分为直流电机驱动、交流电机驱动和双电机驱动三种类型纯电动汽车。直流电机即电池储存电能,电能以直流电的方式从电池输出经过转换器传至电机。交流电机驱动的纯电动汽车主要有交流异步电机、永磁同步电机和开关磁阻电机纯电动汽车三种。

异步电机又称感应电机,是由气隙旋转磁场与转子绕组感应电流相互作用产生电磁转矩,从而实现机电能量转换为机械能量的一种交流电机。永磁同步电机为了实现能量的转换,需要有一个直流磁场,产生这个磁场的直流电流,称为电机的励磁电流。

双电机驱动纯电动汽车具有两台电机和两组电机动力系统,通过运动合成器有机合成起来。这种纯电动汽车的两组电机分别承担汽车低速运转和高速运转的工作,当汽车达到一定速度时两个电机可同时工作,使汽车具有低速爬坡和高速续驶里程高的性能。

纯电动汽车按照采用的电源分单电源纯电动汽车和多电源纯电动汽车两类。单电源纯电动汽车是指以单一动力蓄电池作为动力源的纯电动汽车,只装置了动力蓄电池组;多电源纯电动汽车是指在单电源纯电动汽车上增加了辅助电源,如飞轮电池、超级电容器、太阳能蓄电池等,就形成了动力蓄电池和超级电容器或动力蓄电池和飞轮电池的组合电源。

一、判断题

1. 直流无刷电机是转子为永久磁铁产生气隙磁通。( )
2. 双电机驱动纯电动汽车具有两台电机并配备一组电机动力系统,这两台电机分别承担汽车低速运转和高速运转的工作。( )
3. 开关磁阻电机属于直流电机。( )
4. 单电源纯电动汽车只装置了动力蓄电池。( )
5. 动力蓄电池和超级电容器或动力蓄电池和飞轮电池的组合电源就是多电源。( )

二、选择题

1. 北汽 EV160 选用的是哪种形式的驱动电机?( )。【单选题】
   A. 三相交流异步电机 B. 直流有刷电机
   C. 永磁同步电机 D. 直流无刷电机
2. 交流电机包括下列( )。【单选题】

A．交流异步电机 B．开关磁阻电机
C．永磁同步电机 D．轮毂电机

3. 永磁同步电机相对于转子直流励磁的同步电机，就是采用（　　）取代其转子直流绕组。【单选题】

A．永磁铁 B．硅钢片
C．永磁体 D．转子铁心

4. 驱动电机将能源转化为驱动力，但考虑到车辆使用时的速度、续驶里程等需求，需要满足的基本要求包括（　　）。【多选题】

A．宽调速范围 B．高密度轻量化
C．高效率 D．能量回收率低

三、简答题

1. 请说出永磁同步电机相对于交流异步电机的优势。

2. 请简述纯电动汽车的类型。

项目二　纯电动汽车电机驱动系统构造与检修

项目概述

驱动电机是新能源汽车行驶中的主要执行机构,驱动电机及其控制系统是新能源汽车的核心部件之一,其驱动特性决定了汽车行驶的主要性能指标,是电动汽车的重要部件。驱动电机可以在驾驶员的操控下,高效率地将动力电池的电能转换为车轮的机械能,以及进行能量回收,从而达到节能减排的目的。

本项目在对电机驱动系统相关的理论知识进行介绍之后,将以任务的形式,针对不同车型的电机驱动系统结构、原理、检测方法及检修技能操作展开详细阐述。

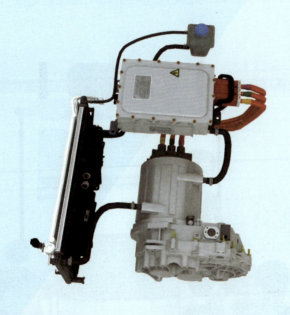

任务 1　电机驱动系统基本构造与原理

 任务目标

1. 了解电机驱动系统及驱动电机的类型。
2. 了解机械传动装置、电机控制器、驱动电机及冷却系统功用。
3. 掌握电机驱动系统的组成与工作原理。
4. 掌握电机控制器、机械传动装置、驱动电机及冷却系统组成。
5. 理解驱动电机、电机控制器及冷却系统的工作原理。

任务导入

为了提高新能源汽车专业学生的专业知识和技能,促进新能源汽车技术的普及与深化,选拔一批专业知识牢固、动手能力强的学生进入项目班,比亚迪股份有限公司特举办"全国职业院校纯电动汽车模型组装竞赛"。现邀你作为参赛团队中第一组的成员,负责完成纯电动汽车电机驱动系统的组装,请学习相关系统知识,完成组装任务。

纯电动汽车电机驱动系统认知

 知识储备

现代电动汽车区别于内燃机汽车的最大不同点,就是普遍采用了电驱系统,替代传统的发动机。电机驱动系统作为现代纯电动汽车的心脏,它的系统结构、分类及工作原理,与传统的发动机有着很大的不同,如图 2-1-1 所示。通过本任务的学习,可以帮助我们更好地去认识现代汽车的电机驱动系统。

图 2-1-1　EV160 电机驱动系统

一、电机驱动系统功用及位置

纯电动汽车的电机驱动系统是纯电动汽车的核心系统,是车辆行驶的主要执行机构。它可以根据驾驶员的操作意图、动力蓄电池和驱动电机的状态控制车辆的行驶和停止,同时在汽车减速制动或者下坡时,实现电能再生。

纯电动汽车的电机驱动系统一般位于前机舱内,如图 2-1-2 所示。电机驱动系统完成驱动车辆任务的机械部件主要有产生驱动力的驱动电机和进行动能传递的机械减速装置。

图 2-1-2　电机驱动系统位置及功用

纯电动汽车电机驱动系统功用

二、电机驱动系统类型

纯电动汽车电机驱动系统的关键机械部件是驱动电机和机械减速装置,两者的布置形式和位置关系不同,会形成不同类型的电机驱动系统。因此,按照驱动电机与机械减速装置布置形式和位置关系的不同,纯电动汽车的电机驱动系统可分为集中式驱动系统和轮毂式驱动系统两种类型。

(一) 集中式驱动系统

集中式驱动系统一般由电机、减速器和差速器等组成。它采用单电机驱动代替内燃机,但保持传统内燃机汽车零部件及结构不变,故设计制造成本低,但动力传递路线相对较长,传动效率低。按照有无变速器,集中式驱动系统又可分为传统驱动模式和电机-驱动桥模式两种类型,如图 2-1-3 所示。

纯电动汽车驱动系统布置形式

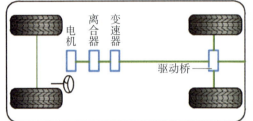

(a) 电机轴与驱动轴相互垂直　　　　(b) 整体驱动桥式

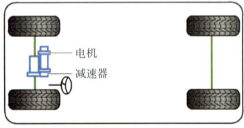

(c) 电机轴与驱动轴相互平行　　　　(d) 双电机整体驱动桥式

图 2-1-3　纯电动车汽车驱动系统布置形式

1. 传统驱动模式

传统驱动模式如图 2-1-3(a)所示,与传统汽车驱动系统的布置方式一致,带有变速器和离合器,只是将内燃机换成电机,这种布置方式可以提高纯电动汽车的起动转矩,同时增加低速行驶时汽车的后备功率。该模式驱动系统所属汽车一般为改造型纯电动汽车,如力帆 100E 汽车。

2. 电机-驱动桥模式

按照电机与驱动桥组合形式的不同,电机-驱动桥模式又分为电机-驱动桥组合驱动模式和电机-驱动桥整体驱动模式两种。

(1) 电机-驱动桥组合驱动模式

电机-驱动桥组合驱动模式如图 2-1-3(b)和图 2-1-3(c)所示,该模式取消了离合器和变速器,由1台电机驱动两车轮旋转。这种组合式驱动系统结构紧凑,安装、使用和维护都十分方便。北汽EV160就属于该种驱动模式的汽车。

(2) 电机-驱动桥整体驱动模式

电机驱动桥整体驱动模式如图2-1-3(d)所示,是将电机装到驱动轴上,直接由电机实现变速和差速转换。这种传动方式不仅要求电机具有大的起动转矩和后备功率,还要求控制系统具备较高的控制精度和良好的可靠性,以保证纯电动汽车安全、平稳地行驶。

该集中式驱动系统的布置形式多样,各有优劣,但目前在纯电动小型乘用车上应用的多为电机-驱动桥组合驱动模式中的"(c)电机轴与驱动轴相互平行"的布置形式,使用该形式布局的车型有宝马i3、沃蓝达Volt、江淮和悦iEV、北汽EV、比亚迪EV300、比亚迪-唐、比亚迪E6、吉利帝豪等。

(二) 轮毂式驱动系统

轮毂驱动系统可以布置在纯电动汽车的两个前轮、两个后轮或四个车轮的轮毂中,成为前轮驱动、后轮驱动或四轮驱动。

轮毂驱动系统有内定子外转子结构和内转子外定子结构两种结构类型,如图2-1-4所示。

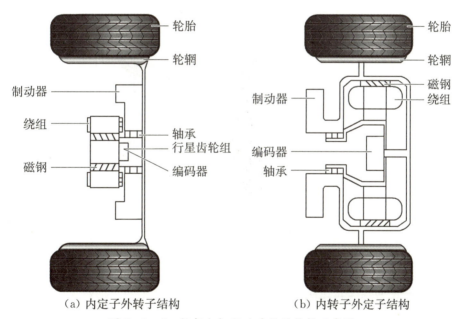

图2-1-4 轮毂电机驱动系统的结构示意图

1. 内定子外转子结构

其外转子直接安装在车轮的轮缘上,这种结构没有机械减速机构提供减速,通常要求电机为低速大转矩电机,如图2-1-4(a)所示。

2. 内转子外定子结构

其转子作为输出轴与拥有固定减速比的行星齿轮变速器的太阳轮相连,而车轮轮毂与齿圈连接,这样可以提供较大的减速比,放大其输出转矩,如图2-1-4(b)所示。

图 2-1-5 轮毂电机实物图

轮毂电机实物如图 2-1-5 所示,当采用轮毂电机驱动时,由于可以对每台电机的转速进行单独调节控制,因此可以省去机械差速器,实现电子差速,以提高汽车在转弯时的操作性。同时,纯电动汽车上驱动电机输出的转矩传递到驱动车轮的传递路径也将大大缩短,这样可腾出足够的优化空间。当采用内定子外转子结构时,还能够提高对车轮动态响应的控制性能。

轮毂驱动系统主要应用于老年代步四轮电动车,如奇瑞瑞奇 X1-EV、福特 F150、比亚迪纯电动大巴 K9 等纯电动车上。

三、电机驱动系统结构与原理

纯电动汽车电机驱动系统的组成部件除了有产生驱动力的驱动电机和进行动能传递的机械减速装置,还包含电机控制器、电机驱动冷却系统,如图 2-1-6 所示,它们通过高低压线束、冷却管路与整车其他系统连接运转。

新能源汽车电机驱动系统基本组成

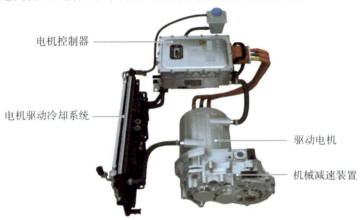

图 2-1-6 电机驱动系统结构

(一) 驱动电机

驱动电机是动力系统的执行元件,其作用是将电源的电能转化为机械能,通过传动装置驱动或直接驱动车轮。纯电动汽车驱动电机一般位于前机舱内,如图 2-1-7 所示。

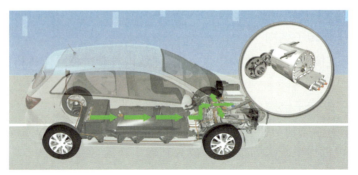

图 2-1-7 驱动电机

1. 驱动电机常用类型

纯电动汽车应用的驱动电机有各种类型,常见的驱动电机主要有无刷直流电机、交流感应电机、永磁同步电机和开关磁阻电机,如图2-1-8所示。

(a) 开关磁阻电机

(b) 交流感应电机

(c) 永磁同步电机

(d) 无刷直流电机

图2-1-8 驱动电机类型

(1) 无刷直流电机

无刷直流电机是用电子换向装置代替了有刷直流电机的机械换向装置,其保留了有刷直流电机优良的调速性能,且体积小、质量小、起动力矩大、再生制动效果好,是最理想的调速电机之一,广泛应用于高尔夫球车、观光游览车、巡逻车、送餐车、特种车、牵引车、叉车等。

(2) 交流感应电机

交流感应电机是由定子绕组形成的旋转磁场与转子绕组中感应电流的磁场相互作用而产生电磁转矩驱动转子旋转的交流电机。其具有接近恒速的负载特性,且结构简单,制造、使用、维护方便,运行可靠性高,但调速性能差。目前采用该电机的车辆主要有美国通用公司的EV-1型、福特公司以及为人熟知的特斯拉电动汽车等。

(3) 永磁同步电机

所谓永磁,指的是在制造电机转子时加入永磁体,使电机的性能得到进一步的提升。而所谓同步,则指的是转子的转速与定子绕组的电流频率始终保持一致。因此,通过控制电机的定子绕组输入电流频率,电动汽车的车速将最终被控制。永磁同步电动机功率因数大,效率高;调速性能好,精度高;输出转矩大,频率高;并且驱动灵活,可控性强。长城汽车的电动车产品哈弗M3纯电动汽车和北汽集团的BE701插电式纯电动汽车,采用的都是永磁同步电机。

(4) 开关磁阻电机

开关磁阻电机是一种新型调速电机,调速系统兼具直流、交流两类调速系统的优点,是继变频调速系统、无刷直流电机调速系统的最新一代无级调速系统。开关磁阻电机由双凸极的定子和转子组成,其定子、转子的凸极均由普通的硅钢片叠压而成。其可控参数多,调速性能好;结构简单,成本低;运转效率高,损耗小;并且起动转矩大,起动电流小。但同时,开关磁阻电机振动和噪声相对较大,控制复杂。

2. 驱动电机结构

纯电动汽车的驱动电机根据原理不同,有直流无刷电机、交流感应电机、永磁同步电机、开关磁阻电机等,不同的电机类型,结构也会有差异。本教材则以永磁同步电机为例,来介绍驱动电机的结构。

永磁同步电机主要由定子、转子、壳体、机座等部件组成,其中定子主要由定子铁心和定子绕组组成,转子主要由转轴和永磁体转子组成,如图 2-1-9 所示;永磁同步电机冷却方式有风冷和水冷式,纯电动汽车上一般使用的为水冷式。

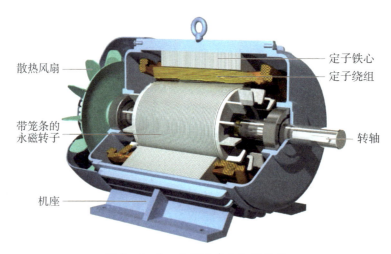

图 2-1-9 永磁同步电机的结构

(1) 定子

永磁同步电机的定子是由导磁的定子铁心、导电的定子绕组及其他附件构成。其他附件是指固定定子铁心和定子绕组的一些部件,机座、绕组支架等,如图 2-1-10 所示。

图 2-1-10 定子结构

① 定子铁心。永磁同步电机的定子铁心一般采用 0.5 mm 硅钢冲片叠压而成。当定子铁心外径大于 1 mm 时，用扇形的硅钢片来拼成一个整圆。在叠装时，把每层的缝错开，以减少铁心的涡流损耗。定子铁心的内圆开有槽，槽内放置定子绕组，定子槽形一般都做成开口槽，便于嵌线，如图 2-1-11 所示。

图 2-1-11 永磁同步电机定子铁心的结构

② 定子绕组。永磁同步电机的定子绕组是由许多线圈连接而成，每个线圈又是由多股铜线绕制成的，放在槽子里的导体靠槽楔来压紧固定，其端部用支架固定，如图 2-1-12 所示。定子绕组与绕线式三相同步电机的定子绕组一样，通入交流电源即产生旋转磁场。

图 2-1-12 定子铁心与定子绕组

永磁同步电机的定子绕组普遍采用分布、短距绕组；对于极数较多的电机，则普遍采用分数槽绕组；若需进一步改善电动势波形时，也可考虑采用正弦绕组或其他特殊绕组。

（2）转子

永磁同步电机与其他电机最大的不同是转子结构，转子上安装有永磁体磁极。因此，永磁同步电机的转子主要由永磁体、转子铁心和转轴等部件构成，如图 2-1-13 所示。

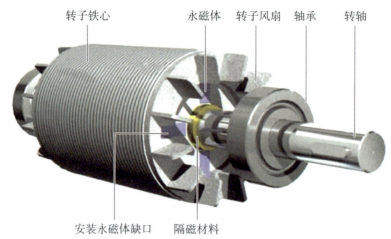

图 2-1-13 转子结构

其中,永磁体主要采用铁氧体永磁和钕铁硼永磁材料;转子铁心可根据磁极结构的不同,选用实心钢,或采用钢板或硅钢片冲制后叠压而成。按照永磁体在转子上位置的不同,永磁同步电机的磁极结构可分为表面式转子磁路结构和内置式转子磁路结构。

① 表面式转子磁路结构。表面式转子磁路结构中,永磁体通常呈瓦片形,并位于转子铁心的外表面上,永磁体提供磁通的方向为径向。

表面式转子磁路结构又分为表面凸出式转子磁路结构和表面嵌入式转子磁路结构,如图2-1-14 和图 2-1-15 所示。

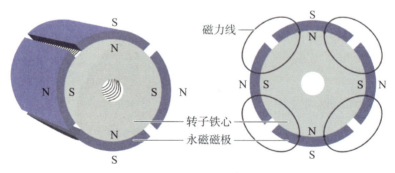

图 2-1-14 表面凸出式永磁转子

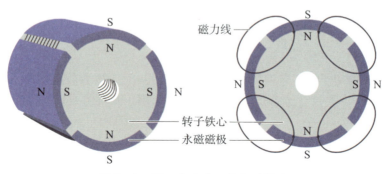

图 2-1-15 表面嵌入式永磁转子

表面凸出式转子磁路结构具有结构简单、制造成本低、转动惯量小等优点。在矩形波永磁同步电机和恒功率运行范围不宽的正弦波永磁同步电机中得到了广泛应用。

表面嵌入式转子磁路结构可充分利用转子磁路不对称性所产生的磁阻转矩,提高电机的功率密度,动态性能也较凸出式有所改善,制造工艺较简单,常被某些调速永磁同步电机所采用。

② 内置式转子磁路结构。内置式转子磁路结构的永磁体位于转子内部,永磁体外表面与定子铁心内圆之间有铁磁物质制成的极靴,极靴中可以放置铸铝笼或铜条笼,起阻尼或起动作用,广泛用于要求有异步起动能力或动态性能高的永磁同步电机。

按照永磁体磁化方向与转子旋转方向的相互关系,内置式转子磁路结构又可分为径向式转子磁路结构、切向式转子磁路结构和混合式转子磁路结构,如图2-1-16~图2-1-18所示。径向式转子磁路结构漏磁系数小,转轴上不需采取隔磁措施,极弧系数易于控制,转子冲片机械强度高,安装永磁体后转子不易变形等。切向式转子磁路结构,其一个极距下的磁通由相邻两个磁极并联提供,可得到更大的每极磁通。尤其当电机极数较多、径向式转子磁路结构不能提供足够的每极磁通时,这种结构的优势更明显。此外,采用该结构的永磁同步电机的磁阻转矩可占到总电磁转矩的40%,对提高电机的功率密度和扩展恒功率运行范围都是很有利的。混合式结构集中了径向式转子磁路结构和切向式转子磁路结构的优点,但结构和制造工艺都比较复杂,制造成本也比较高。

图2-1-16 内置径向式永磁转子铁心结构

图2-1-17 内置切向式永磁转子铁心结构

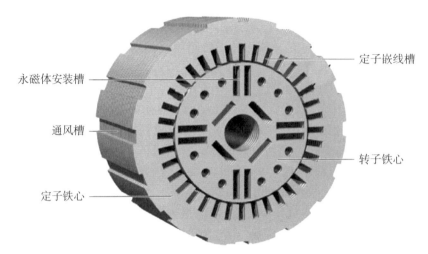

图 2-1-18 内置混合式永磁转子铁心结构

（3）转子位置传感器

与其他电机相比，永磁同步电机还必须装有转子位置传感器，用来检测磁极位置，并以此对电枢电流进行控制，达到对永磁同步电机驱动控制的目的。转子位置传感器的种类较多，且各具特点。在永磁同步电机中常见的位置传感器有光电式位置传感器、霍尔位置传感器和旋转变压器。

① 光电式位置传感器。光电式位置传感器结构简单、输出精度高、反应快，具有较为广泛的应用前景。但光电式位置传感器的光敏元件易受环境温度的影响，且在油污、粉尘等环境中监测效果会有所降低，故在油田采矿、火力发电等恶劣条件下难以应用。

② 霍尔位置传感器。霍尔位置传感器可被封装在密闭环境中，适用于脏湿、粉尘等恶劣环境。与此同时，霍尔传感器一般需要永磁体或者励磁才可以工作，因此应用时需安装与转子同轴的含永磁体位置检测的装置，这在一定程度降低了其体积小的优势。

③ 旋转变压器。旋转变压器是纯电动汽车应用较多的信号检测装置，其主要用以检测驱动电机转子位置，并将其检测结果传输给电机控制器，经转换可获知电机转速信息。旋转变压器是一种输出电压随转子转角变化的信号装置，按照输出电压与转子转角间关系，旋转变压器可以分为正余弦旋转变压器、线性旋转变压器和比例式旋转变压器；按照信号产生的原理，旋转变压器有电磁感应式和磁阻式。现代纯电动汽车的驱动电机上多采用的是磁阻式旋转变压器，其产生正余弦波形，所以也是正余弦旋转变压器，本节主要介绍磁阻式变压器，即正余弦旋转变压器。

a. 旋转变压器组成。磁阻式旋转变压器是一种利用气隙磁阻变化而输出变化信号的旋转变压器，其依据电磁感应原理，利用气隙变化和磁阻变化，而使输出绕组感生出电压随转子转角作相应正弦或余弦变化的传感元件。旋转变压器主要由定子和转子组成，如图 2-1-19 所示。旋转变压器转子由导磁性极强的硅钢片组成，转子外圆表面冲制有若干等分小齿，其数与极对数相等。旋转变压器定子主要由定子铁心、定子绕组两部分组成，定子铁心由导磁性良好的硅钢片叠加而成，定子铁心内圆冲制有若干极靴，每个极靴上又冲制若干等分小齿，定子绕组安放在极靴槽中。定子绕组有 3 组，分别为 1 组输入（励磁）绕组和 2 组输出绕组，输出和输入绕组均为集中绕制，其正余弦绕组的匝数按正弦规律变化，彼此相差 90°，所以能产生相差 90°电角度的电信号。旋转变压器转子的作用是随驱动电机的转轴转动时改变定子励磁绕组产生磁场的强度；而定子的作用有两个，一是在励磁绕组通电时产生磁场，二是在旋转变压器转子转动时，励磁绕组的磁场强弱变化，使输出绕组上产生正弦和余弦的检测信号。

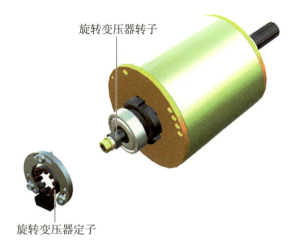

图 2-1-19　旋转变压器

b. 旋转变压器工作原理。磁阻式变压器的基本原理是当转子相对定子转动时，空间的气隙磁导发生变化，每转过一个转子齿距，气隙磁导变化一个周期，转过一周，则变化转子齿数个周期。气隙磁导的变化，导致输入和输出绕组之间互感的变化，输出绕组感应的电动势亦发生变化。

驱动电机中的旋转变压器工作原理是驱动电机的三相线将高压电输送给驱动电机，驱动电机中的转子转动，从而带动旋转变压器的转子转动，与此同时，驱动电机控制器提供 12 V 电能供给旋转变压器定子的输入（励磁）线圈产生磁场。旋转变压器的转子相对定子转动时，使转子和定子之间气隙大小改变，定子上的磁场强度受气隙大小变化的影响而变化，变化的磁场切割旋转变压器定子上的两组输出绕组，由于两组绕组相差 90°，从而产生相差 90°正旋和余旋感应电动势。

3. 驱动电机原理

纯电动汽车常用驱动电机是三相永磁同步电机，电机工作原理是电机控制器输出三相交流电至电机定子绕组。交流电在相应的定子绕组或者相邻绕组中产生旋转磁场，定子上旋转磁场与转子磁场相互作用产生转矩，拖动转子同步旋转。驱动电机通过位置传感器实时读取转子位置，并变换成电信号输出至电机控制器，以便于电机控制器调整输入三相电频率与电流值，实现电机的转速变化与转矩功率变化。

永磁同步电机驱动的工作原理是永磁同步电机转子运转，旋转的转子的磁场，分别切割 U 相、V 相、W 相的定子绕组且产生 U、V、W 三相交流电，如图 2-1-20 所示。U、V、W 为定子的三相绕组，每相绕组中通入电流幅值和相位都随时间变化的交流电，且彼此在相位上相差 120°。当时间轴 t 为某一时刻时，此时 U 相绕组电流方向为正，电流从始端流入 U 相绕组，从末端流出，根据右手定则可产生相应的磁力线，磁场通过定子铁心形成闭合回路，对永磁转子产生吸引。此时的 V 相绕组电流方向为负，电流从末端流入 V 相绕组，从始端流出，根据右手定则，可产生相应方向磁力线。此时 W 相

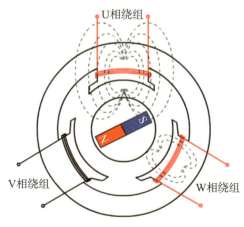

图 2-1-20　驱动电机作为电动机的工作原理

绕组电流为正，电流从始端流入 W 相绕组，从末端流出，根据右手定则可产生相应方向的磁力线。相叠加的磁力线在左侧形成顺时针方向的磁力线，在右侧形成逆时针方向的磁力线，使得转子的 S 极和 N 极受到定子绕组的磁力线吸引。随着 U、V、W 三相绕组连续通入彼此相位相差 120°的交流电，定子磁场沿顺时针方向旋转，吸引永磁转子也随之旋转，将电能转化为机械能。

永磁同步电机发电的工作原理是当定子产生一对磁极，上部为 S 极，下部为 N 极时，会将转子吸引到当前位置即转子 N 极向上，S 极向下。在有负载状态下，定子旋转磁场在转速上微微领先转子一点，吸引转子以旋转磁场的转速进行旋转，在理想空载状态下转子与旋转磁场是完全对应的，在转子主动旋转，转子磁场会切割定子的磁场从而产生感生电动势，此时状态为发电机，电动车制动能量回收就是利用这种工作原理来的，如图 1-1-21 所示。

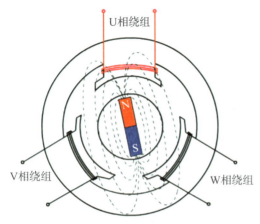

图 2-1-21　驱动电机作为发电机的工作原理

4. 驱动电机要求

纯电动汽车在行驶过程中，经常频繁地起动/停车、加速/减速等，这就对驱动电机的使用和性能提出了更高的要求，具体如下：

（1）电压高

纯电动汽车驱动电机在允许的范围内尽可能采用高电压，这样可以减小电动汽车驱动电机的尺寸和导线等装备的尺寸，特别是可以降低功率变换器的成本。

（2）转速高

电动汽车所采用的驱动电机的转速可以达到 8 000～12 000 r/min，满足短时加速或爬坡要求，同时，高速电机的体积较小，质量较小，有利于降低装车的装备质量。

（3）可靠性高

纯电动汽车驱动电机要耐高温和耐潮性能强，运行时噪声低，污染小，能够在高温、坏天气及频繁振动等恶劣环境下长期工作。

（4）较大的起动转矩和较大的调速范围

电动汽车的驱动电机要具有好的起动性能和加速性能，从而获得所需要的起动、加速、行驶、减速、制动等所需的功率与转矩。在恒转矩区，其在低速运行时需具有较大的转矩，以满足电动汽车起动和爬坡的工作要求；在恒功率区，其在低转矩时需具有较高转速，以满足电动汽车在平坦路面能够高速行驶的要求。

（5）瞬时功率大和负载能力强

纯电动汽车的驱动电机要有较大的瞬时功率和较强的负载能力，这样可保证汽车带负载时起动性能好、加速性能强，并且使用寿命长。

（6）高效率、低损耗

纯电动汽车仅有动力蓄电池作为驱动电机的能源，其容量有限。为了延长纯电动汽车的续驶里程，要求驱动电机在整个运行范围内具有很高的效率，同时在车辆减速时，能够实现再生制动，将能量回收并反馈给动力蓄电池，再生制动回收能量能达到总能量的 10%～15%。

(7) 安全规范

纯电动汽车的驱动电机控制系统的安全性和电气系统的安全性都必须符合国家(或国际)有关车辆电气控制的安全性能标准和规定,必须装备有高压保护设备。

(8) 成本低

要求纯电动汽车驱动电机结构简单坚固,适合批量生产,便于使用和维护,从而降低生产和使用成本。并且,为了降低纯电动汽车的价格,驱动电机要尽量价格便宜,提高性价比。

(9) 重量轻,体积小

驱动电机应尽量采用铝合金外壳,以降低驱动电机的重量,还要设法降低驱动电机控制器的重量和冷却系统的重量。同时,在允许的范围内,尽可能采用高电压,这样可以减小驱动电机的外形尺寸和导线等装备的尺寸,特别是可以降低功率变换器的成本。

(二) 电机控制器(MCU)

电机控制器(MCU)是电机驱动系统的核心,它是驱动电机的控制单元,即控制器输出命令,控制驱动电机的工作。电机控制器主要作用是将输入的直流电逆变成电流、频率可调的三相交流电,供给配套的三相交流永磁同步电机使用。

其功能是根据电子控制单元的指令,驱动电机的速度和电流反馈信号,对驱动电机的速度、驱动转矩和旋转方向进行控制。

1. 电机控制器组成

电机控制器就是控制主牵引电源与电机之间能量传输的装置,主要由电子控制装置和功率转换装置组成,如图 2-1-22 所示。

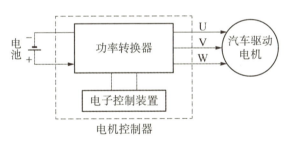

图 2-1-22 电机控制器组成

(1) 电子控制装置

电子控制装置主要通过电流传感器、电压传感器、温度传感器来监测和调整电机运行状态,并根据相应参数进行电压、电流的调整控制来实现对驱动电机的转速、转矩和功率的控制。

(2) 功率转换装置

功率转换装置则是一种起逆变和整流作用的变压器,它相当于是逆变器和整流器的集成装置,其功能是接收动力电池输送过来的直流电电能,逆变成三相交流电给驱动电机提供相应的工作电源。

2. 电机控制器原理

电机控制器的电子控制装置根据电流传感器、电压传感器、温度传感器来进行驱动电机运行状态的监测,并根据相应参数对驱动电机进行电压、电流的调整控制,以实现对驱动电机转矩、转速和方向的控制。电机控制器输出频率和幅值可变的三相交流电,供给驱动电机定子绕组,形成磁场转动速度和磁场强度可变的旋转磁场。

同时,电机控制器有自诊断功能,它是通过电机控制器内含故障诊断码的电路实现的。当电机出现异常时,它将会激活一个错误代码并发送给整车控制器(VCU),同时,储存该故障码和相关数据。

3. 电机控制器的应用

电机控制器与驱动电机必须配套使用,目前电机控制器对驱动电机的转矩控制主要通过电压和电流的调节实现、调速主要根据频率的改变实现,这主要取决于所选用的驱动电机类型。

(1) 直流无刷驱动电机

电机控制器一般采用脉宽调制(PWM)斩波控制方式,控制技术简单、成熟、成本低,但效率低、体积大。

(2) 交流感应驱动电机

电机控制器采用PWM方式实现高压直流到三相交流的电源变换,采用变频调速方式实现电机调速,通过矢量控制或直接转矩控制的策略来实现电机转矩控制的快速响应。

(3) 交流永磁驱动电机

包括正弦波永磁同步电机驱动系统和梯形波直流无刷电机驱动系统,其中正弦波永磁同步电机控制器采用PWM方式实现高压直流到三相交流的电源变换,采用变频调速方式实现电机调速;梯形波直流无刷电机控制通常采用"弱磁调速"方式实现电机的控制。

由于正弦波永磁同步电机驱动系统低速转矩脉动小且高速恒功率区调速更稳定,比梯形波直流无刷电机驱动系统具有更好的应用前景。

(4) 开关磁阻驱动电机

开关磁阻电机驱动系统的电机控制一般采用模糊滑模控制方法。

目前纯电动汽车所用电机均为永磁同步电机,交流永磁电机采用稀土永磁体励磁,与感应电机相比不需要励磁电路,具有效率高、功率密度大、控制精度高、转矩脉动小等特点。

(三) 机械减速装置

纯电动汽车机械减速装置与驱动电机的输出端相连接,安装在于驱动桥上。它可以将电机的驱动转矩传输给汽车的驱动轴,从而带动汽车车轮行驶。

1. 机械减速装置组成

纯电动汽车的机械减速装置大多采用固定传动比的二级减速器,即主要由主减速器和差速器总成组成。主减速器和差速器总成的主要部件有箱体(左右箱体)、输入轴组件、中间轴组件、差速器组件等,如图 2-1-23 所示。

图 2-1-23 减速器总成结构组成—E50

2. 机械减速装置功用

机械减速装置的主要功用体现在两方面：

一方面是将驱动电机的输出转速降低、转矩升高，并传递给汽车驱动轴，以实现整车对驱动系统的转矩、转速需求，最终带动车辆行驶。

另一方面是通过齿轮改变转矩的传递方向，通过差速器实现两侧车轮转速差，保证内、外侧车轮以不同转速滚动而非滑动。

3. 机械减速装置工作过程

在纯电动汽车工作过程中，主减速器和差速器总成的输入轴组件接收驱动电机的驱动力，经一级减速器将驱动力传递给中间轴组件，从中间轴组件经二级减速器传递给差速器，差速器将转矩分配后传递给两侧车轮带动汽车行驶。

（四）电机驱动系统的冷却系统

驱动电机在运行过程中会产生热量而使其温度上升，当温度上升到一定程度时，驱动电机的绝缘材料会发生本质的变化，最终使其失去绝缘能力，同时也会使驱动电机中的金属构件强度和硬度逐渐下降。而且，电机控制器在工作过程中也会产生大量的热能使其升温，如果温度过高会导致驱动电机控制器中的半导体结点烧坏、电路损坏，甚至烧坏元器件，从而引起电机控制器失效。为了避免纯电动汽车驱动系统相关部件因过热而损坏，需要冷却系统对其工作温度进行控制，如图2-1-24所示。

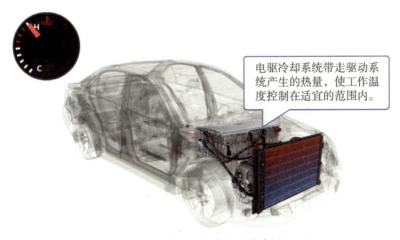

纯电动汽车电驱冷却系统功用

图2-1-24 电机驱动系统的冷却系统功用

1. 电机驱动系统的冷却系统作用

电机驱动系统的冷却系统的作用是带走驱动系统中的驱动电机和驱动电机控制器工作过程中产生的热量，将其工作温度控制在适宜的范围内。

2. 电机驱动系统的冷却系统类型

电动汽车的电机驱动系统一般采用两种方式散热：空气冷却和水冷却，通常的电动汽车多采用水冷却。

(1) 空气冷却

空气冷却是采用空气作为冷却介质的冷却系统,这种冷却系统利用吸入或者压入的冷空气和电机的发热部分接触,进行热交换,带走电机的热量实现冷却。这种冷却系统结构简单、费用低廉、维护方便,但是会造成电机的磨损消耗,使电机的效率降低。空气冷却广泛用于水轮发电机中。

(2) 水冷却

水冷却是采用冷却液作为冷却介质的冷却系统,这种冷却系统的冷却液在电机内的闭合回路循环,循环的冷却液和电机的发热部分或者机壳接触,把机壳的热量带走,机壳表面可以是光滑的或带肋的,也可以带外罩以改善热传递效果。这种冷却系统冷却效果好、运行噪声低,但是结构复杂、维护复杂,且使用过程中容易产生水垢、空心铜线的氧化产生的物质沉积容易造成水路堵塞,使得局部绕组不能够得到良好冷却造成过热而烧毁。同时,冷却液接头和密封的泄漏也带来了短路和漏电等安全隐患。因此水冷电机的管路堵塞和泄漏成为其致命的弱点。纯电动汽车多采用水冷却。

3. 电机驱动系统的冷却系统组成

电机驱动系统的冷却系统通常由电动水泵、散热器、电动风扇、储液罐和冷却循环管路等组成,如图2-1-25所示,其还包括冷却循环管路,其中有些冷却循环管路要经过电机控制器底部和驱动电机壳体,以便于冷却电机控制器和驱动电机。

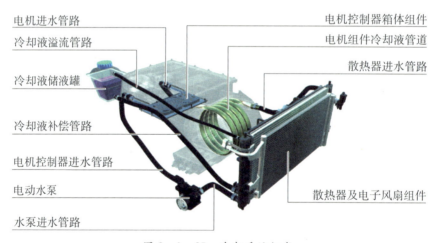

图2-1-25 冷却系统组成

(1) 电动水泵

电动水泵如图2-1-26所示,它的功用是对冷却液加压,保证其在冷却系统中循环流动。水泵是整个冷却系统唯一的动力元件,负责为冷却液的循环提供机械能。根据控制方式的不同,电动水泵主要有电磁离合器式电动水泵和电子控制式电动水泵,纯电动汽车上使用电子控制式电动水泵。

(2) 散热器

散热器主要由左储水室、右储水室、散热器翼片、散热器芯、进水管接口、出水管接口、放水螺塞以及溢流管接口等部件组成,如图2-1-27所示。

按照散热器中冷却液流动的方向,可将散热器分为纵流式散热器和横流式散热器两种,如

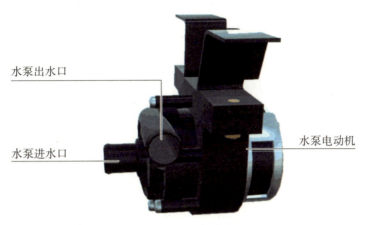

图 2-1-26 电动水泵

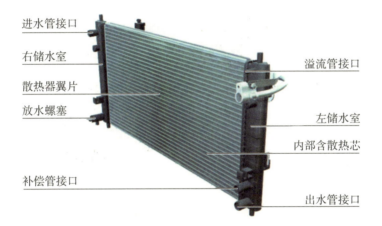

图 2-1-27 散热器结构组成

(a) 横流式　　　　　　　　(b) 纵流式

图 2-1-28 散热器类型

图 2-1-28 所示。

① 纵流式散热器。纵流式散热器的散热芯子垂直布置,上面连进水室,下面连出水室,冷却液在工作的时候从进水室自上而下地流过散热器进入出水室。因而高度尺寸比较大,在发动机舱罩盖较低的轿车上布置比较困难。一般货车上有采用纵流式散热器。

② 横流式散热器。横流式散热器的散热芯子水平布置,用左右两侧的水室代替传统的上下水室结构,冷却液左右流动。这种散热器宽度尺寸较大,芯子正面有效面积增加10%,从而加大风扇尺寸,得到更多迎风面积,使气流更为流畅。

(3) 电动风扇

电动风扇组件位于散热器的内侧,主要由导热罩、电动机、冷却风扇等部件组成,如图2-1-29 所示。电动风扇的功用是提高通过散热器芯的空气流速与流量,增强散热器的散热能力,加速冷却液的冷却。风扇按其结构原理和驱动方式分为:轴流式电动风扇、离心式电动风扇、机械式电动风扇和电动机驱动式电动风扇。目前纯电动汽车常用的是电机驱动式电动风扇。

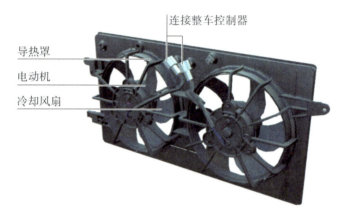

图 2-1-29 电动风扇

4. 电机驱动系统的冷却系统工作原理

电机驱动系统的冷却系统是先冷却电机控制器再冷却驱动电机,经散热器和电动风扇相关的冷却循环管路进行循环冷却,其一般控制电机控制器的温度不超过80℃,驱动电机的温度不超过120℃。电机驱动系统的冷却系统采用的是强制循环式水冷却,其使用电动水泵提高冷却液的压力,强制冷却液在电动水泵、驱动电机、电机控制器、散热器之间循环流动,通过热交换来降低电机驱动系统的主要部件的温度。

电动水泵将散热器下部的低温冷却液泵入电机控制器,冷却液从电机控制器的出水口流入驱动电机外壳水套,吸收驱动电机的热量后冷却液随之升温,随后冷却液从驱动电机的出水口流出经过冷却管路流入散热器,在散热器中冷却液通过流经散热器周围的空气散热而降温,最后冷却液经散热器出水软管被返回电动水泵,如此往复循环,如图2-1-30 所示。

四、电机驱动系统工作原理

电机驱动系统工作原理如图 2-1-31 所示。纯电动汽车电机驱动系统工作时,根据接收到的驾驶员操纵信号和动力蓄电池状态信息等信号进行分析,确定驾驶员的操作意图,得出相

图 2-1-30　电动驱动系统的冷却系统冷却液循环路线

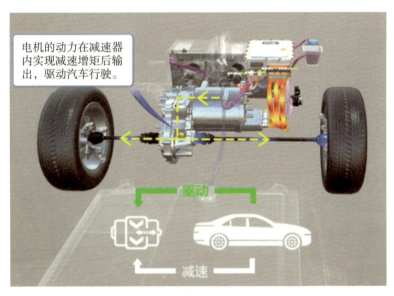

图 2-1-31　纯电动汽车驱动系统工作原理

应的控制指令发送给电机控制器,电机控制器控制驱动电机工作,从而使电动汽车按照驾驶员的意图行驶。当纯电动汽车需要行驶时,动力蓄电池管理系统将动力蓄电池输出的高压直流电转换为三相交流电送给驱动电机,驱动电机将电能转换为机械能送给驱动车轮,从而实现汽车行驶。当汽车减速制动或者空挡滑行时,车轮带着驱动电机反转产生三相交流电,电机控制器将三相交流电转换为高压直流电充入动力蓄电池,补充电能。

任务小结

电机驱动系统主要由驱动电机、电机控制器、机械减速装置和冷却系统等组成,它通过高低压线束、冷却管路等,与整车其他系统连接运转。

驱动电机是动力系统的执行元件,由定子、转子、转子位置传感器等部件组成,其作用是将电源的电能转化为机械能,通过传动装置驱动或直接驱动车轮。在车辆驱动行驶时,驱动电机起到电动机的作用;在车辆减速或制动时,驱动电机起到发电机的作用。

电机控制器(MCU)是电机驱动系统的核心,主要由电子控制装置和功率转换装置组成,它的功能是对驱动电机的速度、驱动转矩和旋转方向进行控制。当汽车处于倒车行驶时,需通过电机控制器使驱动电机反转来驱动车轮反向行驶。当汽车处于降速和下坡滑行时,电机控制器使驱动电机运行于发电机状态,驱动电机利用其惯性发电,将电能通过电机控制器回馈给蓄电池。

机械减速装置主要由主减速器和差速器总成组成。其功用体现在:①将驱动电机的输出转速降低、转矩升高,并传递给汽车驱动轴,最终带动车辆行驶;②通过齿轮改变转矩的传递方向,通过差速器实现两侧车轮转速差,保证内、外侧车轮以不同转速滚动而非滑动。在纯电动汽车工作过程中,接收驱动电机的驱动力,经一级减速器-中间轴组件-二级减速器-差速器,将转矩分配后传递给两侧车轮带动汽车行驶。

电机驱动系统的冷却系统通常由电动水泵、散热器、电动风扇、储液罐和冷却循环管路等组成。其作用是带走驱动电机和驱动电机控制器工作过程中产生的热量,将其工作温度控制在适宜的范围内。电机驱动系统的冷却系统使用电动水泵提高冷却液的压力,强制冷却液在电动水泵、驱动电机、电机控制器、散热器之间循环流动。

电机驱动系统工作原理:纯电动汽车电机驱动系统工作时,将相应的控制指令发送给电机控制器,电机控制器控制驱动电机工作,使电动汽车按照驾驶员的意图行驶。当纯电动汽车需要行驶时,驱动电机将电能转换为机械能送到驱动车轮,从而实现汽车行驶。当汽车减速制动或者空挡滑行时,车轮带着驱动电机反转产生三相交流电,电机控制器将三相交流电转换为高压直流电充入动力蓄电池,补充电能。

任务练习

一、判断题

1. 按照驱动电机与机械减速装置组合方式的不同,纯电动汽车的驱动系统可分为集中式驱动系统和轮毂驱动系统两种类型。(　　)
2. 轮毂驱动系统的内定子外转子结构,没有机械减速机构提供减速,通常要求电机为高速转矩电动机。(　　)
3. 永磁同步电机的定子铁心一般采用 1 mm 硅钢冲片叠压而成。(　　)
4. 表面式转子磁路结构可分为表面凸出式转子磁路结构和表面嵌入式转子磁路结构。(　　)

5. 按照散热器中冷却液流动的方向,可将散热器分为直流式散热器和横流式散热器两种。
( )

二、选择题

1. 以下哪些车型属于集中式驱动系统的布置形式?( )。【多选题】
   A. 宝马 i3　　　　　　　　　　　　B. 沃蓝达 Volt
   C. 江淮和悦 iEV　　　　　　　　　 D. 比亚迪 EV300
2. 纯电动汽车电机驱动系统主要由以下哪些结构组成?( )。【多选题】
   A. 驱动电机　　　　　　　　　　　B. 电机控制器
   C. 机械减速装置　　　　　　　　　D. 冷却系统
3. 驱动电机应用类型主要有( )。【多选题】
   A. 直流无刷电机　　　　　　　　　B. 交流感应电机
   C. 永磁同步电机　　　　　　　　　D. 开关磁阻电机
4. 关于冷却系统的说法,以下哪项说法不正确?( )。【单选题】
   A. 冷却系统由电动水泵、散热器、电动风扇、储液罐和冷却循环管路等组成
   B. 电动汽车的电机一般采用两种方式散热:空气冷却和水冷却,通常的电动汽车多采用空气冷却
   C. 根据控制方式的不同,电动水泵主要有电磁离合器式电动水泵和纯电动式电动水泵
   D. 按照散热器中冷却液流动的方向,可将散热器分为纵流式散热器和横流式散热器两种

三、简答题

1. 请说出常用的四种驱动电机类型及其特点分别是什么?

2. 请简要说出电机驱动系统的工作原理。

任务 2　比亚迪 E5 电机驱动系统构造与检修

 **任务目标**

1. 了解比亚迪 E5 电机驱动系统的组成特点。
2. 了解比亚迪 E5 电机驱动系统的常见故障。
3. 掌握比亚迪 E5 电机驱动系统的结构。
4. 掌握比亚迪 E5 电机驱动系统的原理。
5. 能按照操作规范完成比亚迪 E5 电机驱动系统的拆装及检修。

任务导入

一辆牌照尾号为 1234 的比亚迪 E5 被拖送至 4S 店进行维修，车主反映该车在涉水后次日无法上电或行驶。维修接待人员试车发现车辆上电指示灯不亮、动力系统故障警告灯点亮，且仪表信息区域显示驱动电机故障。经高级维修技师诊断，故障原因指向驱动电机旋转变压器，需要针对此故障进行维修。现车间调度将任务工单派发至你手中，请学习相关知识，安全规范地完成分派的检修任务。

驱动电机旋转变压器故障检修-情境导入

 **知识储备**

纯电动汽车电机驱动系统主要由驱动电机、电机控制器、机械减速装置、电驱

冷却系统四部分组成,比亚迪 E5 电机驱动系统位于前机舱内,如图 2-2-1 所示。本节主要介绍比亚迪 E5 汽车电机驱动系统的组成及原理。

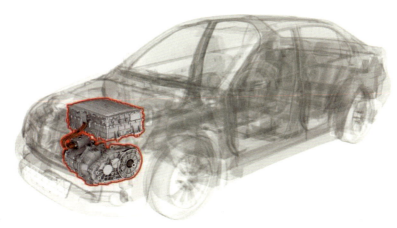

比亚迪E5电机驱动系统安装位置

图 2-2-1　比亚迪 E5 汽车电机驱动系统位置

一、比亚迪 E5 电机驱动系统组成

比亚迪 E5 电机驱动系统采用的是集成式电机驱动系统,且驱动电机轴与驱动轴平行布置。其主要由驱动电机、电机控制器、机械减速装置和电驱冷却系统四部分组成,各部件通过高低压线束、冷却管路与整车其他系统连接,如图 2-2-2 所示。比亚迪 E5 电机驱动系统具有驱动转矩大、加速性能好、能源利用率高、噪声小和乘坐舒适等优点。

(一) 驱动电机

比亚迪 E5 驱动电机是动力系统的执行元件,如图 2-2-3 所示,它可以驱动汽车前进后退,也可以在滑行、制动过程中将动能转化为电能。

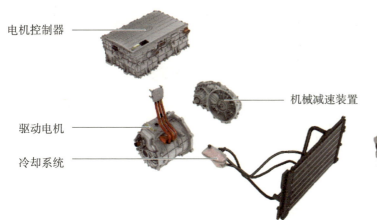

比亚迪E5电机驱动系统组成

图 2-2-2　比亚迪 E5 的电机驱动系统组成　　图 2-2-3　交流无刷式永磁同步电机

1. 驱动电机特点

比亚迪 E5 采用的是交流无刷永磁同步电机,由比亚迪自主研发,结构简单、体积小、重量轻、损耗小、效率高,同时,比亚迪 E5 驱动电机的额定功率 80 kW,最大功率 160 kW,最大输出转矩 310 N·m,从 0 加速到 100 km/h 时间小于 14 s,最高车速可达 130 km/h,可提供高转速和大转矩。

表 2-2-1 比亚迪 E5 电机参数

项目	参数	工作条件
额定转速	12 000 r/min	
转速范围	0～12 000 r/min	
额定功率	80 kW	(4 775～12 000 r/min)/30 s
峰值功率	160 kW	
额定转矩	160 N·m	(0～4 775 r/min)/持续
峰值转矩	310 N·m	(0～4 929 r/min)/30 s
重量	103 kg	

2. 驱动电机结构

比亚迪 E5 交流无刷永磁同步电机的结构主要由转子、定子、旋变传感器及温度传感器组成,如图 2-2-4 所示。其中,驱动电机内的旋转变压器如图 2-2-5 所示,具体结构本节不做描述。

比亚迪 E5 驱动电机结构

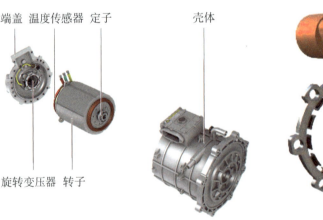

图 2-2-4 驱动电机结构　　　　图 2-2-5 旋转变压器

(二) 电机控制器

比亚迪 E5 的电机控制器是高压控制总成的一部分,它与高压配电箱、车载充电器、DC-DC 转换器集成组合成高压总成,位于前机舱内,如图 2-2-6 所示。比亚迪 E5 的电机控制器与其他电动汽车功能一样,可以执行高压电控总成的命令,实时调整驱动电机输出,以控制驱动电机的转速、转向和通断,同时可以将驱动电机的状态反馈给高压电控总成内的电机控制器,并实时进行状态和故障检测,保护驱动电机系统和整车安全可靠运行。

图2-2-6 电机控制器位置

(三)机械减速装置

比亚迪 E5 的机械减速装置与其他纯电动车基本相同,它安装在驱动电机输出端处,与驱动电机输出轴相连接。其作用是通过齿轮改变转矩的传递方向,通过差速器实现两侧车轮以不同转速滚动。总的来说就是将整车驱动电机的转速降低、转矩升高,以达到整车对驱动电机的转矩、转速需求。

图2-2-7 减速器总成

比亚迪 E5 机械减速装置组成

比亚迪 E5 的机械减速装置采用的是一个具有固定传动比的二级减速装置,有两组齿轮副实现降速增矩,其总传动比为 9.342,也称为减速器总成。其结构与其他纯电动汽车的机械减速装置相同,主要由输入轴组件、中间轴组件和差速器总成组成,如图2-2-7所示,其采用浸油润滑方式,润滑油为齿轮油 SAE80W-90;环境温度低于-15℃时换用 SAE75W-90。

(四)电机冷却系统

比亚迪 E5 的驱动电机是单独的冷却系统,采用的是水冷方式。比亚迪 E5 的电机冷却系统与其他纯电动汽车一样,主要由储液罐、散热器、电动水泵、电动风扇和冷却管路构成。其中,电动水泵专门为电机冷却系统提供动力,如图 2-2-8 所示;电动风扇总成采用吸风式双风扇,通过串联调速电阻的方式来实现风扇的高低速挡分级,从而降低风扇的噪声,提高整车舒适性。

比亚迪 E5 电驱冷却系统组成

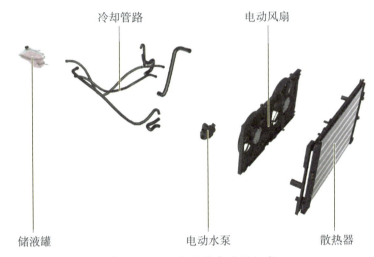

图 2-2-8 电驱冷却系统组成

电驱冷却系统工作时,电动水泵压缩冷却循环系统中的冷却液,先流过电机控制器对其进行冷却,再流过驱动电机,吸收热量后的冷却液再通过冷却管路和流经的散热器进行散热,之后进行下一个循环。需要注意的是,有些年款的比亚迪 E5 的电机控制器位于高压电控总成内部,所以冷却液先流过高压电控总成后,再经过驱动电机。如图 2-2-9 所示。

比亚迪 E5 的电机冷却系统工作过程

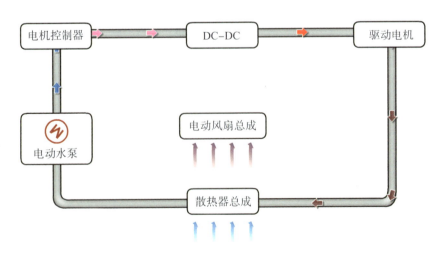

图 2-2-9 电驱冷却系统工作过程

二、比亚迪 E5 电机驱动系统工作原理

比亚迪 E5 电机驱动系统的工作原理与其他纯电动汽车的原理基本相同，需要注意的是比亚迪 E5 汽车整车控制器与电机控制器集成在高压电控总成内部。所以比亚迪 E5 电机驱动的系统的工作原理为：比亚迪 E5 行驶过程中，高压电控总成内电机控制器根据接收到的驾驶员的操作信号（加速踏板位置和制动踏板位置信号）和驱动电机工况信号，控制驱动电机的转速、转矩和转向动作，从而使电动汽车以驾驶员预期的状态行驶。

三、比亚迪 E5 电机驱动系统检修

比亚迪 E5 电机驱动系统的检测要遵循由易到难、由外到内、由电气部件到机械部件的原则进行，并且一般是利用设备进行的不解体优先。本节主要介绍电机驱动系统驱动电机、减速器总成及电机冷却系统的检测。

（一）驱动电机的检测

比亚迪 E5 驱动电机的检测主要包括基本检查、诊断仪在线检测、电气元件检测和机械部件检测等。

1. 基本检查

① 检查驱动电机外观，是否有破损，各插接器连接是否可靠，线束是否有破损，若发现有破损或者是异常状况应立即停止使用车辆，并将车辆移至厂家指定维修站点。

② 通过闻电机的气味也能判断是否故障。若发现有特殊的油漆味，说明电机内部温度过高，若发现较重的糊味，则可能是绝缘层被击穿或绕组已烧毁。

2. 在线检测

在汽车起动以后，连接诊断仪读取电机驱动系统的相关数据流，根据数据流分析电机驱动系统的工况，主要需要读取的数据有：MCU 使能命令、驱动电机工作模式命令、驱动电机转矩、转速指令方向命令、MCU 初始化状态、驱动电机当前状态、驱动电机当前工作模式、驱动电机当前旋转方向等数据。

3. 电气检测

驱动电机常见的电气故障有线路连接异常、电机绕组绝缘、短路、断路、断相运行等，可以借助万用表、兆欧表和数字电桥等检测工具进行检测。

（1）检查电机驱动系统相关电气连接是否正常

先检查，确认电机驱动系统相关电气连接是否正常。

（2）驱动电机绕组三相母线绝缘性检测

使用兆欧表或绝缘测试仪的 500 V 挡位，测量电机三相绕组引出线与机壳之间的绝缘电阻，当检测值大于 500 Ω/V 或电机整体绝缘电阻大于 20 MΩ，表明电机绝缘良好。

（3）驱动电机定子绕组断路检测

使用万用表的 200 Ω 挡位，测量两相绕组 W 和 U 电路之间的电阻，正常情况下标准电阻值应小于 1 Ω，若测量值大于标准值，则说明两组绕组断路损坏；交换绕组以同样方法测量其他绕组（W 和 V、U 和 V）之间的电阻。

(4) 驱动电机三相绕组均衡性检测

使用万用表的 200 Ω 挡位,测量两相绕组 W 和 U 电路之间的电阻,以同样方法测量其他绕组(W 和 V、U 和 V)之间的电阻,其三相绕组的两相之间的电阻值的差值在 5% 以内为正常。

(5) 电机旋转变压器检测

① 根据电气接口表定义,用万用表欧姆挡检查旋转变压器励磁绕组的电阻值,正常为 (7 ± 2) Ω(随温度不同而变化)。

② 根据电气接口表定义,用万用表欧姆挡检查旋转变压器正弦绕组的电阻值,正常为 (15 ± 2) Ω(随温度不同而变化)。

③ 根据电气接口表定义,用万用表欧姆挡检查旋转变压器负弦绕组的电阻值,正常为 (12 ± 2) Ω(随温度不同而变化)。

若检测数值为无穷大,表示已损坏,需更换旋转变压器。

4. 机械检测

驱动电机常见的机械故障主要有扫膛、振动、轴承过热、损坏等故障。轴承精度不合格及端盖内孔磨损或端盖止口与机壳止口磨损变形,使电机壳、端盖、转子三者不同轴引起扫膛;转子动平衡不好、转子轴弯曲、端盖、机壳与转子不同轴心,紧固件松动等会引起振动;轴承的配合太紧或太松会引起轴承过热而使轴承损坏。

(1) 轴承轴向和径向圆跳动

用百分表测量转子轴承的径向圆跳动和轴向圆跳动,转子轴径向圆跳动小于 0.02 mm,转子轴承轴向圆跳动小于 0.05 mm。

(2) 测量转子轴弯曲度

用高度游标卡尺等工具进行转子轴的测量并检测弯曲度,电机主轴的弯曲度不大于 0.01 mm。

(二) 减速器总成和电机冷却系统的检测

减速器总成和电机冷却系统的检测主要是基本检查。

1. 减速器总成基本检查

检查减速器表面是否有泄漏或者破损,若发现有破损或者漏油等异常状况应立即停止使用车辆,并将车辆移至厂家指定维修站点。

2. 电机冷却系统基本检查

① 检查电机冷却系统各线束连接器的连接是否牢靠或者有线束破损,若发现有破损或者是连接异常状况应及时进行检修。

② 检查电机冷却系统冷却液循环管路是否有漏液状况,若有应及时进行检修。

若电机驱动系统相关部件的检测数值不在规定的范围内,请进一步检测确认故障,并根据故障点进行维修,具体检测标准如表 2-2-2~表 2-2-4 所示。

表 2-2-2 比亚迪 E5 电机驱动系统维修相关标准数据

检修内容	标准值范围
驱动电机三相电压母线绝缘检测	大于 20 MΩ
驱动电机绝缘检测	大于 20 MΩ

续表

检修内容	标准值范围
驱动电机三相绕组断路检测	小于1Ω
三相绕组电阻、电感值不均衡性	小于5%
旋转变压器励磁绕组阻值	(7±2)Ω(随温度不同而变化)
旋转变压器正弦绕组阻值	(15±2)Ω(随温度不同而变化)
旋转变压器余弦绕组阻值	(12±2)Ω(随温度不同而变化)
电机主轴直线度	不大于0.01 mm
转子轴承径向圆跳动	小于0.02 mm
转子轴承轴向圆跳动	小于0.05 mm

表 2-2-3 Y系列(IP23)电机气隙长度 单位:mm

中心高	160	180	200	225	250	280	315
2极	0.8	1.0	1.1	1.2	1.5	1.6	1.8
4极	0.55	0.65	0.7	0.8	0.9	1.0	1.4
6极	0.45	0.5	0.5	0.55	0.65	0.7	1.2
8极	0.45	0.5	0.5	0.55	0.65	0.7	1.0

表 2-2-4 Y系列(IP44)电机气隙长度 单位:mm

中心高	80	90	100	112	132	160	180	200	225	250	280	315
2极	0.3	0.35	0.4	0.45	0.55	0.65	0.8	1.0	1.1	1.2	1.5	1.8
4极	0.25	0.25	0.3	0.3	0.4	0.5	0.55	0.65	0.7	0.8	0.9	1.25
6极		0.25	0.25	0.3	0.35	0.4	0.45	0.5	0.5	0.55	0.65	1.05
8极		0.25			0.35	0.4	0.45	0.5	0.5	0.55	0.65	0.9

 技能训练

实训 1　比亚迪 E5 驱动电机总成拆装

◆ **实训准备**

1. 安全操作规范

① 操作前需穿戴高压安全防护装备。
② 拆卸高压系统部件时需要使用绝缘工具。
③ 升降平台的称重选用需符合车辆部件承重要求。
④ 举升机和升降平台的操作应符合使用规范。

2. 实操工具准备

（1）设备准备

2018 款比亚迪 E5 纯电动汽车、举升机、承重为 1 000 kg 升降平台、冷却液回收器。

（2）工具准备

① 常用工具：世达 100 件工具套装。
② 绝缘工具：世达 68 件绝缘工具套件。

（3）防护用品

工作服、棉布手套、高压绝缘手套、车外三件套、车内三件套。

◆ **实训步骤**

1. 前期准备

① 举升车辆至合适位置，锁止举升机。
② 拆卸动力蓄电池总成。
③ 拆卸高压电控总成。
④ 拆卸车辆悬架。
⑤ 拆卸驱动桥总成，并放置于移动升降平板车上。

2. 拆卸驱动电机总成（驱动电机与主减速器）

（1）拆卸驱动电机与主减速器外部附件

① 使用十字梅花套筒、接杆、棘轮扳手，拆卸驱动电机冷却水泵固定螺栓，取下冷却水泵。
② 使用水管钳拆卸驱动电机出水管固定卡箍，拆卸出水管。
③ 使用 13 mm 套筒、接杆、指针式扭力扳手，预松 5 颗压缩机支架固定螺栓。
④ 使用 13 mm 套筒、接杆、棘轮扳手，拆卸压缩机支架固定螺栓，取下压缩机

比亚迪 E5 驱动电机总成拆装－前期准备

固定支架。

⑤ 使用 18 mm 套筒、接杆、指针式扭力扳手,预松 3 颗电动真空泵支架螺栓,如图 2-2-10 所示。

比亚迪 E5 驱动电机总成拆装-拆卸驱动电机总成

图 2-2-10　预松电动真空泵支架固定螺栓

⑥ 使用 18 mm 套筒、接杆拆卸电动真空泵支架固定螺栓,取下电动真空泵总成。

⑦ 使用 8 mm 套筒、接杆、棘轮扳手,拆卸驱动电机温度传感器线束插接器固定螺栓,如图 2-2-11 所示;拔出线束插接器,按压锁舌,断开插接器,如图 2-2-12 所示。

图 2-2-11　拆卸温度传感器线束插接器固定螺栓　　图 2-2-12　断开温度传感器线束插接器

⑧ 使用 8 mm 套筒、接杆、棘轮扳手,拆卸驱动电机旋转变压器线束插接器固定螺栓;拔出线束插接器,按压锁舌,断开插接器。

⑨ 使用 10 mm 套筒、接杆、棘轮扳手,拆卸驱动电机搭铁线固定螺栓;取下搭铁线。

⑩ 使用 18 mm 扳手拆卸驱动电机冷却液温度传感器,取下冷却液温度传感器。

⑪ 使用 10 mm 套筒、接杆、棘轮扳手,拆卸驱动电机三相接线盒盖固定螺栓,如图 2-2-13 所示;取下三相接线盒盖,如图 2-2-14 所示。

⑫ 使用 8 mm 套筒、接杆、棘轮扳手,拆卸驱动电机三相母线固定螺栓,如图 2-2-15 所示。

⑬ 使用 8 mm 套筒、接杆、棘轮扳手,拆卸驱动电机三相接线柱固定螺栓,如图 2-2-16 所示。

图 2-2-13 拆卸三相接线盒盖固定螺栓

图 2-2-14 取下三相接线盒盖

图 2-2-15 拆卸驱动电机三相母线固定螺栓

图 2-2-16 拆卸驱动电机三相接线柱固定螺栓

⑭ 取下驱动电机三相母线。

⑮ 晃动半轴以脱开半轴内花键,取下两侧半轴,如图 2-2-17 所示。

图 2-2-17 取下两侧半轴

(2) 拆卸驱动电机总成

① 使用安全绳捆绑驱动电机吊耳,使用吊架吊钩勾住安全绳,并调整吊钩位置。

② 升起吊架至吊绳绷直。

③ 使用 15 mm 套筒、接杆、指针式扭力扳手,预松 4 颗右侧悬置固定螺栓。

④ 使用 15 mm 套筒、接杆拆卸右侧悬置固定螺栓。

⑤ 使用 15 mm 套筒、接杆、指针式扭力扳手,预松 3 颗后侧悬置固定螺栓。

⑥ 使用 15 mm 套筒、接杆拆卸后侧悬置固定螺栓。

⑦ 使用 15 mm 套筒、接杆、指针式扭力扳手,预松 3 颗左侧悬置固定螺栓,如图 2-2-18 所示。

图 2-2-18 左侧 3 颗悬置固定螺栓位置

⑧ 使用 15 mm 套筒、接杆拆卸左侧悬置固定螺栓。

（3）分离驱动电机与主减速器

① 两人合作操作，一人升高吊架，另一人分离驱动电机总成与副车架。

分离过程中需要注意部件是否发生干涉，及时调整驱动电机总成位置，防止部件损坏。

② 推出驱动电机总成，并放置于平板车上。
③ 使用 18 mm 套筒、指针式扭力扳手，预松减速器总成固定螺栓，如图 2-2-19 所示。

图 2-2-19 减速器总成固定螺栓位置

图 2-2-20 使用一字螺丝刀轻撬驱动电机与主减速器结合面

④ 使用 18 mm 套筒、棘轮扳手，拆卸减速器总成固定螺栓。

⑤ 使用一字螺丝刀轻撬驱动电机与主减速器结合面，增加分离间隙，如图 2-2-20 所示。

⑥ 两人配合操作，一人固定主减速器，另一人晃动驱动电机，使驱动电机与主减速器完全脱离开。

> **注意事项**
>
> 操作时不可将手放置于驱动电机与主减速器结合面上,以免夹伤。

3. 安装驱动电机总成（驱动电机与主减速器）

(1) 组装驱动电机与主减速器

① 两人配合操作,晃动驱动电机及主减速器使其置于安装位置。

② 对齐主减速器螺栓安装孔,安装减速器总成固定螺栓。

③ 使用 18 mm 套筒、棘轮扳手拧紧固定螺栓。

④ 使用定扭扳手紧固减速器总成固定螺栓至 75 N·m。

(2) 安装驱动电机总成

① 使用吊车吊起驱动电机总成,并推至副车架上方。

② 两人配合操作,一人扶住驱动电机总成,另一人操作吊架缓慢下降驱动电机总成至合适高度。

③ 使用 15 mm 套筒、接杆、棘轮扳手安装 4 颗右侧悬置固定螺栓,使用定扭扳手紧固右侧悬置固定螺栓至 90 N·m。

④ 使用 15 mm 套筒、接杆、棘轮扳手安装 3 颗后侧悬置固定螺栓,如图 2-2-21 所示;使用定扭扳手紧固后侧悬置固定螺栓至 90 N·m。

比亚迪 E5 驱动电机总成拆装-安装驱动电机总成

图 2-2-21 安装后侧悬置固定螺栓

⑤ 使用 15 mm 套筒、接杆、棘轮扳手安装 3 颗左侧悬置固定螺栓,使用定扭扳手紧固左侧悬置固定螺栓至 90 N·m。

(3) 安装驱动电机与主减速器外部附件

① 安装右侧半轴。

② 安装左侧半轴。

③ 安装驱动电机三相母线。

④ 使用 8 mm 套筒、接杆、棘轮扳手,安装驱动电机三相接线柱固定螺栓。

⑤ 使用 8 mm 套筒、接杆、棘轮扳手,安装驱动电机三相母线固定螺栓。

⑥ 安装三相接线盒盖,使用 10 mm 套筒、接杆、棘轮扳手,安装驱动电机三相接线盒盖固定螺栓。

⑦ 安装驱动电机冷却液温度传感器,使用 18 mm 扳手紧固传感器。

⑧ 安装搭铁线。使用 10 mm 套筒、接杆、棘轮扳手安装驱动电机搭铁线固定螺栓。
⑨ 连接驱动电机旋转变压器线束插接器,将线束插接器固定到位。
⑩ 使用 8 mm 套筒、接杆、棘轮扳手,安装驱动电机旋转变压器线束插接器固定螺栓。
⑪ 连接驱动电机温度传感器线束插接器,将线束插接器固定到位。
⑫ 使用 8 mm 套筒、接杆、棘轮扳手,安装驱动电机温度传感器线束插接器固定螺栓。
⑬ 放置电动真空泵总成至安装位置,使用 18 mm 套筒、接杆安装 3 颗电动真空泵支架固定螺栓,使用定扭扳手紧固固定螺栓至 45 N·m。
⑭ 放置压缩机固定支架至安装位置,使用 13 mm 套筒、接杆、棘轮扳手,安装 5 颗压缩机支架固定螺栓,使用定扭扳手紧固固定螺栓至 75 N·m。
⑮ 安装驱动电机出水管,使用水管钳安装出水管固定卡箍。
⑯ 安装冷却水泵,使用十字梅花套筒、接杆、棘轮扳手,安装驱动电机冷却水泵固定螺栓。

4. 复位工作

① 安装驱动桥。
② 安装车辆悬架。
③ 安装高压电控总成。
④ 安装动力蓄电池总成。
⑤ 降下车辆,锁至举升机。

比亚迪 E5 驱动电机总成拆装-复位工作

实训 2　比亚迪 E5 驱动电机检修

请扫描二维码,查看"比亚迪 E5 驱动电机检修"技能视频,结合视频内容及相关资料,规范地完成比亚迪 E5 驱动电机检修的实训。

◆ 实训准备

1. 安全操作规范

① 严禁违规使用绝缘工具、仪器仪表,注意轻拿轻放,有序操作。
② 严格遵守实训规程,按照指导老师要求完成实训操作。
③ 为保证教学安全性,严禁在车辆行驶的条件下进行任何测试。
④ 严禁长时间针对辅助蓄电池进行放电操作,可采用其他低压电源设备替代。
⑤ 若仪器仪表出现故障问题,请立即停止一切操作,严禁私自拆卸修复。

2. 实操工具准备

(1) 设备准备
2018 款比亚迪 E5 纯电动汽车。

比亚迪 E5 驱动电机检修

(2) 工具准备

① 常用工具:常用拆装套件。

② 绝缘工具:绝缘工具套件。

③ 检测工具:数字兆欧表、景格智能考训盒、比亚迪 VDS2000 专用诊断仪套件、万用表、示波器。

(3) 防护装备

车内防护三件套、车外防护三件套。

◆ 实训步骤

1. 准备工作

① 进入车内安装车内防护三件套。

② 拉起驻车制动杆。

③ 拉起前机舱盖手柄,打开前机舱盖,安装车外防护三件套。

2. 试车

进入车辆,起动车辆,发现车辆无法正常上电,且仪表显示动力系统故障。

3. 初步诊断

① 取出比亚迪 VDS2000 专用诊断仪套件,连接 VCDI 无线诊断接口。

② 打开比亚迪专用诊断仪电源开关,待电源开启后,进入比亚迪 E5 诊断系统并读取车辆 VIN 码,选择读取整车数据。

③ 等待车辆通信完成之后,点击高压电控总成,进入模块数据读取页面。

④ 读取高压电控总成故障码,记录后清除故障码,然后重新读取故障码。

⑤ 读取驱动电机相关数据流,判断驱动电机状态。

4. 驱动电机低压控制系统检测

(1) 安装适配器

① 断开低压蓄电池负极电缆。

② 拆卸高压电控总成 64pin 线束插接器,如图 2-2-22 所示;安装景格智能考训盒 64pin 线束插接器。

图 2-2-22 断开 64pin 线束插接器

③ 拆卸高压电控总成 32pin 线束插接器,如图 2-2-23 所示;安装景格智能考训盒 32pin 线束插接器。

图 2-2-23　断开 32pin 线束插接器

④ 装复蓄电池负极电缆。
⑤ 安装电源正极线束夹,安装蓄电池负极线束夹。
⑥ 安装景格智能考训盒电源线,打开电源开关。
(2) 温度传感器和旋转变压器信号检测

查阅电路图中旋转变压器励磁线圈正极为 B28(A)/60,励磁线圈负极为 B28(A)/59。正弦线圈正极为 B28(A)/63,正弦线圈负极为 B28(A)/64。旋转变压器余弦线圈正极为 B28(A)/61,余弦线圈负极为 B28(A)/62。温度传感器信号脚为 B28(A)/15,搭铁脚为 B28(A)/29。

① 驱动电机温度传感器检测。

信号电压检测:驱动电机温度传感器信号线针脚号为 B28(A)/15,电机温度传感器搭铁线针脚号为 B28(A)/29。选用万用表直流电压 20V 测试档,红色表笔连接 B28(A)/15 检测孔,黑色表笔连接适配器搭铁检测孔,如图 2-2-24 所示;测量驱动电机温度传感器信号电压值。标准值应随温度变化在 0.5～5 V 之间变化,如图 2-2-25 所示。

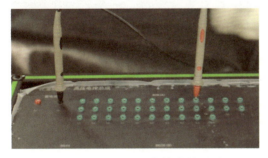

图 2-2-24　红黑表笔连接位置

图 2-2-25　测量数据

② 驱动电机旋转变压器信号检测。

a. 选用示波器电压测试挡,分别连接 B28(A)/60 检测孔和 B28(A)/59 检测孔,检测旋转变压器的励磁波形,波形是正弦形状且平滑对称的标准波形。

b. 同样方法检测旋转变压器输出的正弦信号波形,波形为标准的平滑正弦波形。

c. 同样方法检测旋转变压器输出的余弦信号波形,波形为标准的平滑余弦波形。

（3）温度传感器和旋转变压器的电阻测量

➢ 万用表使用前，要短接表笔进行规范校表，确保万用表正常可用。

➢ 万用表测量电路电阻时，要断开测量电路，否则影响测量数值的精确度，且容易造成万用表损坏。

① 驱动电机温度传感器电阻检测。

a. 拆蓄电池负极电缆。

b. 选用万用表电阻 20 kΩ 测试挡，红色表笔连接 B28(A)/15 检测孔，黑色表笔连接 B28(A)/29 检测孔，测量驱动电机温度传感器电阻值。测量值应随温度变化在 1Ω～10 kΩ 之间变化。

② 旋转变压器电阻检测。

a. 旋转变压器励磁线圈电阻检测。

选用万用表电阻 200 Ω 测试挡，红色表笔连接 B28(A)/60 检测孔，黑色表笔连接 B28(A)/59 检测孔，如图 2-2-26 所示，测量旋转变压器励磁线圈电阻值，测量值应随温度变化而变化，标准电阻值应该为 7±2 Ω 左右，如图 2-2-27 所示。

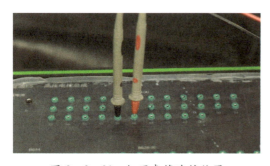

图 2-2-26 红黑表笔连接位置

图 2-2-27 测量数据

b. 驱动电机旋转变压器正弦线圈电阻检测。

选用万用表电阻 200 Ω 测试挡，红色表笔连接 B28(A)/63 检测孔，黑色表笔连接 B28(A)/64 检测孔，测量旋转变压器正弦线圈电阻值，测量值应随温度变化而变化，标准电阻值应该为 15±2 Ω 左右。

c. 驱动电机旋转变压器余弦线圈电阻检测。

选用万用表电阻 200 Ω 测试挡，红色表笔连接 B28(A)/61 检测孔，黑色表笔连接 B28(A)/62 检测孔，测量旋转变压器余弦线圈电阻值，测量值应随温度变化而变化，标准电阻值应该为 12±2 Ω 左右。

（4）拆卸适配器，装复车辆

最后拆卸适配器，装复车辆。

5. 驱动电机高压系统检测

（1）前期准备

① 拆卸车辆低压蓄电池负极电缆，等待 15 min 让车辆正常放电。

② 使用一字螺丝刀拆卸车辆前部水箱框架上饰板固定卡扣，取下水箱框架上饰板。

③ 穿戴高压绝缘装备，做好高压安全防护：取出高压绝缘手套，目视检查高压绝缘手套无老化开裂现象；对高压绝缘手套吹气，密封后放置到耳边，仔细听是否有漏气声，若有漏气声应及时更换高压绝缘手套。

④ 拆卸驱动电机三相电缆母线固定螺栓，取下三相电缆母线。

⑤ 使用万用表电压挡检测电缆线残余电量：选用万用表 1 000 V 测试电压挡，红黑表笔分别连接动力电池输出正负极母线，标准值为小于 1 V。

⑥ 将数字兆欧表进行短路和开路测试：两手分别握住两表笔绝缘部位，将两表笔对接，读取显示数值，标准值为：0.00～0.5 Ω；两表笔断开后，按下测试按键后读数应为∞。

绝缘电阻测试前，将数字兆欧表进行短路和开路测试，保证仪表功能正常。
检测过程中两手不能接触表笔金属部位

数字兆欧表检测绝缘电阻时，要确保被测元件断电，否则影响测量数值精确度，且容易造成数字兆欧表损坏。

（2）驱动电机绝缘性检测

使用电子兆欧表选择 1 000 V 测试挡位，使用红表笔连接三相电缆线，黑色表笔连接车身搭铁，检测驱动电机绝缘电阻值。正常情况下绝缘电阻值应大于 20 MΩ。

（3）驱动电机三相绕组检测

① 使用数字电桥电阻挡测量电阻，使用红色表笔连接 A 相接线柱，黑色表笔连接 B 相接线柱，检测 A-B 相之间线圈完成检测后记录数值：0.242 0 Ω；以同样方法交换红黑表笔检测 B-C 相，阻值：0.221 9 Ω；A-C 相绕组，阻值：0.213 1 Ω。

② 使用数字电桥电阻挡测量电感，使用红色表笔连接 A 相接线柱，黑色表笔连接 B 相接线柱，检测 A-B 相之间线圈完成检测后记录数值：1.385 8；以同样方法交换红黑表笔检测 B-

三相绕组电阻值，会随温度的不同，而在 0.2～1.2 Ω 之间变化。
三相绕组的电阻值应该是相近的，若产生三相阻值差距较多则说明驱动电机定子绕组存在故障。

C相,阻值:1.055 3、A-C相绕组,阻值 1.055 3。

6. 整理归位

① 装复驱动电机三线电缆母线,紧固三相绕组母线固定螺栓,并按照维修手册要求紧固至规定扭矩。
② 安装高压维修开关。
③ 接蓄电池负极。
④ 检测操作完成,取下车内外三件套件,整理工具,实训设备归位。

实训 3　比亚迪 E5 驱动电机分解与组装

◆ 实训准备

1. 安全操作规范

① 操作前需穿戴安全防护装备。
② 拆卸驱动电机部件时需要使用专用拆装工具。
③ 举升机和吊架的操作应符合使用规范。
④ 两人合作完成实训操作,一人按住驱动电机使其固定,一人动手操作。

2. 实操工具准备

(1) 设备准备
2018 款比亚迪 E5 纯电动汽车、举升机、吊架、移动平板车。
(2) 工具准备
① 常用工具:世达 100 件工具套装,安全吊绳、橡胶锤。
② 专用工具:指针式扭力扳手、定扭扳手。
(3) 防护用品
工作服、手套、工作鞋、车外三件套、车内三件套。

◆ 实训步骤

1. 前期准备

① 举升车辆。
② 拆卸动力蓄电池总成。
③ 拆卸车辆悬架。
④ 拆卸车辆前驱动桥。
⑤ 分离驱动电机与主减速器。
⑥ 吊装驱动电机总成,并确保其安放牢靠。

2. 分解驱动电机

(1) 固定驱动电机
一人按住驱动电机使其固定。

比亚迪 E5 驱动电机分解与组装-前期准备

比亚迪 E5 驱动电机分解与组装-分解驱动电机

分离过程中需要注意部件是否发生干涉,及时调整驱动电机总成位置,防止部件损坏。

(2) 拆卸驱动电机后端盖固定螺栓
① 使用 8 mm 套筒、接杆、指针式扭力扳手预松驱动电机后端盖固定螺栓。
② 使用 8 mm 套筒、接杆拧松并取下驱动电机后端盖固定螺栓。
(3) 拆卸驱动电机线束支架
使用 8 mm 套筒、棘轮扳手组合工具拆卸驱动电机线束支架固定螺栓,取下固定支架。
(4) 拆卸驱动电机吊耳
使用 10 mm 套筒、棘轮扳手组合工具拆卸驱动电机吊耳固定螺栓,并取下驱动电机吊耳。
(5) 拆卸驱动电机后端盖
① 使用橡胶锤轻击驱动电机后端盖至其松动。
② 使用一字螺丝刀撬松驱动电机后端盖。

由于驱动电机后端盖采用端面密封,因此在使用一字螺丝刀撬动电机端盖前需对螺丝刀进行包裹,以防止损伤端面。
撬动端盖时,应不断改变撬动位置,确保电机主轴后轴承能正常松脱出后端盖轴承座。

③ 取下驱动电机后端盖,并妥善放置。

取下驱动电机后端盖时需要注意电机温度传感器线束是否正常脱离后端盖安装孔,以免造成线束损坏。

3. 检查驱动电机内部情况
① 检查驱动电机三相电缆有无老化、烧蚀、腐蚀现象。
② 检查驱动电机三相绕组是否固定牢固,有无绝缘损坏情况。
③ 检查驱动电机气隙是否正常,有无发生扫膛现象。

比亚迪 E5 驱动电机分解与组装-检查驱动电机内部情况

注意事项

由于永磁同步电机转子磁力极大,不建议使用塞尺规测量气隙厚度,不建议继续拆卸转子以免发生意外。

比亚迪 E5 驱动电机分解与组装-组装驱动电机

4. 组装驱动电机

(1) 固定驱动电机

一人按住驱动电机使其固定。

(2) 安装驱动电机后端盖

① 将驱动电机后端盖放置于驱动电机后部。

注意事项

需要确定电机温度传感器插接器和旋转变压器插接器均从驱动电机后端盖上的圆形安装孔里穿过。

② 旋转驱动电机后端盖,对齐安装螺纹孔。

③ 使用橡胶锤轻击驱动电机后端盖表面,使其贴紧驱动电机后端面。

(3) 安装驱动电机吊耳

安装驱动电机吊耳,使用 10 mm 套筒、棘轮扳手组合工具旋入驱动电机吊耳固定螺栓并紧固。

(4) 安装驱动电机线束支架

安装驱动电机线束支架,使用 8 mm 套筒、棘轮扳手组合工具旋入支架固定螺栓并紧固。

(5) 安装驱动电机前端盖

① 放置驱动电机前端盖至相应位置。

② 旋入驱动电机前端盖固定螺栓,使用 8 mm 套筒、接杆、棘轮扳手组合工具旋紧前端盖固定螺栓。

③ 使用定扭扳手,选择 30 N·m 扭矩,按照对角线顺序紧固驱动电机前端盖固定螺栓。

比亚迪 E5 驱动电机分解与组装-复位工作

5. 复位工作

① 安装主减速器和驱动电机,如图 2-2-28 所示。

② 安装驱动桥,如图 2-2-29 所示。

③ 安装车辆悬架,如图 2-2-30 所示。

④ 安装高压电控总成和动力蓄电池总成,如图 2-2-31 所示。

⑤ 降下车辆,进入车内,起动车辆,确认车辆能正常上电。

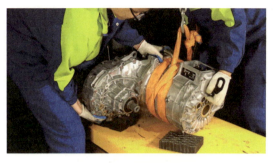

图 2-2-28 安装主减速器和驱动电机

图 2-2-29 安装驱动桥

图 2-2-30 安装车辆悬架

图 2-2-31 安装动力蓄电池总成

6. 整理归位

① 取下车内防护三件套。
② 回收车外防护三件套。
③ 关闭机舱盖,将设备放回原位,实训作业完成。

比亚迪 E5 驱动电机分解与组装-整理归位

任务小结

本任务介绍了比亚迪 E5 汽车电机驱动系统组成、电机驱动系统工作原理和电机驱动系统的检修。

比亚迪 E5 汽车电机驱动系统由驱动电机、电机控制器、减速器总成和冷却系统构成。

比亚迪 E5 采用的是交流无刷永磁同步电机,由比亚迪自主研发,结构简单、体积小、重量轻、损耗小、效率高,同时,比亚迪 E5 驱动电机的额定功率 80 kW,最大功率 160 kW,最大输出转矩 310 N·m。

比亚迪 E5 的电机控制器是高压控制总成的一部分,它与高压配电箱、车载充电器、DC-DC 转换器集成组合成高压总成,位于前机舱内。可以执行高压电控总成中整车控制模块的命令,实时调整驱动电机输出,以控制驱动电机的转速、转向和通断,同时可以将驱动电机的状态反馈给高压电控总成内的电机控制器,并实时进行状态和故障检测,保护驱动电机系统和整车安全可靠运行。

比亚迪 E5 的机械减速装置采用的是一个具有固定传动比的二级减速装置,有两组齿轮副实现降速增矩,其总传动比为 9.342,也称为减速器总成。

比亚迪 E5 的驱动电机是单独的冷却系统,采用的是水冷方式。比亚迪 E5 的电机冷却系统与其他纯电动汽车一样,主要由储液罐、散热器、电动水泵、电动风扇和冷却管路构成。比亚迪 E5 行驶过程中,高压电控总成内整车控制模块根据接收到的驾驶员的操作信号(加速踏板位置和制动踏板位置信号)和驱动电机工况信号,控制驱动电机的转速、转矩和转向动作,从而使电动汽车以驾驶员预期的状态行驶。

比亚迪 E5 汽车电机驱动系统的基本检查、诊断仪检测等方面介绍电机驱动系统驱动电机、减速器总成及电机冷却系统的检修方法和步骤。

一、判断题

1. 比亚迪 E5 的电机驱动系统位于前机舱内。( )
2. 比亚迪 E5 电机驱动系统具有驱动转矩大、加速性能好、能源利用率低等特点。( )
3. 比亚迪 E5 驱动电机制动过程中将动能转化为电能。( )
4. 比亚迪 E5 的机械减速装置是通过齿轮改变转矩的传递方向,通过差速器实现两侧车轮以不同转速滚动。( )
5. 比亚迪 E5 的机械减速装置采用的是一个非固定传动比的二级减速装置。( )

二、选择题

1. 比亚迪 E5 驱动电机的额定功率_____kW,最大功率_____kW,最大输出转矩_____N·m。( )【单选题】
   A. 75 kW、160 kW、310 N·m
   B. 80 kW、160 kW、310 N·m
   C. 80 kW、160 kW、330 N·m
   D. 75 kW、160 kW、310 N·m
2. 比亚迪 E5 的机械减速装置总传动比为( )。【单选题】
   A. 9.342
   B. 8.342
   C. 7.34
   D. 6.34
3. 比亚迪 E5 的驱动电机是单独的冷却系统,采用的是( )。【单选题】
   A. 空气冷却系统
   B. 油冷式冷却系统
   C. 水冷式冷却系统
   D. 氮冷式冷却系统
4. 下列是比亚迪 E5 纯电动汽车电机驱动系统组成的是( )。【多选题】
   A. 电机控制器
   B. 驱动电机
   C. 减速装置
   D. 电驱冷却系统

三、简答题
1. 请说出比亚迪 E5 电机驱动系统的工作原理。

2. 请简述比亚迪 E5 选用的是哪种驱动电机,并说出这种驱动电机的特点。

项目三 纯电动汽车电源系统构造与检修

项目概述

电源系统是纯电动汽车的"动力源",可以将动力蓄电池储存的电能传递给驱动电机产生转矩,经过电机驱动系统的机械传动装置将驱动力传递给车轮,从而带动汽车前进或后退。电源系统在纯电动汽车运行过程中为整车提供持续、稳定的电能,并监测动力蓄电池的运行状态,测量动力蓄电池的剩余容量,适时地对动力蓄电池进行充电保护或能量回收,从而使电机始终处于最佳的工作状态,为纯电动汽车的工作提供充足的能量。

本项目先进行电源系统的理论知识介绍,然后依次对动力蓄电池包、动力蓄电池管理系统、充电系统、动力蓄电池冷却系统及低压电源系统的组成与工作原理及电源系统的工作原理进行详细阐述。

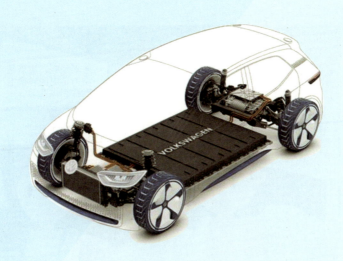

任务 1 电源系统基本构造与原理

任务目标

1. 了解电源系统结构组成及各组成部分的作用。
2. 掌握动力蓄电池管理系统的功能、作用及工作原理。
3. 掌握慢充充电系统工作原理。
4. 理解电源系统的工作原理。

任务导入

某职业院校新能源汽车技术专业学生,学习纯电动汽车电源系统组成之后,了解到纯电动汽车电源有动力蓄电池和低压辅助电池。现有两位同学针对车身辅助电器由哪个电池供电出现争议。甲以为,低压辅助电池给车身辅助电器供电;乙认为动力蓄电池的电能转换后直接给车身辅助电器供电。请学习纯电动汽车电源系统相关知识,整理出纯电动汽车电源系统供电的一般规律,对他们的观点进行判定。

纯电动汽车电源系统供电规律-情景导入

知识储备

纯电动汽车的电源系统作用是为驱动电机提供电源,并对电源系统电量进行监测、调节、控制及充电,使动力蓄电池始终处于最佳的工作状态,提供车辆运行各工况相匹配的电能。纯电动汽车的电源系统位于汽车两轴之间的底盘中部,如图 3-1-1 所示。本任务主要讲解电源系统的构造与原理。

图 3-1-1 车载电源系统

一、电源系统结构

纯电动汽车的电源系统主要由动力蓄电池、动力蓄电池管理系统、充电系统、动力蓄电池冷却系统及低压辅助电源等组成,如图 3-1-2 所示,有些纯电动汽车有辅助动力电源,在提高纯电动汽车续驶里程的同时,也降低了对动力蓄电池的性能的要求,有些纯电动汽车将超级电容和飞轮电池作为辅助动力电池使用。

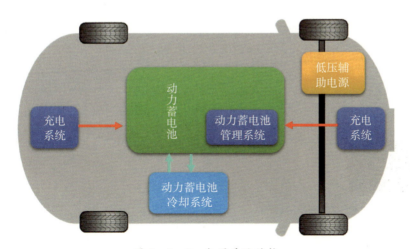

纯电动汽车电源系统组成

图 3-1-2 电源系统结构

（一）动力蓄电池

动力蓄电池是电源系统的核心部件，主要由动力蓄电池模组、动力蓄电池箱、动力蓄电池辅助加热装置和高压维修开关等组成，有些车是没有维修开关的。动力蓄电池是纯电动汽车的动力电源，其作用是给驱动电机提供所需的电能，从而带动汽车行驶；动力蓄电池辅助加热装置主要在工作温度较低的情况下给动力蓄电池加热，使其达到正常温度范围，具有良好的工作性能；动力蓄电池箱相当于动力蓄电池的壳体，其主要用于安装动力蓄电池组合。纯电动汽车动力蓄电池包安装在车体下部汽车底盘上。

1. 动力蓄电池组

电动汽车动力蓄电池组是能量储存装置，是电动汽车日常行驶的唯一能量来源，它是电动汽车的核心组成部件之一，其性能好坏直接关系到电动汽车的动力性能、续驶能力，同时也影响电动汽车的使用安全性。

（1）纯电动汽车对动力蓄电池的要求

纯电动汽车行驶完全依赖动力蓄电池存储的能量，蓄电池容量越大，可以实现的续驶里程越长，但其体积、重量也越大。纯电动汽车要根据电源系统设计、道路情况和行驶工况的不同来选配电池，其对动力蓄电池具体要求归纳如下。

① 动力蓄电池组要有足够的能量和容量，以保证典型的连续放电不超过1C（1C电流指输出与电流容量一样大的电流。1通常指倍率，C表示电池容量，1C电流通常解释为1倍的电池容量的电流。例：1000 mAh的电池的1C电流就是1000 mA。），典型峰值放电一般不超过3C；如果电动汽车上安装了回馈制动，动力蓄电池组必须能够承受高达5C的脉冲电流充电。

② 电池要能够实现深度放电而不影响其寿命，如放电80%不影响寿命，在必要时能实现满负荷功率和全放电。

③ 能实时检测动力蓄电池的工作状态，所以需要安装动力蓄电池管理系统和热管理系统，显示电池组的剩余电量和实现温度控制。

④ 动力蓄电池要在整车上合理布置。

由于动力蓄电池组体积和质量大，电池箱的设计、电池的空间布置和安装问题都需要认真研究。

（2）类型

动力蓄电池按照不同的分类标准分为不同的类型，纯电动汽车常用的动力蓄电池主要有铅酸电池、镍氢电池、锂电池三种，电动汽车以锂电池为主流，如图3-1-3所示。

（a）铅酸电池

（b）镍氢电池

（c）锂电池

图3-1-3　动力电池类型

① 铅酸电池。铅酸电池由于其成本低、适应性宽、可逆性好、大电流放电性能良好、可制成密封免维护结构等优点,被广泛应用于车辆起动、电力、通信、邮电、铁路、采掘等多个领域。在汽车领域,铅酸电池作为起动、点火、照明电池应用于传统内燃机车上;作为动力蓄电池,主要用于纯电动汽车、高尔夫车、观光车、电动叉车等车上。铅酸电池可分为两大类:普通(注水式)铅酸电池和免维护(阀控式)铅酸电池,其中后者通过安全控制阀自动调节密封电池体内充电和处理工作异常产生的多余气体,免维护,更符合电动汽车的要求。

铅酸电池在外形上各异,但其内部结构相似,主要有极板、隔板、电解液、壳体等组成。极板是铅酸电池的核心部件,分为正极和负极;电解液是铅酸电池的血液,铅酸电池的电解液是弱酸。正极板上的活性物质是二氧化铅,负极板上的活性物质是海绵状的铅,电解液是稀硫酸,所以称为铅酸电池。这种电池在放电时,正极板上的活性物质分离出的铅离子与电解液中硫酸根反应生成硫酸铅附在正极板上,同时电池中氢离子和氧离子结合生成水;在充电过程中硫酸铅分解又分别生成正极板上的二氧化铅和负极板上的铅,充电末期水电解,生成氢气和氧气分别从正负极板上析出。铅酸蓄电池在充足电的情况下可以长时间保持电池内化学物质的活性,而在电池放电以后,如果不及时充足电,电池内的活性物质很快就会失去活性,使电池内部产生不可逆的化学反应。所以对铅酸蓄电池应充足电保存,并定期给电池补充电。

作为纯电动汽车动力蓄电池使用,铅酸电池必须解决提高比容量和比功率、延长蓄电池使用寿命、能够实现快速充电三个方面的问题。所以,纯电动汽车使用铅酸电池作为动力蓄电池的不多,但是有些纯电动汽车用铅酸电池作为低压蓄电池,给整车电控和低压辅助电器供电。

② 镍氢电池。镍氢电池(Ni—MH)属于碱性电池,它的许多基本特性和镍镉(Ni—Cd)电池相似,但镍氢电池不存在重金属污染问题,被称为"绿色电池"。镍氢电池的高能量密度、大功率、无污染等综合特点使其适合作为动力蓄电池使用,一些镍氢电池厂以此开发出动力汽车、电动摩托车和电动自行车的镍氢电池用途。

镍氢电池正极活性物质为 $Ni(OH)_2$,称 NiO 电极,负极活性物质为金属氢化物,也称储氢合金(电极称储氢电极),电解液为 6 mol/L 氢氧化钾溶液。充电时正极的 $Ni(OH)_2$ 和 OH^- 反应生成 NiOOH 和 H_2O,同时释放出 e^- 一起生成 MH 和 OH^-,总反应是 $Ni(OH)_2$ 和 M 生成 NiOOH,储氢合金储氢;放电时与此相反,MHab 释放 H^+,H^+ 和 OH^- 生成 H_2O 和 e^-,NiOOH、H_2O 和 e^- 重新生成 $Ni(OH)_2$ 和 OH^-。

镍氢电池优点为:比能量密度高、深度放电性能好、充放电效率高、无重金属污染、绿色环保、无记忆效应、全密封免维护、常规拆卸简单等,且其能量密度和功率密度均高于铅酸电池和 Ni—Cd 电池,循环使用寿命在实际电动汽车用电池中是最高的,在正确使用条件下可循环使用 500 次以上。

镍氢电池缺点为:成本高,价格为相同容量铅酸电池的 5~8 倍;自放电损耗高,满电常温下存储自放电率 30%~35%;高温性能差,在过充电和过放电时会排出气体、耐高温性能差等。

近几年来,随着混合动力汽车的产业化和燃料电池汽车的研制开发,镍氢电池受到了非常普遍的关注,随着镍氢电池技术的不断发展,其能量密度、功率密度、循环寿命和快速充电能力还会提高,价格将会降低。

③ 锂电池。锂电池主要出现在 20 世纪 90 年代,锂电池是一类由锂金属或锂合金为负极材料,使用非水电解质溶液的电池。锂金属电池通常是不可充电的,且内含金属态的锂;锂离

子电池不含有金属态的锂,例如液态锂离子电池、聚合物锂离子电池等,并且是可以充电的,纯电动汽车使用的是锂离子电池。

早期锂离子电池用于笔记本电脑、手机等电器上,伴随着现在电池管理软件的进步,很多电动车也陆续采用锂离子电池了。锂离子动力蓄电池能够在电动汽车上广泛应用,主要原因是其能量密度是铅酸动力蓄电池的3倍,并且还有继续提高的可能性。特斯拉采用的18650锂电池,18650即指电池的直径为18 mm,长度为65 mm,是圆柱形的电池。

锂离子电池(Lithium ion battery)是在二次锂电池的基础上发展起来的。这种锂离子电池的正负极均由可以嵌入和脱出 Li^+ 的化合物或材料组成,其中,正极为锂化跃迁金属氧化物,如 $LiMO_2$、M—Co、Mn 或 Ni 等跃迁金属;而负极可嵌入 Li^+ 的碳,形成 LixC(碳化锂);电解质为有机溶液或固体聚合物。在电池充电时,Li^+ 从正极脱出,经过电解质嵌入负极;电池放电时,Li^+ 则从负极脱出,经过电解质再嵌回正极。电池的工作过程实际上是 Li^+ 在两电极之间来回嵌入和脱出的过程,故锂离子电池也称为"摇椅式电池"。由于锂离子在正负极中有相对固定的空间和位置,因此锂离子电池充放电反应的可逆性很好。

锂离子电池具有能量密度高、平均输出工作电压高、自放电小、无记忆效应、可快速充放电、充电效率高、环保性高、循环寿命长等多种优点。缺点是成本高、必须有特殊的保护电路,以防止过充电或过放电、与普通电池的相容性差等。适用于电动汽车的锂离子电池,根据正极材料的不同,具有技术竞争性的锂离子电池有锂镍钴铝(NCA)、锂镍锰钴(NMC)、三元材料(NCM)、磷酸铁锂(LFP)四种,从安全、寿命、性能、比能量、比功率和成本等对它们进行比较,没有哪一种电池技术能在这几个方面都具有优势。

(3)动力蓄电池组结构

纯电动汽车常用的动力蓄电池为锂电池,本节以锂离子电池为例来讲述动力蓄电池组的结构。锂电池的动力蓄电池组主要由电池模组组成,每个电池模组主要由多个电池模块组成,每个电池模块又由多个单体电池组成。动力蓄电池组中,把多个锂电池模块串联可以提高电池的电压;把多个锂单体电池并联可以提高动力电池的容量和供电电流。纯电动汽车为了达到高电压高容量标准,一般使用串联和并联这两种方法组合连接。具体如下:

动力蓄电池额定电压=单体电池额定电压×单体电池串联数
动力蓄电池容量=单体电池额定电压×单体电池并联数
动力蓄电池总能量=动力蓄电池系统额定电压×动力蓄电池容量

如:一个36 V 10 A·h电动车的电池是把5节2 000 mA·h的3.6 V锂离子电池并联起来,这样容量就可以达到10 A·h;然后再把10组并联的电池串联在一起;串联起来后电池的电压就可以达到36 V的额定电压。

动力蓄电池组主要由多个电池模块串联而成,如图3-1-4所示,电池模块是单体电池在物理结构和电路上连接起来的最小分组,每一个电池模块由多个并联的单体电池组合而成,它是单体电池的并联集成体;单体电池是构成动力蓄电池模块的最小单元,如图3-1-5所示,相邻单体电池之间用绝缘板隔开;电池模组是由电池模块串联而成的单元;动力蓄电池包是对外输出电能量的电源体,由若干电池模组串联而成。

① 单体电池组成。单体电池一般由正极、负极、电解质(电解液)、隔膜及外壳等构成,如图3-1-6所示。它可实现电能与化学能之间的直接转换,常见用的磷酸铁锂单体电池电压为3.2 V。

动力电池形成过程

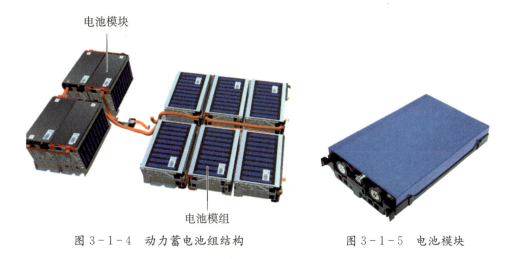

图 3-1-4 动力蓄电池组结构　　　图 3-1-5 电池模块

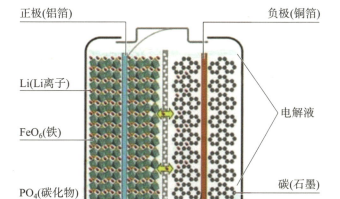

图 3-1-6 单体电池结构

② 单体单池工作原理。单体电池工作原理的介绍以磷酸铁锂动力电池为例。磷酸铁锂动力蓄电池的充放电原理是在 $LiFePO_4$ 和 $FePO_4$ 两者之间进行的,参见图 3-1-7,对动力蓄电池进行充电时,电池的正极上有锂离子脱出,脱出的锂离子经过电解质运动到负极。因负极的碳呈层状结构,有很多微孔,到达负极的锂离子就会嵌入到碳层的微孔中,生成 $FePO_4$,嵌入的锂离子越多,充电容量就会越高,即：

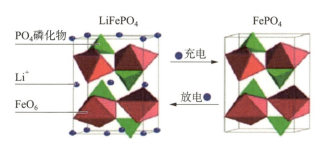

图 3-1-7 磷酸铁锂电池充放电原理

锂电子电池工作原理

$$LiFePO_4 - xli^+ - xe^- \longrightarrow (1-x)LiFePO_4 + xFePO_4$$

而放电时则正好相反:当动力蓄电池放电时,负极板上的锂离子从碳层中脱出,使得负极板处于富锂状态,脱出的锂离子通过电解质运动到正极,与正极板上 $FePO_4$ 反应,生成 $LiFePO_4$,移动至正极板的锂离子越多,动力蓄电池的电量越低,即:

$$FePO_4 + xli^+ + xe^- \longrightarrow xLiFePO_4 + (1-x)FePO_4$$

需要注意的是磷酸铁锂电池在工作过程中既不能过充电也不能过放电,否则会影响电池的使用寿命。

2. 动力蓄电池辅助加热装置

动力蓄电池辅助加热装置是在温度较低的情况下预热动力蓄电池使其达到正常的工作温度,从而保证动力蓄电池的使用性能。动力蓄电池辅助加热装置主要由电池PTC组成。当纯电动汽车需要工作时,电池管理器根据车辆的上电信号和动力蓄电池的温度信号,控制电池PTC工作,逐步加热动力蓄电池,使动力蓄电池的工作温度达到正常的温度范围。

3. 动力蓄电池箱

动力蓄电池箱是支撑、固定、包围动力蓄电池的组件,动力蓄电池箱有承载及保护动力蓄电池组及电气元件的作用。

动力蓄电池箱主要由动力蓄电池箱体的上盖和下托盘、辅助元器件等组成,如图3-1-8所示。辅助元器件包括过渡件、护板、螺栓等。动力蓄电池箱材料多为铸铝和玻璃钢。

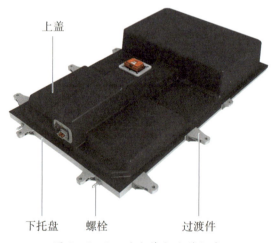

图3-1-8 动力蓄电池箱组成

动力蓄电池箱体通过螺栓连接在车身地板下方,其防护等级一般为IP67。电池箱体的外表面颜色要求为银灰色、黑色或亚光色,并且外表面还有产品铭牌、动力蓄电池包序号、出货检测标签、物料追溯编码以及高压电警告标识。

4. 高压维修开关

纯电动汽车上的高压维修开关,也称为高压维修塞,它可以为纯电动汽车的高压电力系统在维修时提供安全的维修环境,也可以对电力系统起到安全保护的功能。一般,在纯电动汽车保养及维修时,都要先断开高压维修开关,可以在维修时起到防短路的保护作用。如图

图 3-1-9　高压维修塞

3-1-9所示为某款汽车的高压维修塞。

（二）动力蓄电池管理系统

动力蓄电池管理系统（BMS，battery management system）是电动汽车必备的系统，如图3-1-10所示。它承担着动力蓄电池组的全面管理，与电机控制系统、整车控制系统共同构成电动汽车的三大核心技术。BMS通过检测动力蓄电池组中各单体电池的状态来确定整个电池系统的状态，并根据它们的状态对动力蓄电池系统进行对应的控制调整和策略实施，实现对动力蓄电池系统及各单体电池的充放电管理，以保证动力蓄电池系统安全稳定地运行。即一方面保证动力蓄电池组的正常运作，显示动力蓄电池组的动态响应并及时报警，以便使驾驶人随时都能掌握动力蓄电池组的情况；另一方面对人身和车辆进行安全保护，避免因电池引起的各种事故。

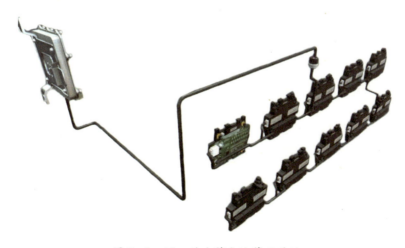

图 3-1-10　动力蓄电池管理系统

1. 动力蓄电池管理系统功能

动力蓄电池管理系统的功能：通过电压、电流及温度检测等功能实现对动力蓄电池系统的过电压、欠电压、过电流、过高温和过低温保护，继电器控制、剩余电量（SOC）估算、充放电管理、均衡管理、故障报警处理、与其他控制器通信等功能；此外，动力蓄电池管理系统还具有高压回路绝缘检测功能，以及动力蓄电池系统加热功能。

（1）过充电保护

电池过充电将破坏正极结构而影响性能和寿命，过充电还会使电解液分解，内部压力过高而导致漏液、变形、起火等问题，过充电保护就是当电池组中的某个单体电池的电压高于设定的过充电保护电压值，且该状态的保持时间超过预设延时，保护功能动作，切断充电电路，停止对电池组的充电，并锁定为过充电状态。

（2）过放电保护

电池过放电会导致大量活性物质容量不可逆而大量衰减，并可能导致漏液、零电压以及负电压，也是损害电池性能的主要原因之一。过放电保护就是当电池组中的某个单体电池的电压低于设定的过放电保护电压值，且该状态的保持时间超过预设延时，保护功能动作，切断放电电路，停止对电池组的放电，并锁定为过放电状态。

（3）过电流保护

过电流保护分为充电过电流和放电过电流。当电池组的充电电流或放电电流超过预设值，且该状态的保持时间超过预设延时，保护功能动作，切断充电电路或放电电路，停止对电池组的充电或放电，并锁定为过电流状态。过电流保护在一定时间后自动释放。

（4）短路保护

当电池组发生短路，且该状态的保持时间超过预设延时，保护功能动作，切断充电电路和放电电路，禁止对电池组进行充电和放电。

（5）温度保护

系统可进行多点温度采样，包括电池体温度、环境温度、功率器件温度等，根据不同的采样位置，预设相应的保护值。当检测到的温度超过设定的高温保护值，且该状态的保持时间超过预设延时，保护功能动作，切断充电电路和放电电路，禁止对电池组进行充电和放电，并锁定为短路状态。当检测到的温度恢复到设定的高温释放温度以下，且保持时间超过预设延时，高温保护释放。

（6）电压检测

管理系统可对电池组中每个单体电池的电压进行监控，并转换为数字值。

（7）电流检测

管理系统应可对电池组中的充放电的电流进行监控，并转换为数字值。

（8）温度检测

管理系统应可对电池体温度、环境温度、功率器件温度等温度状态量进行监控，并转换为数字值。

（9）SOC检测

SOC的估算通过相应的算法估算电池的剩余容量，为系统进行相应的控制提供依据和为驾驶员合理安排驾驶提供参考。

（10）监控显示

管理系统通过液晶显示屏，显示相关检测数据，使用户直观了解电池使用情况。

(11) 通信功能

动力蓄电池管理系统应具备通信功能,可扩充多种总线接口,通过通信接口与设备总线相连,汇报电池组的参数和状态。

(12) 受控功能

动力蓄电池管理系统应可以通过通信接口接受设备总线上发来控制指令,并做相应响应,如按照总线指令对电池组做开启或关闭等操作。动力蓄电池管理系统也可以通过通信接口接受设备总线上下传的参数信息,更新或调整电池管理的相关参数,包括保护参数、电压参数、电流参数、温度参数、时间参数等都可通过软件编程的方式灵活修改。

(13) 均衡功能

由于电池制作工艺等的差异,使得生产出来的电池性能不可能完全一致,而使用中充放电的不同又加剧了电池的不一致性,这就需要对电池进行有效的均衡,以保证电池组在使用周期内的一致性,从而有效地改善电池组的使用性能、延长电池组的使用寿命。

(14) 散热功能

管理系统包含散热组件,可对电池体、功率器件等进行被动散热和主动散热。被动散热采用普通热传递方式,满足系统在正常温度下的散热需求。被动散热无须进行管理控制,不消耗电源功耗;当电池系统的温度超过正常值,被动散热无法满足要求时,管理系统可开启主动散热功能,通过风扇加速空气循环和温度传递,风扇的转速可根据温度高低自动调整,如图3-1-11所示。

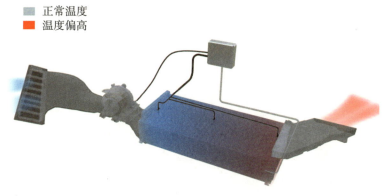

图3-1-11 散热功能(动力蓄电池管理系统热管理功能演示)

(15) 自检功能

动力蓄电池管理系统具备自检功能,系统每次运行首先完成初始化检测,如发现问题则自动做出相应的处理,并通过液晶显示屏或总线接口上报告警。电池组在工作过程中,管理系统定时巡检,及时发现可能出现的问题,自动做出相应安全处理,并告警显示。

2. 动力蓄电池管理系统组成

动力蓄电池管理系统主要由数据检测模块、中央处理器、显示单元模块、控制部件等组成,图3-1-12所示,一般通过采用内部CAN总线技术实现模块之间的数据信息通信。控制部件主要是指主继电器、加热继电器及熔断装置等;数据检测模块主要进行数据采集,包括电流传感器、电压传感器、温度传感器等;中央处理器指电池管理模块,主要与整车系统进行通信,控制充电机等;显示单元模块主要指显示装置,可以进行数据呈现,实现人机交互。

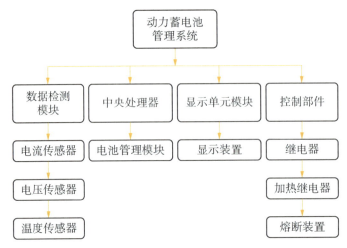

图 3-1-12 动力蓄电池管理系统组成

3. 动力蓄电池管理系统工作原理

动力蓄电池管理系统与电动汽车的动力蓄电池紧密结合在一起,通过传感器对动力蓄电池的电压、电流、温度进行实时检测,同时还进行漏电检测、热管理、电池均衡管理、报警提醒,计算剩余容量(SOC)和放电功率,报告电池劣化程度(SOH)和剩余容量(SOC)状态,还根据电池的电压、电流及温度用算法控制最大输出功率以获得最大行驶里程,以及用算法控制充电机进行最佳电流的充电,通过CAN总线接口与车载总控制器、电机控制器、能量控制系统、车载显示系统等进行实时通信,如图 3-1-13 所示。

电池管理系统工作原理

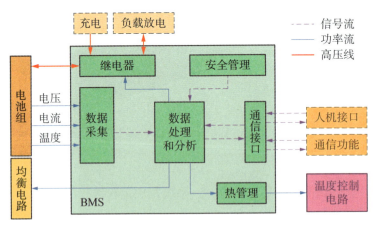

图 3-1-13 电池管理系统工作原理

(三) 充电系统

纯电动汽车充电系统是可以为车载储能装置补充电能,它是实现电源系统中提供持续且平衡电能的关键系统。充电系统应该能够满足在多种不同应用情况下的充电需求,随着动力蓄电池本身充放电速度的不断提高,充电系统的性能也在不断改进。

1. 充电系统类型

（1）按照输入电能的供给方式分类

在对电动汽车进行充电时，根据输入的充电电流的不同可分为交流充电系统和直流充电系统两种。两种不同的充电方式，充电速度不一样。

① 交流充电系统。所谓交流充电系统就是使用交流电源与交流电网连接，对新能源电动汽车进行充电。我国标准规定的电动汽车充电用交流电源电压的额定值最大可为 660 V，交流标称电压为单相 250 V、三相 415 V，允许偏差为标称电压的 ±10%，频率的额定值为 (50±1)Hz。交流标称电流可以为 16 A、32 A、60 A、100 A、150 A 或 250 A。

将电动汽车和交流电网相连时，可以采用下述 3 种方式中的一种或多种。

连接方式 A：将电动车辆和交流电网相连时，使用和电动车辆连在一起的供电电缆和插头。

连接方式 B：将电动车辆和交流电源连接时，使用带有电动车辆连接器和电源连接器的独立活动电缆，如图 3-1-14 所示。

图 3-1-14 带有车辆及电源连接器的独立活动电缆

连接方式 C：将电动车辆和交流电源连接时，使用和交流电网连在一起的供电电缆和连接器，如图 3-1-15 所示。

图 3-1-15 供电电缆及连接器与交流电网连在一起

② 直流充电系统。所谓直流充电系统是指采用直流电给纯电动汽车进行充电的系统。一般，电动汽车采用直流电是在对交流电源进行整流后得到的，但这种充电系统需要单独设置整流装置或直流电源。如某充电站利用城市无轨电车的供电网作为输入电源，则对该充电站内的充电装置而言，输入电源即为直流电源。我国标准规定用于电动汽车充电的直流电源的电压最高为 1 000 V。

(2) 按充电时长分类

按照充电时间的不同，电动汽车的充电系统可分为快充充电系统和慢充充电系统两种。

① 快充充电系统。快充充电系统可以不用车载充电机而完成电动汽车的充电，所以快充充电系统可以用于没有车载充电机的充电系统。根据电动汽车动力蓄电池性能的不同，充电电流一般为(0.2~1)C，少数动力蓄电池的充电电流可达到 3C。C 为充放电倍率，等于充放电电流与额定容量的比值。根据电动汽车蓄电池剩余容量和充电电流大小的不同，一般充电时间为 20~60 min。

② 慢充充电系统。慢充充电系统主要用于将 220 V 交流电转化为直流电，以实现动力蓄电池的电能补给。

慢充充电系统一般采用交流充电桩进行交流充电，适用于具有车载充电机的小型电动乘用车。充电电流相对较小，输出功率通常不超过 5 kW。根据车载充电机功率的不同，一般慢充充电模式充电时间为 3~5 h，部分车辆长达 8~9 h。由于充电时间较长，通常不用于车辆紧急充电。

慢充充电系统使用的交流充电桩成本较低且安装比较简单，可建在停车场、住宅小区等场所，充分利用停车时间特别是夜间等用电负荷低谷时段对车辆进行充电，充电成本相对较低。

总体来说，快充充电系统的充电机通常固定安装在地面上，输入侧的交流电经过电能变换后转变为直流电输出，并给电动汽车的动力蓄电池组充电，因此也称为直流充电机；慢充充电系统的整流等电能变换环节都在电动汽车内完成，车外仅需要一个交流输入供电电源，因此也称为交流充电机。

纯电动汽车本身使用的是慢充（交流）充电机，慢充（交流）充电机是慢充（交流）充电系统的核心组成部件，因此，下面重点讲解慢充（交流）充电系统的组成及工作原理。

2. 充电系统组成

纯电动汽车充电系统主要由车载充电机、充电口、DC-DC 转换器等部分组成，并辅以正负极母线接触器（继电器）、预充接触器（继电器）和预充电阻等辅助装置，如图 3-1-16 所示。

(1) 车载充电机

① 车载充电机的功用。车载充电机是充电系统的主要装置，它以受控的方式将 220 V 交流电转化成相应高压直流电

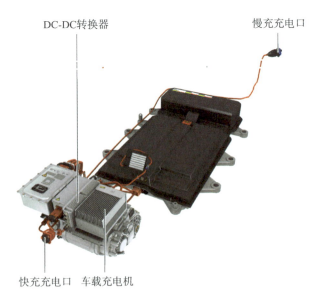

图 3-1-16　充电系统组成

传输到纯电动汽车或插电式混合动力汽车车载储能装置从而实现补充电力,即给车载充电装置充电,如图 3-1-17 所示。

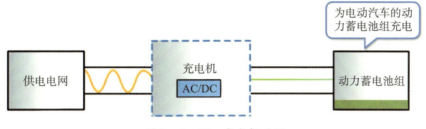

图 3-1-17　充电机功用

充电机工作过程需协调 BMS 等部件进行充电综合管理,由 BMS 通过 CAN 通信控制车载充电机的工作状态,当监测到车载充电机温度高于 75℃时,充电机的输出电流变小;若温度高于 80℃时,车载充电机将切断供电,停止输出电能。动力蓄电池管理系统为车载充电机提供过电压、欠电压、过电流、欠电流等多种保护措施。若充电系统出现异常,动力蓄电池管理系统会及时采取应对措施甚至切断供电。

② 电动汽车充电机的组成。电动汽车充电机主要由散热风扇组、低压通信端、直流输出端、交流输入端几部分组成,如图 3-1-18 所示。

a. 散热风扇组在充电机工作温度超过预设温度范围后工作,用于充电机的散热。

b. 低压通信端主要实现车载充电机与慢充充电枪以及车上其他控制单元之间进行信息交互等功能。输出端口包括:新能源 CANH、新能源

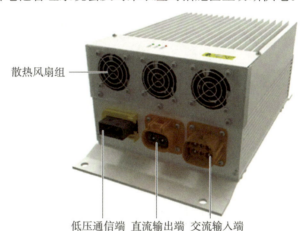

图 3-1-18　充电机组成

CANL 信号传输、互锁输出(到高压控制盒低压插件)、CC 信号输出(到集成控制器)、互锁输入(到空调压缩机低压插件)、12 V+输入、慢充唤醒(到集成控制器)。

c. 直流输出端与高压控制盒相连,将车载充电机转换的直流高压电输出至高压控制盒。

d. 交流输入端与慢充口相连,将 220 交流电输入至车载充电机中。

(2) 充电口

充电口是指用于连接活动电缆和电动汽车的充电部件,纯电动汽车的充电口有快充充电口和慢充充电口两种。它相当于充电插座,用于与充电插头结构和电气进行耦合,是充电系统的主要充电部件。

① 慢充充电口。慢充充电口是完成慢速(交流)充电的接口,适用于电动汽车传导充电使用,其接口功能定义执行国家标准 GBT20234-2015 规定,参见表 3-1-1。

表 3-1-1 慢充充电口的额定值

额定电压/V	额定电流/A
250	16
	32

慢充充电口为 7 孔式,各个针脚含义分别为:控制连接确认(CP)、充电连接确认(CC)、交流电源(零线)(N)、交流电源(火线)(L)、备用连接 2(NC2)、备用连接 1(NC1)、车身地(PE),如图 3-1-19 所示。

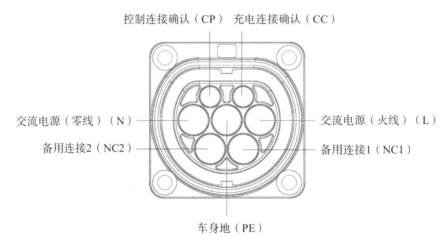

图 3-1-19 慢充充电口针脚名称

慢充充电口各针脚的电气参数和功能定义见表 3-1-2。

表 3-1-2 慢充充电口针脚定义及参数

触头编号/标识	额定电压和额定电流	功能定义
L	250 V	交流电源
NC1	—	备用连接 1
NC2	—	备用连接 2
N	250 V 16 A/32 A	零线
PE	—	保护接地(PE),连接供电设备地线和车辆底盘地线
CC	30 V 2 A	充电连接确认
CP	30 V 2 A	控制连接确认

② 快充充电口。快充充电口是与快充充电桩上的快充充电枪进行物理连接的部件,负责完成充电和控制引导。快充充电桩与电动汽车的快充充电口功能定义执行国家标准 GBT20234-2015 规定,参见表 3-1-3。

表 3-1-3 快充充电口额定值

额定电压/V	额定电流/A
750	125
	250

快充充电口为 9 孔式,其针脚布置形式如图 3-1-20 所示。

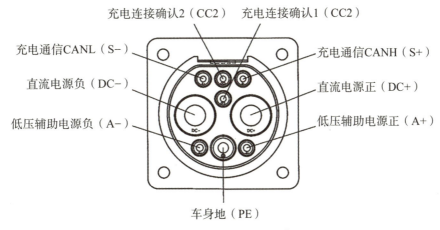

图 3-1-20 快充充电口针脚名称

快充充电口各针脚功能定义及参数见表 3-1-4。

表 3-1-4 快充充电口针脚定义及参数

触头编号/标识	额定电压和额定电流	功能定义
DC+	750 V　125 A/250 A	直流电源正,连接直流电源正极与电池正极
DC-	750 V　125 A/250 A	直流电源负,连接直流电源负极与电池负极
PE	—	车身地(PE),连接供电设备地线和车辆底盘地线
S+	30 V　2 A	充电通信 CANH,连接非车载充电机与电动汽车的通信线[a]
S-	30 V　2 A	充电通信 CANL,连接非车载充电机与电动汽车的通信线[a]

续 表

触头编号/标识	额定电压和额定电流	功能定义
CC1	30 V　2 A	充电连接确认1
CC2	30 V　2 A	充电连接确认2
A+	30 V　20 A	低压辅助电源正,连接非车载充电机为电动汽车提供的低压辅助电源正极
A-	30 V　20 A	低压辅助电源负,连接非车载充电机为电动汽车提供的低压辅助电源负极

a 非车载充电机控制装置和车辆控制装置应用CAN总线终端电阻,建议为120 Ω。通信线宜采用屏蔽双绞线,非车载充电机端屏蔽层接地。

（3）DC-DC转换器

DC-DC转换器是为转变输入电压后有效输出固定电压的电压转换器,又称为直流变换器。DC-DC转换器分为三类：升压型DC-DC转换器、降压型DC-DC转换器以及升降压型DC-DC转换器。DC-DC转换器主要由控制芯片、电感线圈、二极管、晶体管、电容器等构成。DC-DC转换器主要有输入低压保护、输入反接保护、输出短路保护、温度过高保护等四个功能。

① 输入低压保护功能。当DC-DC转换器输入电压低于220 V时,其就会锁死输出,同时故障指示灯点亮,提示输入电压过低,需要对电池组进行检测与维护。

当电压高于220 V时,DC-DC转换器自动解除输出闭锁,恢复正常工作,故障指示灯灭。

② 输入反接保护功能。若DC-DC转换器输入端接反,其便进入反接保护锁死输入,DC-DC转换器不会损坏,反接消除后DC-DC转换器恢复正常。

③ 输出短路保护功能。在输出端的负载存在短路时,DC-DC转换器会自动进入断路保护状态,不再向外输出电量；当短路故障排除后,DC-DC转换器会自动恢复输出功能。

④ 温度过高保护功能。DC-DC转换器工作温度不允许超过363 K。在工作温度超过353 K时,DC-DC转换器首先自动降低功率进行自身降温；达到363 K时就会自动关闭,不再工作；当温度降到353 K时,DC-DC转换器又恢复工作。

（4）正负极母线接触器（主继电器）

正负极母线接触器也称为主继电器,主要包含正极母线接触器和负极母线接触器。在部分纯电动汽车电池系统中,高压正极母线接触器由BMS控制,负极母线接触器由整车控制器控制。

（5）预充接触器（继电器）

预充继电器与预充电阻在充电初期需要闭合预充继电器进行预充电,以防止汽车电路中出现过大的初始充电电流,从而击穿电容。如充电初期需要给各单体电池进行预充电,确定单体电池有无短路；充放电初期需要低压、小电流给各控制器电容充电,当电容两端电压接近电池总电压时,断开预充继电器,闭合高压正极继电器,从而防止电容初充电流过大而被击穿。

3. 充电系统工作过程

充电系统分为慢充充电系统和快充充电系统,本节主要介绍这两种充电系统的工作过程。

(1) 慢充充电系统工作过程

慢充充电系统工作电路,如图 3-1-21 所示。充电桩中的供电控制装置通过检测 CC 连接确认信号后,把 S_1 开关从 12 V 端切换到 PWM 端;当检测点 1 电压降到 6 V 时,充电桩控制 K_1、K_2 开关闭合输出电流。

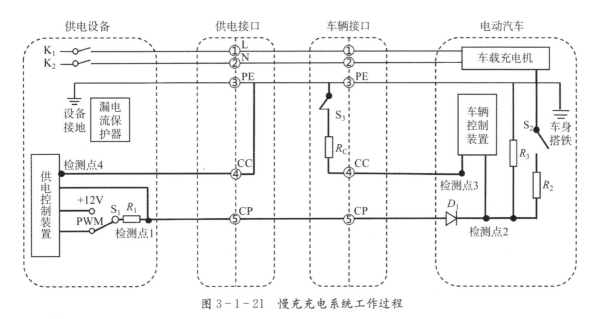

图 3-1-21 慢充充电系统工作过程

充电过程大致分为以下几个步骤:

① CC 充电连接确认。当充电插头与车身交流充电口完全连接后,充电桩中供电控制装置通过检测点 4 检查到端子 CC 连接确认信号后,将 S_1 开关从 +12 V 挡切换至 PWM 信号挡(脉冲宽度调制信号)。

② CP 控制确认。S_1 开关切换至 PWM 挡后,供电控制装置同时进行 PWM 信号的发送和检测点 1 电压的测量,以此来确认充电线路连接情况;车辆控制装置凭借对检测点 2 上接收到的 PWM 信号的监测,来判断供电设备的供电能力,并完成充电装置完全连接的确认。

③ 车辆控制装置通过检测点 3 测量端子 CC 和端子 PE 之间的电阻 R_C。线路中开关 S_3 为车辆插头的内部常闭开关,与插头上的机械锁止装置相关联,按下机械锁止开关,S_3 开关即断开。当插头与插座完全连接后,车辆控制装置通过测量检测点 3 与 PE 之间的阻值,确认完全连接,得到充电连接信号,完成了充电唤醒过程。

④ 系统确认充电装置完全连接后,供电控制装置通过测量检测点 1 的电压判断车辆是否准备就绪,当电压值达到规定值时,供电设备控制装置接通开关 K_1、K_2 分别为供电插头的 L、N 端子供电。

⑤ BMS(动力电池管理系统)检测充电需求,同时给车载充电机发送工作指令并控制车辆低压电路中的相关继电器吸合,车载充电机执行充电程序,同时点亮充电指示灯。

⑥ 充电过程中,系统会周期性地检测相关检测点的电压值,确认供电线路的连接情况。

车辆控制装置测量检测点 2 和检测点 3,供电控制装置测量检测点 1 和检测点 4 的电压。监测周期不大于 50 ms。另外车辆控制装置持续地监测检测点 2 收到的 PWM 信号,当占空比信号发生变化时,调节车载充电机的输出功率,监测周期不大于 5 s。

⑦ 充电完成。当 BMS 检测充电完成后,或达到车辆设置的充电完成条件,或驾驶员执行停止充电的指令时,车辆控制装置断开 S_2 开关,使车载充电机停止充电;供电控制装置将 S_1 开关切换至 +12 V 挡。在检测到 S_2 开关断开的信号后,供电控制装置断开 K_1、K_2 供电回路。

一般采用恒流——恒压充电方法,在不同温度范围内以恒定电流充电至动力电池组总电压达到或最高单体电压达到此温度条件下的规定电压值,以恒定电压充电至电流小于 0.8 A 后停止充电。充电温度通常为 0~55 ℃,此时以 10 A 的电流充电;当单体电池最高电压高于 2.6 V 时,降低充电电流到 5 A,当电芯电压达到 3.7 V 时,充电电流为 0 A,请求停止充电。

(2) 快充充电系统工作过程

直流充电系统工作电路,如图 3-1-22 所示。从图中可以看到,以车辆接口处划分,左侧为充电桩及插头,右侧为车辆及直流充电接口。充电桩中开关 S 为常闭开关,与直流充电插头上的机械锁相关联,按下机械锁,开关 S 就打开。电阻 R1~R5 分别连接于 CC1、CC2 这 2 条连接确认检测线路中,其阻值约为 1 kΩ;U_1、U_2 分别为充电桩和车辆控制装置中提供的参考电压,电压值为 12 V。

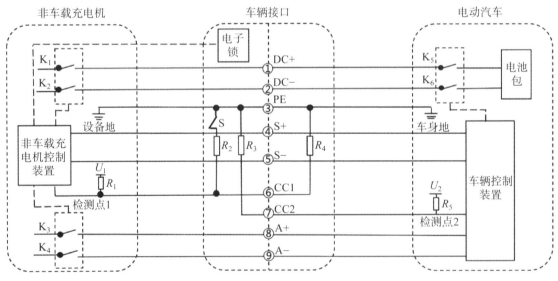

图 3-1-22 快充充电系统工作过程

充电过程大致分为以下几个阶段:

① 准备阶段:将直流充电接头与汽车充电口连接后,U_1 通过电阻 R_1、R_4、端子 CC1 与车身接地形成回路,U_2 通过电子 R_5、R_3、端子 CC2 与充电桩设备接地形成回路,分别完成工作电路的连接。直流充电系统中的非车载充电机控制装置监测检测点 1 的电压值达到 4 V 时,则确认充电线路完全连接。

② 自检阶段:充电系统完成连接后,充电桩闭合 K_3、K_4,低压辅助供电回路导通,12 V 低压电则通过 A+、A− 端子与车辆形成通路。车辆控制装置通过监测检测点 2 的电压值,当

电压达到 6 V 时,车辆控制装置与充电桩之间通过 S+、S- 这两个通讯连接线发送通信信号,确认充电准备完成,同时控制开关 K_1、K_2 闭合,进行绝缘测试,保证充电过程的安全进行。绝缘测试完成后,开关 K_1、K_2 断开,自检阶段完成。

③ 充电阶段:车辆控制装置闭合 K_5、K_6,充电桩验证充电条件是否满足,即与原数据通讯时相比电压差小于 5%,并且车辆电池电压处于充电机最高输出电压与最低输出电压之间,充电桩控制开关 K_1、K_2 闭合,形成直流充电回路。在充电过程中,车辆与充电桩会通过 S+、S- 端子持续地进行数据通讯,并发送实时充电需求,按照动力电池充电状态及时调整充电电压和充电电流。

④ 结束阶段:车辆控制装置实时监测动力电池的充电状态或通过是否收到"充电机中止充电报文"的指令来判断是否完成充电。当满足充电完成的条件或者接收到驾驶员的停止充电指令时,系统确认充电电流小于 5 A 后,车辆控制装置断开开关 K_5、K_6,充电机控制装置断开 K_1、K_2,最后断开 K_3、K_4,完成充电过程。

表 3-1-5 充电条件及要求

充电时需保证以下条件满足要求
1. 高、低压电路连接正常(远程控制开关关闭状态)
2. 绝缘良好,阻值大于 20 MΩ
3. 动力电池电芯温度 0~45 ℃;SOC 电压差小于 0.3 V;单体电池最高温度与最低温度差小于 15 ℃;实际单体最高电压不大于额定单体电压 0.4 V
4. 充电线连接确认信号正常;充电机供电电源正常(含 220 V 和 12 V)及充电机工作正常;充电唤醒信号输出正常(12 V);充电机、VCU、SMS 之间通信正常(主继电器闭合、发送电流强度需求)

(四) 动力蓄电池冷却系统

动力蓄电池在充放电过程中会产生热量,为了保证其正常工作,一般纯电动汽车的动力蓄电池系统专门设置了单独的冷却系统(图 3-1-23),从而使高压电池包的温度始终保持在正常的范围内。

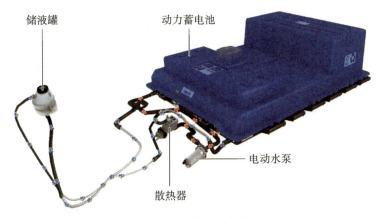

纯电动汽车电池冷却系统功用

图 3-1-23 动力蓄电池冷却系统功用

1. 动力蓄电池冷却系统的类型

目前,纯电动汽车动力蓄电池冷却系统有空调循环冷却式、水冷式和风冷式三种类型。

(1) 空调循环冷却式

在高端电动汽车中,动力蓄电池内部有与空调系统连通的制冷剂循环回路。动力蓄电池单元直接通过冷却液进行冷却,冷却液循环回路与制冷剂循环回路通过冷却液热交换器连接。采用空调循环方式动力蓄电池冷却系统的电动汽车有宝马i3、特斯拉等。

(2) 水冷式

水冷式动力蓄电池冷却系统是使用特殊的冷却液在动力蓄电池内部的冷却液管路中流动,将动力蓄电池产生的热量传递给冷却液,从而降低动力蓄电池的温度。比亚迪 E5 采用的就是水冷方式。

(3) 风冷式

风冷式动力蓄电池冷却系统是利用散热风扇将来自车厢内部的空气吸入动力蓄电池箱,以冷却动力蓄电池以及动力蓄电池的控制单元等部件。丰田普锐斯、凯美瑞(混动版)、卡罗拉双擎、雷凌双擎等电动汽车都是采用的风冷式动力蓄电池冷却系统。

现代纯电动汽车应用较多的冷却系统为水冷式冷却系统。

2. 水冷式动力蓄电池冷却系统组成

水冷式动力蓄电池冷却系统主要由电动水泵、散热器、冷却水管、储液罐等部件组成,如图 3-1-24 所示。其电动水泵、散热器、冷却水管及储液罐的组成与电机冷却系统的基本相同,这里不做赘述。

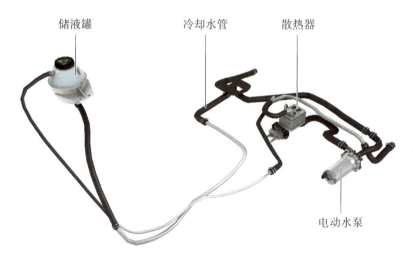

图 3-1-24 水冷式动力蓄电池冷却系统结构

3. 水冷式动力蓄电池冷却系统工作原理

当电动水泵接收到高压电池包内的温度传感器信号后,电动水泵将高压电池包中温度较高的冷却液输送到散热器进行冷却;在电动水泵的作用力下,经散热之后的冷却液进入到高压电池包对其进行冷却。冷却过程中,若冷却液不足则由储液罐进行补偿,并且部分高温冷却液以水蒸气形式返回储液罐以平衡整个管路系统的压力。在电动水泵的作用下如此循环往复达到冷却目的,如图 3-1-25 所示。

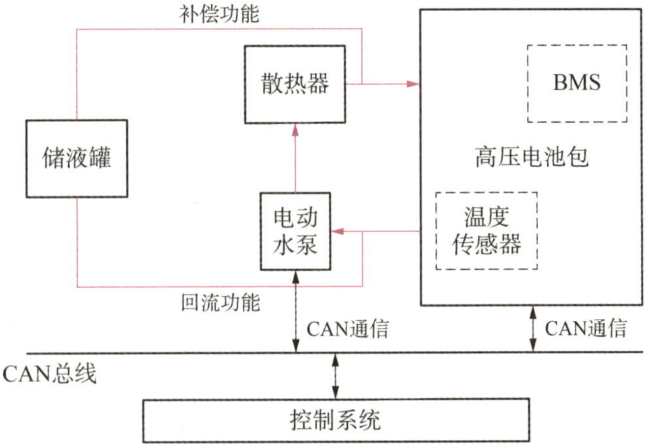

图 3-1-25 水冷式动力蓄电池冷却系统工作原理

（五）低压辅助电源

纯电动汽车的低压辅助电源的作用是给纯电动汽车控制单元、控制电路以及其他各种辅助装置，如动力转向单元、制动压力调节器、灯光、空调、电动门窗、电动座椅等提供所需要的低压稳定电源，一般为 12 V 或 24 V 的稳定直流电。一般，纯电动汽车用铅酸蓄电池、低压铁锂蓄电池作为低压辅助电源。

二、电源系统工作原理

在纯电动汽车工作过程中，电源系统根据接受的用电设备的信号和驾驶员的操纵信息，控制动力蓄电池的工作状态，并根据动力蓄电池管理系统（BMS）内的电池信息采集器对单体电池的电压、电流和温度等信息进行监测，若监测到异常状态，动力蓄电池管理系统将及时发送新的控制指令，断开高压电路，以保护动力蓄电池。其具体工作过程如下。

1. 电源系统的充电控制与监测

当动力蓄电池处于充电状态时，首先对动力蓄电池进行预充电，以避免较大瞬时电流直接通过动力蓄电池造成的不可逆损伤。充电过程中，若监测到动力蓄电池温度低于 5 ℃，动力蓄电池管理系统会先控制动力蓄电池温度调节装置对动力蓄电池进行加热，如果温度高于 55 ℃，则停止充电。动力蓄电池内的 BMS 实时采集各单体电池的电压、电流、温度、动力蓄电池的总电压和总电流值、动力蓄电池系统的绝缘电阻值等数据，时时监控动力蓄电池的工作状态，并根据动力蓄电池管理系统中设定的阈值判定动力蓄电池系统工作是否正常，对故障进行实时监控。

2. 电源系统放电控制与监测

当动力蓄电池处于放电状态时，动力蓄电池管理系统通过 CAN 线与整车控制器（VCU）和电机控制器之间进行通信，对动力蓄电池组件放电等进行综合管理，避免出现过放电及不均衡现象。动力蓄电池组件使用可靠的高压插接件与高压控制盒相连，其输出的直流电由电机控制器转变为三相交流高压电，驱动电机工作，如图 3-1-26 所示。

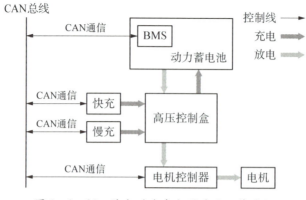

图 3-1-26　纯电动汽车电源系统工作过程

本任务介绍了纯电动汽车电源系统结构和工作原理。

纯电动汽车的电源系统是纯电动汽车的动力源，它为驱动电机提供工作电源，并对电源系统电量进行监测、调节、控制，使动力蓄电池始终处于最佳的工作状态，提供与车辆运行各工况相匹配的电能。

纯电动汽车的电源系统主要由动力蓄电池包、动力蓄电池管理系统、充电系统、动力蓄电池冷却系统及低压辅助电源等组成。动力蓄电池包是电源系统的核心部件，主要由动力蓄电池组、动力蓄电池温度调节装置和动力蓄电池箱组成；动力蓄电池组是纯电动汽车的动力电源，其作用是给驱动电机提供所需的电能，从而带动汽车行驶；动力蓄电池温度调节装置的主要作用是给动力蓄电池加热，使其在正常温度范围内工作；动力蓄电池箱相当于动力蓄电池的壳体，其主要用于安装动力蓄电池组合。

动力蓄电池管理系统主要由数据检测模块、中央处理器、显示单元模块、控制部件等组成，其可以通过电压、电流及温度检测等功能实现对动力蓄电池系统的过电压、欠电压、过电流、过高温和过低温保护，继电器控制、剩余电量（SOC）估算、充放电管理、均衡管理、故障报警处理、与其他控制器通信等功能；此外，动力蓄电池管理系统还具有高压回路绝缘检测功能，以及动力蓄电池系统加热功能。

纯电动汽车充电系统主要由车载充电机、充电口、DC-DC转换器等部分组成，并辅以正负极母线接触器（继电器）、预充接触器（继电器）和预充电阻等辅助装置。充电系统按照输入电能的供给方式分为：交流充电系统和直流充电系统；按充电时长分为：快充充电系统和慢充充电系统。慢充充电系统通过车载充电机进行充电，当接收到充电确认信号以后，动力蓄电池管理系统将充电指令发送给车载充电机并闭合动力蓄电池的继电器，车载充电机将外部供电设备提供的 220 V 交流电转换为相应高压直流电储存到动力蓄电池。

动力蓄电池冷却系统有空调循环冷却式、水冷式和风冷式三种类型，水冷式冷却系统主要由电动水泵、散热器、冷却水管、储液罐等部件组成。

纯电动汽车的低压辅助电源的作用是给电动汽车控制单元、控制电路以及其他各种辅助装置供电。一般,电动汽车用铅酸蓄电池、低压铁锂蓄电池作为低压辅助电源。

  在纯电动汽车工作过程中,电源系统根据接受的用电设备的信号和驾驶员的操纵信息,控制动力蓄电池的工作状态,并根据动力蓄电池管理系统(BMS)内的电池信息采集器对单体电池的电压、电流和温度等信息进行监测,若监测到异常状态,动力蓄电池管理系统将及时发送新的控制指令,断开高压电路,以保护动力蓄电池。

任务练习

一、判断题

1. 纯电动汽车常用的动力蓄电池主要有铅酸电池、镍氢电池、锂电池三种,其中以锂电池为主流。（　　）
2. 单体电池是电池的最小单元。（　　）
3. 我国标准规定的电动汽车充电用交流电源电压的额定值最大可为220 V。（　　）
4. 当电压高于220 V时,DC-DC转换器自动解除输出闭锁,恢复正常工作,故障指示灯灭。（　　）
5. 目前,纯电动汽车动力蓄电池冷却系统的冷却方式有水冷式和风冷式。（　　）

二、选择题

1. 常见用的磷酸铁锂单体电池电压为(　　)。【单选题】
   A. 2.8 V   B. 3.2 V   C. 3.6 V   D. 4.0 V
2. 当监测到车载充电机温度高于(　　)℃时,充电机的输出电流变小。【单选题】
   A. 72   B. 75   C. 79   D. 82
3. 动力蓄电池包是电源系统的核心部件,主要由哪些部件组成？(　　)。【多选题】
   A. 动力蓄电池组   B. 动力蓄电池温度调节装置
   C. 动力蓄电池箱   D. 单体电池
4. 动力蓄电池冷却系统主要由哪些部件组成？(　　)。【多选题】
   A. 电动水泵   B. 散热器   C. 冷却水管   D. 储液罐

三、简答题

1. 请说出电源系统的组成及工作原理。

2. 请说出纯电动汽车充电系统的组成及工作过程。

任务 2　比亚迪 E5 电源系统构造与检修

 任务目标

1. 掌握比亚迪 E5 电源系统的组成。
2. 掌握比亚迪 E5 电源系统的工作原理。
3. 掌握比亚迪 E5 电源系统主要部件的检修方法。
4. 能按照操作规范进行比亚迪 E5 电源系统的拆装及检修。

任务导入

一辆牌照尾号为 1234 的比亚迪 E5 纯电动汽车被拖送至 4S 店进行维修,车主反映使用车辆时无法起动。维修接待人员试车发现汽车上电指示灯不亮、动力蓄电池故障警告灯点亮,且仪表信息区域显示动力蓄电池故障。经高级维修技师诊断,故障原因指向动力蓄电池包内部,需要针对此故障进行维修。现车间调度将任务工单派发至你手中,请学习相关知识,安全规范地完成分派的检修任务。

比亚迪 E5 动力电池包故障检修—情景导入

知识储备

电源系统作为纯电动汽车的核心系统之一,不仅向汽车中所有用电设备提供低压直流电源,使汽车各部分能正常工作,以保证汽车在行驶中和停车时的用电需要。同时,它的出现,使传统燃油汽车的机械控制系统和附件从发动机中分离,集成到一起,由电机直接驱动,提升了汽车动力效率,使车辆轻量化。本任务将以比亚迪E5纯电动汽车的电源系统为例,进行该电源系统的组成、工作原理及检修内容的具体讲解。

一、比亚迪E5电源系统组成

比亚迪E5的电源系统与其他纯电动汽车电源系统结构一样,主要由动力蓄电池、动力蓄电池管理系统、充电系统、动力蓄电池冷却系统以及辅助电源低压蓄电池等组成,如图3-2-1所示。其作用与其他纯电动汽车电源系统一样,主要为驱动电机提供电源,并监测和控制电源系统的供电和充电,使动力蓄电池始终处于最佳的工作状态。

图 3-2-1 比亚迪E5电源系统组成

(一)动力蓄电池

比亚迪E5纯电动汽车采用的是磷酸铁锂电池,一种用磷酸铁锂材料作为电池正极、石墨作为电池负极、聚乙烯或聚丙烯材料制成的隔膜板、有机溶剂和锂盐制作的对人体组织具有腐蚀性的锂离子电解质、金属材料密封外壳的锂离子电池。比亚迪E5的动力蓄电池位于整车

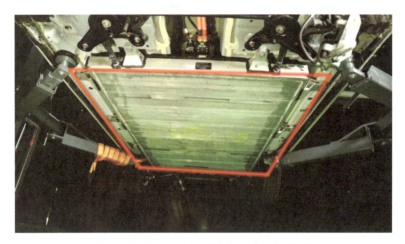

图 3-2-2 比亚迪 E5 动力蓄电池位置

底板下面,如图 3-2-2 所示。

磷酸铁锂电池的单体电池标称电压是 3.2 V,充电终止时的最高电压为 3.6 V,最大放电的电压为 2.0 V。比亚迪 E5 的动力蓄电池的额定电压约 633.6 V,额定容量 75 A·h,总电量 42.47 kW·h,能提供综合工况下 250~300 km 的续驶里程,其具体参数见表 3-2-1。

表 3-2-1 比亚迪 E5 动力蓄电池参数

碳酸铁锂电池	参数
电池包容量	75 A·h
额定电压	633.6 V(以实车为准)
储存温度	−40~40℃,短期储存(3 个月) 20%≤SOC≤40% −20~35℃,长期储存(<1 年) 30%≤SOC≤40%
质量	≤490 kg

1. 比亚迪 E5 动力蓄电池组成

比亚迪 E5 动力蓄电池也是由动力蓄电池组、动力蓄电池箱体、动力蓄电池辅助装置和高压维修开关构成,如图 3-2-3 所示。

(1) 动力蓄电池组

比亚迪 E5 的动力蓄电池组由 13 个电池模组串联组成,动力蓄电池的高压接口在 1 号电池模组负极、13 号电池模组正极;1 号、2 号、11 号、12 号、13 号电池模组在动力蓄电池前端;3 号电池模组在动力蓄电池终端,4 号、5 号、6 号、7 号、8 号、9 号、10 号电池模组在动力蓄电池后端,如图 3-2-4 所示。

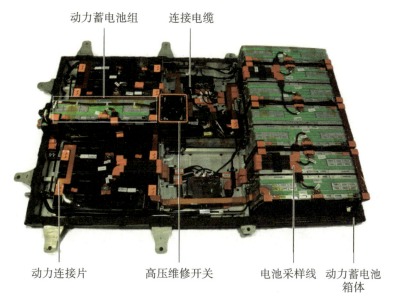

图 3-2-3 比亚迪 E5 动力电池组成

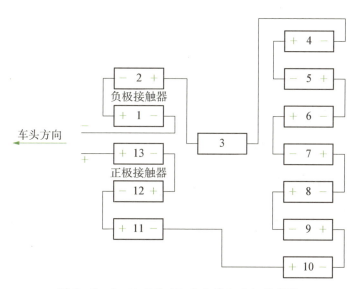

图 3-2-4 比亚迪 E5 动力蓄电池组的布置

（2）动力蓄电池箱体

比亚迪 E5 动力蓄电池的动力蓄电池箱同样是由动力蓄电池箱密封盖（上盖）和下托盘组成，它可以切断动力蓄电池内部的高压电路，具有承载和保护动力蓄电池组及内部电气元件的作用。

（3）动力蓄电池辅助装置

比亚迪 E5 动力蓄电池的辅助装置主要有动力连接片、连接电缆、密封条和动力蓄电池管理系统的电池采样线，如图 3-2-5 所示。电池采样线是动力蓄电池管理系统的信息采集装置，它可以采集动力蓄电池的状态信息；动力连接片和连接电缆是动力蓄电池内部的动力蓄电池模块和动力蓄电池模组之间的连接元件，主要能将动力蓄电池组内的电池模块和电池模组

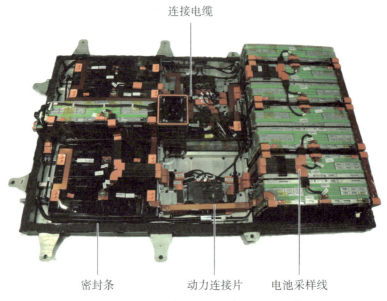

图 3-2-5　比亚迪 E5 动力蓄电池辅助装置

串联或并联组成动力蓄电池组；密封条是动力蓄电池的内部密封装置，可以密封动力蓄电池箱托盘和密封盖。

(4) 高压维修开关

比亚迪 E5 的高压维修开关位于中控台储物箱下部动力蓄电池的上面，如图 3-2-6 所示，其用于切断动力蓄电池内部的高压电路，防止发生触电事故，驾驶者一般接触不到，仅供专业人员检修时使用。

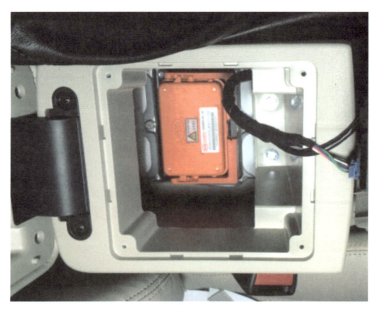

图 3-2-6　高压维修开关位置

2. 比亚迪 E5 动力蓄电池特征

比亚迪 E5 动力蓄电池通过几十个螺栓加密封胶以机械方式与托盘连接在一起，其最重要的外部特征是动力蓄电池组上带有一个 2 芯高电压接口，动力蓄电池组通过该接口与高电压车载网络连接，如图 3-2-7 所示。

图 3-2-7　2芯高压接口

（二）动力蓄电池管理系统

比亚迪 E5 的动力蓄电池管理系统采用的是分布式电池管理系统，主要由 1 个电池管理控制器（BMC）、13 个电池信息采集器和 1 套电池采样线构成，如图 3-2-8 所示。电池管理控制器的主要功能有充放电管理、接触器控制、功率控制、电池异常状态报警和保护、SOC/SOH 计算、自检以及通信功能等；电池信息采集器的主要功能有电池电压采样、温度采样、电池均衡、采样线异常检测等；动力蓄电池采样线的主要功能是连接电池管理控制器和电池信息采集器，实现二者之间的通信及信息交换。

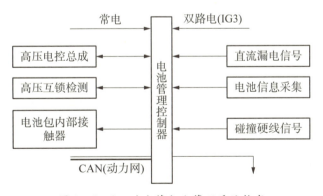

图 3-2-8　动力蓄电池管理系统构成

比亚迪 E5 纯电动汽车动力电池管理器作为监控动力蓄电池组、保证电池组正常工作的监控单元，其位于前机舱内高压电控后部，如图 3-2-9 所示。电池管理控制器如图 3-2-10 所示，它的目的是保证每节串联电池的电压、电流、温度数据等各项性能指标一致。

图 3-2-9　电池管理控制器位置

图 3-2-10　电池管理控制器

（三）充电系统

比亚迪 E5 充电系统与其他纯电动汽车充电系统的作用一样，其主要用于给动力蓄电池补充电能，并满足不同应用情况下的充电需求，从而保证电源系统具有持续的能源带动汽车行驶。比亚迪 E5 纯电动汽车的充电系统主要由车载充电机、高压配电盒、DC-DC 变换器、充电口、动力蓄电池和动力蓄电池管理器组成。其中，充电系统中的车载充电机、高压配电盒、DC-DC 变换器属于高压电控总成的重要组成部分，它们与电机电源系统的电机控制器和漏电传感器共同组成了高压控制总成。因此，比亚迪 E5 纯电动汽车的充电系统也可以说由高压电控总成、动力蓄电池管理器、充电口和动力蓄电池组成，如图 3-2-11 所示。

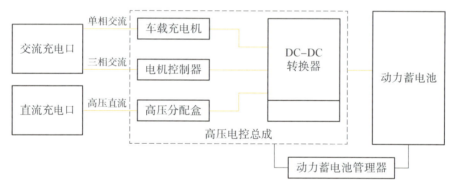
图 3-2-11　充电系统组成

比亚迪 E5 纯电动汽车的充电口隐藏在中央格栅后面，如图 3-2-12 所示，接口上部有照明灯，可以提供足够的光线。比亚迪 E5 有两种充电方式，即交流充电（左侧）和直流充电（右侧），所以汽车上有交流充电和直流充电两个充电系统。

1. 交流充电系统

交流充电主要是通过交流充电桩、壁挂式充电盒以及家用供电插座接入交流充电口，通过高压电控总成中的车载充电机将 220 V 交流电转换为 220 V 直流电，之后利用高压电控总成中的 DC-DC 变换器将 220 V 直流电转换成 650 V 高压直流电给动力蓄电池充电。由于这种充电方式的充电时间相较直流充电方式较长，所以也称为慢充充电系统。

交流（慢充）充电系统主要是由车载充电机、交流（慢充）充电口、交流充电桩等部件构成，

图 3-2-12 充电口位置

其中车载充电机和交流(慢充)充电口在在项目三任务 1 中有所阐述,这里不做赘述。

车载充电机工作过程需协调电池管理器(BMS)等部件进行充电综合管理,由 BMS 通过 CAN 通信控制车载充电机的工作状态,当监测到车载充电机温度高于 75℃时,充电机的输出电流变小;若温度高于 80℃,车载充电机将切断供电,停止电能输出。另外,动力蓄电池管理系统为车载充电机提供过电压、欠电压、过电流、欠电流等多种保护措施。若充电系统出现异常,动力蓄电池管理系统会及时采取应对措施,甚至切断供电。

交流充电桩采用传导方式为具有车载充电机的电动汽车提供交流电能,其具有人机操作界面和交流充电接口,以及具备相应测量保护功能的专用装置,如图 3-2-13 所示。

交流充电桩可应用在各种大、中、小型电动汽车充电站中,其充电功率低,输出电流小,因而充电时间较长,但对动力蓄电池的损伤较小,可充分利用低谷时间段充电。

电动汽车与交流充电桩有两种连接方式:一是与交流充电桩连接在一起的慢充充电枪;另一个是随车标配的交流充电桩慢速充电线。

图 3-2-13 交流充电桩

2. 直流充电系统

直流充电主要是通过充电站的充电柜将直流高压电直接通过直流充电口给动力蓄电池充电。这种充电系统实现了对动力蓄电池快速高效的充电,所以也称为直流(快充)充电系统。直流(快充)充电系统关系到动力蓄电池组的使用寿命和充电时间,充电时还要考虑安全合理地进行电能补充,以及充电桩对各种动力蓄电池的适用性,尽量将对充电电池的危害降到最低,以提高动力蓄电池的使用寿命,降低汽车的使用成本。

比亚迪 E5 的直流(快充)充电系统主要由快充充电口、快充充电桩、快充充电枪等部件构成。

快充充电桩一般安装在大型充电站内,以三相四线制的方式连接电网,使用380 V的工业用电为电动汽车充电。其特点是输出的功率和电流较大,半小时即可充80%的电。

(四) 动力蓄电池冷却系统

比亚迪E5的动力蓄电池冷却系统主要用于调节动力蓄电池的工作温度,在纯电动汽车工作时,使动力蓄电池的工作温度位于正常温度范围以内。比亚迪E5的动力蓄电池采用水冷方式进行冷却,主要由动力蓄电池冷却控制系统和动力蓄电池冷却循环系统组成,动力蓄电池冷却控制系统主要由温度传感器、电池管理器、高压电控总成组成;而动力蓄电池冷却循环系统由储液罐、电池PTC、电动水泵、电池冷却系统热交换器、动力蓄电池组成,如图3-2-14所示。

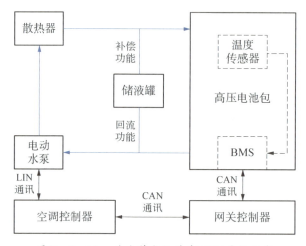

图3-2-14 动力蓄电池冷却循环系统组成

当比亚迪E5纯电动汽车动力电池温度过高时,电池管理器将接收到的温度传感器信号进行比较分析,得出电池工作温度偏高,需要降低动力电池工作温度的结论时,电池管理器会发出指令通过网关给空调控制器,由空调控制器控制电动水泵的工作,如图3-2-15所示,在电动水泵的作用力下,经散热之后的冷却液进入到高压电池包对其进行冷却。冷却过程中,若冷却液不足则由储液罐进行补偿,并且部分高温冷却液以水蒸气形式返回储液罐以平衡整个管路系统的压力。

图3-2-15 电动水泵位置

（五）辅助电源低压蓄电池

比亚迪 E5 的低压辅助电源低压蓄电池，其位于前机舱内左侧，如图 3-2-16 所示，其作用与其他纯电动汽车一样，此处不再赘述。比亚迪 E5 低压蓄电池是起动型蓄电池。这种电池电压在 7.5 V 以下时，不可以直接使用外搭接蓄电池起动，需更换低压蓄电池。

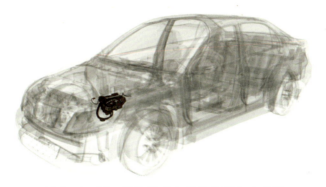

图 3-2-16　低压辅助电源低压蓄电池位置

这种电池的主要是供电、保护、检测和智能充电，其具体如下：

1. 供电

对于电气系统来说，在未进入过放电保护或者超低功耗情况下，低压蓄电池都是电气设备的常电供给电源。当发电机和 DC-DC 输出不足时，由低压蓄电池辅助向用电设备供电。

2. 保护

低压蓄电池还可以吸收电路中的瞬时过电压，保持汽车电器系统电压的稳定，保护电子元件。

3. 监测

低压蓄电池有电压、电流和温度监测功能，存在异常状态会触发故障报警功能，当低压蓄电池故障报警时，仪表上故障指示灯点亮（常亮），同时显示"请检查低压电池系统"。

4. 智能充电

满足智能充电整车条件，当低压蓄电池电量偏低时（最低单节电池电压低于 3.2 V、SOC40%），控制智能充电继电器吸合并同时发出智能充电请求给动力蓄电池 BMS，动力蓄电池 BMS 监测条件满足智能充电条件后，控制高压配电箱主吸合器工作并通过 DC-DC 放电给低压蓄电池充电。

二、比亚迪 E5 电源系统工作特点

比亚迪 E5 电源系统的工作原理与其他纯电动汽车的原理基本相同，这里仅描述 2018 款比亚迪 E5 纯电动汽车电源系统工作特点和电池模组工作特点。

1. 比亚迪 E5 电源系统工作特点

比亚迪 E5 纯电动汽车工作过程中，动力蓄电池管理器根据接收到的动力蓄电池工作状

态和冷却液温度等信号,得出动力蓄电池的工作模式、冷却系统的工作状态等判断,并发出指令控制高压控制盒的配电,动力蓄电池、充电系统和冷却系统的工作,使电动汽车在有持续电能的情况下处于恰当的工作模式和适当的工作温度。

2. 比亚迪E5电池模组工作特点

比亚迪E5纯电动汽车动力蓄电池管理系统根据检测到的动力蓄电池13个模组的电池信息采集器的温度、电压、电池均衡信号以及采样线的状态信号,对各电池模组的电压、电流和温度等信息进行分析,若得出电池模组电压、温度或SOC异常,动力蓄电池管理系统会发出控制指令,使13个电池模组的电压和温度平衡。

三、比亚迪E5电源系统检修

比亚迪E5电源系统的检测要遵循由易到难、由外到内、由电气部件到机械部件的原则进行,并且一般是利用设备进行的不解体优先。本节主要介绍电源系统的动力蓄电池、充电口及动力蓄电池冷却系统的检测。

(一) 动力蓄电池检测

1. 动力蓄电池基本检查

检查动力蓄电池外观,是否有破损,各插接器连接是否可靠,线束是否有破损,若发现有破损或者是异常状况应立即停止车辆使用,并将车辆移至厂家指定维修站点。

2. 动力蓄电池在线检测(初步诊断)

在汽车起动以后,连接诊断仪读取电源系统的相关数据流,根据数据流分析电源系统的工况,主要需要读取的数据有:动力蓄电池组当前总电压、电池组当前总电流、主控制器状态、最低单体电池电压、最高单体电池电压、高压系统、高压互锁和主控制器状态等数据。

3. 动力蓄电池外部电气测量

(1) 动力蓄电池绝缘检测

使用兆欧表的1000 V挡位,分别测量动力蓄电池正极输出端子和动力蓄电池负极输出端子与车身搭铁的电阻值,标准绝缘电阻值应大于20 MΩ,若测量值不符合标准值,应进行检修。

(2) 动力蓄电池连接线束绝缘检测

使用兆欧表的1000 V挡位,分别测量动力蓄电池高压线束的正极端子和动力蓄电池高压线束的负极端子与车身搭铁的电阻值,标准绝缘电阻值应大于20 MΩ,若测量值不符合标准值,应进行检修。

(3) 动力蓄电池高压互锁检测

选用万用表适当的电阻量程,将红黑表笔分别接动力蓄电池互锁两个针脚测量电阻,标准电阻值应小于0.5 Ω,若测量电阻值不在标准范围内,应进行检修。

(4) 动力蓄电池CAN网络终端电阻的测量

选用万用表的适当量程,将万用表的红黑表笔接动力蓄电池CAN网络端电阻的两个端子测量电阻,标准电阻值应为120 Ω左右,若测量电阻值不在标准范围内,应进行检修。

4. 动力蓄电池解体电压检测

（1）整体电压检测

打开动力蓄电池上的箱体，并将动力蓄电池内部接触器盒盖打开，露出动力蓄电池组的正极和负极连条，用万用表的适当量程检测动力蓄电池电压，正常电压值应在 633 V 左右，若测量值不正常需要进一步检测。

（2）模组电压检测

拆下每个模组的正极和负极盖板，用选择万用表的合适量程检测电压，正常的电池模组电压有两种，分别为 38 V 左右和 56 V 左右，若测量值不正常需要进一步检测。

（3）模块电压检测

拆下模块的盖板，用万用表的合适量程检测模块电压，电压应为 3.2～3.8 V 左右，若测量值不正常，需要更换。

（二）充电口检测

1. 充电口基本检查

① 检查慢充充电盖和慢充充电口是否正常，充电盖是否存在卡滞，并检查充电口充电端子是否存在异常，若充电盖或者充电端子存在异常现象，请及时修复。

② 检查快充充电盖和快充充电口是否正常，充电盖是否存在卡滞，并检查充电口充电端子是否存在异常，若充电盖或者充电端子存在异常现象，请及时修复。

2. 快充充电口及连接线束的绝缘检测

① 断开快充充电口高压线束与高压电控总成的连接线束，使用兆欧表的 1000 V 挡位，分别测量高压输入正极线束端子和高压输入负极线束端子与车身搭铁的电阻值，标准绝缘电阻值应大于 20 MΩ。

② 使用兆欧表的 1000 V 挡位，直接测量线束的高压输入正极线束端子和高压输入负极线束端子与车身搭铁的电阻值，标准绝缘电阻值应大于 20 MΩ。

（三）动力蓄电池冷却系统基本检测

① 检查动力蓄电池冷却系统各线束连接器的连接是否牢靠或者线束破损，若发现有破损或者是连接异常状况应及时进行检修。

② 检查动力蓄电池冷却系统冷却液循环管理是否有漏液状况，若有应及时进行检修。

（四）高压电控总成基本检查

检查高压电控总成壳体是否有破损，并检查高压电控总成各连接线束插接器是否可靠，若发现有破损或者线束连接异常状况应立即停止车辆使用，并将车辆移至厂家指定维修站点进行进一步检修。

若电源系统相关部件的检测数值不在规定的范围内，请进一步检测确认故障，并根据故障点进行维修，具体检测标准见表 3-2-2。

表 3-2-2 比亚迪 E5 电源系统标准检测数据

检修内容	标准值范围
动力蓄电池正负极母线绝缘检测	大于 20 MΩ
动力蓄电池输出端子绝缘检测	大于 20 MΩ
动力蓄电池 CAN 网络终端电阻检测	约 120 Ω
动力蓄电池总电压值测量	320 V
电池模组电压值测量	38 V 或 56 V
动力蓄电池互锁阻值测量	小于 1 Ω

实训 1　比亚迪 E5 动力蓄电池拆装

◆ 实训准备

1. 安全操作规范

① 拆装动力蓄电池时需关闭点火开关,车辆处于非起动状态。
② 车辆正在充电时不得拆装动力蓄电池。
③ 拆装动力蓄电池前需佩戴防护装备。
④ 拆装动力蓄电池前需要断开高压维修开关。

2. 实操工具准备

(1) 设备准备
2018 款比亚迪 E5 纯电动汽车、举升机、移动升降平台、冷却液回收器。
(2) 工具准备
① 常用工具:世达 100 件工具套装、指针式扭力扳手、定扭式扭力扳手。
② 绝缘工具:世达 68 件绝缘工具套件。
(3) 防护用品
车外三件套、车内三件套、工作服、手套、高压绝缘手套。

◆ 实训步骤

1. 前期准备

(1) 穿好防护装备
穿好工作服和工作手套。

（2）车辆防护

① 目测车辆正确停至工位。

② 进入车内安装车内防护三件套。

③ 放置举升机顶脚，并调整举升位置。

④ 拉起前机舱盖手柄，打开前机舱盖，安装车外防护三件套。

2. 拆卸动力蓄电池总成

（1）车辆高压断电

① 打开低压蓄电池负极电缆保护盖，拆下负极电缆。

② 进入车内，拆卸中控储物格固定螺栓。

③ 拆卸中控储物格线束插接器。拆卸高压维修开关，等待 5 min 以上。

（2）拆卸动力蓄电池相关连接件

① 拧开动力蓄电池冷却液储液壶盖。

② 举升车辆至合适位置，锁止举升机。

③ 将冷却液回收器放置到合适位置。

④ 按压冷却进水管紧固锁舌，拆卸冷却进水管，排放冷却液。之后以同样方法拆卸冷却出水管，如图 3-2-17 所示。

⑤ 解除动力蓄电池控制低压插接器锁紧保险，断开低压插接器。

⑥ 解除动力蓄电池输出高压电缆母线插接器锁紧保险，断开高压电缆母线，如图 3-2-18 所示。

比亚迪 E5 动力电池拆装-前期准备

图 3-2-17 拆卸冷却进水管

图 3-2-18 断开高压电缆母线

断开动力蓄电池高压电缆母线后，需要使用万用表测量动力蓄电池插接器上的残余电压值，测量值应小于 1 V，若存在电压值则需静置 10 min 后继续检测。

（3）拆卸动力蓄电池

① 将移动升降平台推至合适位置，升起平板至其接触动力蓄电池下部。

② 使用 13 mm 套筒、接杆、指针式扭力扳手组合工具，预松动力蓄电池托架 10 颗固定螺栓。

比亚迪 E5 动力电池拆装-拆卸动力电池总成

③ 使用 13 mm 套筒、接杆、棘轮扳手组合工具,拧松并取下动力蓄电池托架 10 颗固定螺栓。

④ 操作泄压把手,缓慢降低平板高度,将动力蓄电池与车辆分离。

需控制平板下降速度,在此过程中密切注意动力蓄电池情况,若存在连接附件未分离妥当等情况,需及时停止下降,并立即处理。

⑤ 将平板降低至合适位置后,推离车辆底部,并妥善安置。

3. 安装动力蓄电池总成

(1) 安装动力蓄电池

① 将放置动力蓄电池的移动升降平台推至车辆底部合适位置。

② 缓慢升起平板,至动力蓄电池贴合车辆。

比亚迪 E5 动力电池拆装-安装动力电池总成

需缓慢上升,并拽出插接器和管路以防止被夹在动力蓄电池和车身之间。

③ 对齐螺纹孔,用手拧入动力蓄电池托架固定螺栓。

④ 使用 13 mm 套筒、接杆、棘轮扳手组合工具拧紧动力蓄电池托架固定螺栓。

⑤ 使用定扭扳手紧固动力蓄电池托架固定螺栓至 135 N·m。

(2) 安装动力蓄电池相关连接件

① 安装动力蓄电池低压插接器,并锁止保险锁舌。

② 安装动力蓄电池高压电缆母线插接器,并锁止保险锁舌,如图 3-2-19 所示。

图 3-2-19 检查动力蓄电池高压电缆母线插接器

> **注意事项**
>
> 需确保高压电缆母线插接器安装到位,并在锁止保险锁舌后晃动电缆,确保电缆安装牢固。

③ 清洁动力蓄电池冷却出水口及水管接头,安装出水口水管,晃动出水口水管,检查其安装牢固程度。

④ 以同样方法安装动力蓄电池冷却进水口水管。

⑤ 降低车辆至合适位置。

⑥ 安装高压维修开关,装复中控储物格线束插接器。

⑦ 加注动力蓄电池冷却系统冷却液至 MAX 位置。

⑧ 安装动力蓄电池负极电缆,并紧固。

⑨ 驱动车辆,等待动力蓄电池冷却系统自动运行。

> **注意事项**
>
> 动力蓄电池冷却系统循环时,需注意冷却系统储液罐液位,若液位降低则需要及时添加,以保证液位始终位于 MAX 和 MIN 之间。

4. 整理归位

① 取下车内三件套。

② 回收车外三件套。

③ 关闭机舱盖,起动车辆检查车辆情况,按照 7S 管理标准,整理工具和清扫场地。

比亚迪 E5 动力电池拆装-归位整理

实训 2　比亚迪 E5 动力蓄电池检修

◆ **实训准备**

1. 安全操作规范

① 检修动力蓄电池时需关闭点火开关,车辆处于非起动状态。

② 车辆正在充电时不得检修动力蓄电池。

③ 检修动力蓄电池前需佩戴防护装备。

④ 检修动力蓄电池前需要断开高压维修开关。

2. 实操工具准备

(1) 设备准备

2018 款比亚迪 E5 纯电动汽车、举升机。

（2）工具准备

① 常用工具：世达 100 件工具套装。

② 绝缘工具：世达 68 件绝缘工具套件。

③ 测量工具：专用适配器（景格智能考训盒）、比亚迪 VDS2000 专用诊断仪套件、万用表、示波器。

（3）防护用品

车外三件套、车内三件套、工作服、手套、高压绝缘手套。

◆ 实训步骤

1. 前期准备

（1）穿好防护装备

穿好工作服和工作手套。

（2）车辆防护

① 进入车内安装车内防护三件套。

② 确认起动开关位于 OFF 位置。

③ 拉起前机舱盖手柄，打开前机舱盖，安装车外防护三件套。

比亚迪 E5 动力电池检修-前期准备

2. 动力蓄电池不拆解检测

（1）动力蓄电池在线检测

① 连接比亚迪 VDS2000 专用诊断仪。

a. 取出比亚迪 VDS2000 专用诊断仪套件。

b. 连接诊断仪相关线束。

c. 连接 VCDI 无线诊断接口。

② 使用比亚迪 VDS2000 专用诊断仪进行检测。

a. 打开比亚迪专用诊断仪电源开关。

b. 待电源开启后，进入比亚迪 E5 诊断系统，并读取车辆 VIN 码。

c. 选择读取整车数据，如图 3-2-20 所示。

比亚迪 E5 动力电池检修-动力电池不拆解检测

图 3-2-20 读取整车数据

d. 等待车辆通信完成之后，点击电池管理器模块，进入模块数据读取页面，如图 3-2-21 所示。

e. 读取电池管理器故障码,记录后清除故障码,然后重新读取故障码,如图 3-2-22 所示。

图 3-2-21　点击电池管理器模块

图 3-2-22　清除故障码

f. 退出至电池管理器模块,读取动力蓄电池相关数据流,判断动力蓄电池状态,如图 3-2-23 所示。

(2) 动力蓄电池不拆解检测

① 安装比亚迪 E5 专用适配器。

a. 断开低压蓄电池负极电缆。

图 3-2-53　判断动力蓄电池状态

b. 取出专用适配器,连接电源线束。

c. 连接专用适配器的 1 号线束插接器和 2 号插接器。

d. 断开车辆电池管理器三个线束插接器,如图 3-2-24 所示。

e. 安装比亚迪 E5 专用适配器到相应车辆线束插接器。

图 3-2-24　断开三个线束插接器

f. 安装低压蓄电池负极电缆。

g. 连接比亚迪 E5 专用适配器正极采样线束夹至蓄电池正极接线柱,如图 3-2-25 所示。

图 3-2-25　连接正极采样线束夹

h. 连接比亚迪 E5 专用适配器负极采样线束夹至蓄电池负极接线柱,如图 3-2-26 所示。

i. 打开比亚迪 E5 专用适配器电源开关。

图 3-2-26　连接负极采样线束夹

② 调校万用表。

a. 打开万用表,调整到 200 Ω。

b. 将万用表的红、黑表笔对接,查看万用表的数值,若显示电阻值小于 0.5 Ω,则说明万用表正常。

③ 检查电池管理器高压互锁输入电压值。

a. 选用万用表,并调整至直流电压测试挡。

b. 使用红表笔连接 BK45(A)-1 端子,黑色表笔连接车身搭铁,如图 3-2-27 所示。

图 3-2-27　黑色表笔连接车身搭铁

c. 检查电池管理器高压互锁输出工作电压值是否正常,正常值应在 5 V 左右,如图 3-2-28 所示。

④ 检查电池管理器高压互锁输出电压值。

a. 使用红表笔连接 BK45(B)-7 端子,黑色表笔连接车身搭铁,如图 3-2-29 所示。

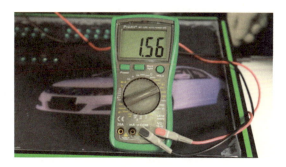 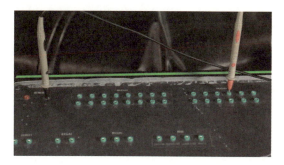

图 3-2-28　检查电池管理器高压互锁输出工作电压值　　　图 3-2-29　黑色表笔连接车身搭铁

b. 检查电池管理器高压互锁输出电压值是否正常。正常值应在 1.5 V 左右,如图 3-2-30 所示。

⑤ 检查电池管理器高压互锁系统电阻值。

a. 选用万用表,并调整至电阻测试挡。

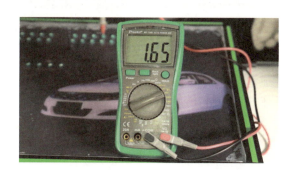

图 3-2-30　检查电池管理器高压互锁输出电压值

b. 使用红表笔连接 BK45(A)-1 端子,黑色表笔连接接 BK45(B)-7 端子,如图 3-2-31 所示。

c. 检查电池管理器高压互锁系统电阻值。正常值应在 1 Ω 左右,如图 3-2-32 所示。

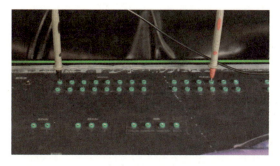 

图 3-2-31　黑色表笔连接 BK45(B)-7 端子　　　图 3-2-32　检查电池管理器高压互锁系统电阻值

若万用表检测出现∞或高电阻情况,则说明互锁系统存在断路故障,需进一步检查相关部件。

⑥ 测量动力蓄电池管理系统高压互锁输出波形。

a. 选用手持示波器,开启电源开关,如图 3-2-33 所示。

b. 将通道 1 测试笔连接 B2K45(A)-1 端子,屏蔽线连接至车身搭铁,调试波形位置与单位之后,查看动力蓄电池管理系统高压互锁输出 PWM 波形是否正常。若测量波形为方波且规则,说明高压互锁系统工作正常;若测量波形变形或有干扰则说明高压互锁系统存在故障,如图 3-2-34 所示。

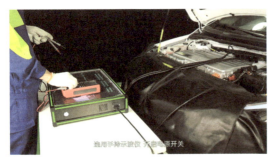

图 3-2-33 开启示波器电源开关

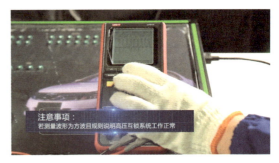

图 3-2-34 查看动力蓄电池管理系统高压互锁输出 PWM 波形

⑦ 拆卸比亚迪 E5 专用适配器。

a. 关闭比亚迪 E5 专用适配器电源开关。

b. 断开蓄电池负极。

c. 拆卸比亚迪 E5 专用适配器与车辆的连接线束,复原车辆。

3. 动力蓄电池拆解检测

(1) 动力蓄电池绝缘检测

① 拆卸负极电缆。打开低压蓄电池负极电缆保护盖,拆下负极电缆。

比亚迪 E5 动力电池检修-动力电池拆解检测

拆卸负极之后,需等待 15 min,待车上电容元件放电完成,才能进一步操作。

② 拆卸高压维修开关。

a. 进入车内,使用十字螺丝刀拆卸中控台储物格固定螺栓。

b. 拆卸储物格上 2 个电缆插接器,取下储物格。

c. 松开动力蓄电池高压维修开关保险器，拆卸高压维修开关，如图3-2-35所示。
③ 测试高压维修开关。
a. 选用万用表，调节万用表至电阻测试挡。

图3-2-35 拆卸高压维修开关

b. 校表确认万用表工作良好。
c. 测试高压维修开关高压接头之间的电阻值，如图3-2-36所示。正常电阻值应小于1Ω，若大于1Ω说明高压维修开关高压接头接触不良。

图3-2-36 测试高压维修开关高压接头之间的电阻值

④ 举升车辆。
a. 放置举升机顶脚，并调整举升位置。
b. 举升车辆至合适位置。
⑤ 断开动力蓄电池输出高压电缆插接器。
a. 佩戴高压绝缘手套。
b. 打开动力蓄电池输出高压电缆插接器保险锁舌。
c. 断开动力蓄电池输出高压电缆插接器，如图3-2-37所示。

图3-2-37 断开插接器

⑥ 检测动力蓄电池正负极电缆之间的残余电量。选用万用表,选择直流电压测试挡,测量动力蓄电池正负极电缆之间电压值,测量值应为 0 V。若大于 0 V,应静止 15 min 后再次测量确认正负极端子之间电压值为 0 V 才能进行下一步操作。

⑦ 动力蓄电池插接器绝缘检测。

a. 选用电子兆欧表,将红色表笔连接动力蓄电池正极输出端子,黑色表笔连接车身搭铁,调整测试挡位至 1 000 V 测试挡,打开测试按钮开始测试,如图 3-2-38 所示。等待数值稳定后记录数值,绝缘测试结果应大于 20 MΩ。若低于此数值则说明存在绝缘故障,如图 3-2-39 所示。

图 3-2-38 黑色表笔连接车身搭铁

图 3-2-39 绝缘测试结果

b. 以同样方法进行动力蓄电池负极输出端子绝缘检测。

(2) 动力蓄电池拆卸检测

① 分解动力蓄电池。

a. 拆卸动力蓄电池总成。

b. 拆卸动力蓄电池上部罩盖及隔热棉。

② 检测动力蓄电池总电压。选用万用表,并调整至电压测试挡,分别使用红黑表笔连接动力蓄电池正负极总串联条,检测动力蓄电池包总电压值。标准电压值为 653.4 V,若低于标准值较多则说明动力蓄电池电量较低,需充电后重新检测。

③ 检测 13 个电池模组电压值。

a. 取下 13 个动力蓄电池模组正负极绝缘罩盖。

b. 分别使用万用表的红黑表笔,依次连接 13 个电池模组的正极接线柱和负极接线柱,测量电池模组的电压值。整个动力蓄电池包中电池模组的电压值有两种数值,小型电池模组的电压值约 38 V 左右,大型电池模组的电压约 56 V 左右。若出现某个电池模组电压值偏差较大情况,则说明该电池模组存在性能下降情况,需要及时维修或更换。

④ 组装动力蓄电池。

a. 使用高压绝缘套筒、绝缘棘轮扳手检查并紧固动力蓄电池串联导线连接螺栓,确认串联导线安装情况良好,如图 3-2-40 所示。

b. 使用高压绝缘套筒、绝缘棘轮扳手检查并紧固动力蓄电池模组固定螺栓,确认动力蓄电池模组安装情况良好,如图 3-2-41 所示。

c. 组装动力蓄电池总成,将动力蓄电池装复至车辆上。

d. 降下车辆,装复高压维修开关,装复中控储物格。

图 3-2-40 紧固动力蓄电池串联导线连接螺栓

图 3-2-41 紧固动力蓄电池模组固定螺栓

4. 复检工作
① 连接蓄电池负极电缆。
② 使用 VDS2000 专用诊断仪清除整车故障码。
③ 取下 VCDI 无线诊断接口。

5. 整理归位
① 取下车内三件套。
② 回收车外三件套。
③ 关闭机舱盖,起动车辆检查车辆情况,按照 7S 管理标准,整理工具和清扫场地。

比亚迪 E5 动力电池检修-复位工作

比亚迪 E5 动力电池检修-整理归位

任务小结

比亚迪 E5 的电源系统与其他纯电动汽车电源系统结构一样,主要由动力蓄电池、动力蓄电池管理系统、充电系统、动力蓄电池冷却系统以及辅助电源低压蓄电池等组成。

比亚迪 E5 动力蓄电池也是由动力蓄电池组、动力蓄电池箱、动力蓄电池辅助装置和高压维修开关构成。

比亚迪 E5 的动力蓄电池管理系统采用的是分布式电池管理系统,主要由 1 个电池管理控制器(BMC)、13 个电池信息采集器和 1 套电池采样线构成。电池管理控制器的主要功能有充放电管理、接触器控制、功率控制、电池异常状态报警和保护、SOC/SOH 计算、自检以及通信功能等。

比亚迪 E5 纯电动汽车的充电系统由高压电控总成、电池管理器控制器、充电口和动力蓄电池组成。

比亚迪 E5 的动力蓄电池冷却系统主要用于调节动力蓄电池的工作温度,在纯电动汽车工作时,使动力蓄电池的工作温度位于正常温度范围以内。比亚迪 E5 的动力蓄电池采用水冷方式进行冷却,主要由动力蓄电池冷却控制系统和动力蓄电池冷却循环系统组成,动力蓄电池冷却控制系统主要由温度传感器、电池控制器、高压电控总成组成;而动力蓄电池冷却循环系统由储液罐、电池 PTC、电动水泵、电池冷却系统热交换器、动力蓄电池组成。

比亚迪 E5 低压蓄电池是起动型蓄电池。这种蓄电池电压在 7.5 V 以下时，不可以直接使用外搭接蓄电池起动，需更换低压蓄电池。功能是供电、保护、检测和智能充电。

比亚迪 E5 纯电动汽车工作过程中，电池管理器根据接收到的电池工作状态和冷却液温度等信号，得出动力蓄电池的工作模式、冷却系统的工作状态等判断，并发出指令控制高压控制盒的配电，动力蓄电池、充电系统和冷却系统的工作，使电动汽车在有持续电能的情况下处于恰当的工作模式和适当的工作温度。

比亚迪 E5 纯电动汽车电池管理系统根据检测到的动力电池 13 个模组的电池信息采集器的温度、电压、电池均衡信号以及采样线的状态信号，对单个电池模组的电压、电流和温度等信息进行分析，若得出电池模组电压、温度或 SOC 异常，动力蓄电池管理系统会发出控制指令，使 13 个电池模组的电压和温度平衡。

一、判断题

1. 比亚迪 E5 纯电动汽车动力蓄电池管理器位于前机舱内高压电控后部。（　　）
2. 比亚迪 E5 的动力蓄电池由 10 个电池模块串联组成。（　　）
3. 比亚迪 E5 的动力蓄电池采用水冷方式，并且它有一套独立的冷却方式。（　　）
4. 比亚迪 E5 低压蓄电池是起动型蓄电池。（　　）
5. 动力蓄电池互锁阻值标准范围小于 0.5 Ω。（　　）

二、选择题

1. 比亚迪 E5 纯电动汽车中动力蓄电池采用的是（　　）。【单选题】
   A．锂镍钴铝　　　　B．铅酸蓄电池　　　C．磷酸铁锂　　　　D．锂锰尖晶石
2. 比亚迪 E5 的动力蓄电池的额定电压约_____，额定容量_____。（　　）【单选题】
   A．633.6 V/75 A·h　B．630.6 V/75 A·h　C．633.6 V/70 A·h　D．630.6 V/70 A·h
3. 比亚迪 E5 的动力蓄电池由（　　）个电池模块（　　）组成。【单选题】
   A．13/并联　　　　B．10/并联　　　　　C．10/串联　　　　　D．13/串联
4. 交流（慢充）充电系统由哪些部件构成？（　　）。【多选题】
   A．车载充电机　　　　　　　　　　　B．交流（慢充）充电口
   C．交流充电桩　　　　　　　　　　　D．壁挂式充电盒

三、简答题

1. 请简述比亚迪 E5 电源系统控制工作原理。

2. 请简述比亚迪 E5 动力蓄电池特点。

项目四 纯电动汽车整车控制系统构造与检修

项目概述

整车控制系统核心部件是整车控制器,是纯电动车型的控制核心,其作用犹如大脑对人的作用一样至关重要。纯电动汽车必须有一个性能优越、安全可靠的整车控制系统,从各个环节上合理控制车辆的运行状态、能源分配和协调功能,以充分协调和发挥各部分的优势,使汽车整体获得最佳运行状态。

本项目在了解电子控制系统理论知识的基础上,详细讲述整车控制系统的各组成部分、工作原理及工作过程。

任务 1　整车控制系统基本组成及原理

任务目标

1. 了解整车控制系统基础。
2. 掌握整车控制系统的组成及各组成器件的作用。
3. 理解整车控制系统的控制策略。
4. 掌握整车控制系统的工作过程。
5. 掌握低压电气系统、高压控制系统、车载网络系统的工作过程。

任务导入

某职业院校新能源汽车技术专业学生,目前已经完成纯电动汽车基本结构的学习。现有两位学生针对纯电动汽车高压下电流程产生争议。甲认为,只需断开蓄电池负极就可以完成高压下电;乙认为,要先拔下维修开关再断开蓄电池负极才能完成高压下电。请学习纯电动汽车整车控制系统相关知识,整理出纯电动汽车高压下电的流程,并对他们的观点进行判定。

纯电动汽车整车控制系统认知-情境导入

知识储备

整车控制系统根据驾驶员的操作和当前的整车和零部件工作状况,在保证安全和动力性的前提下,选择尽可能优化的工作模式和能量分配比例,以达到最佳的经济性和续驶里程。整车控制系统是在电子控制系统的理论基础上建立起来的,本任务介绍纯电动汽车整车控制系统基本组成、原理及工作过程。

一、整车控制系统组成

整车控制系统(VMS,vehicle management system),是电动汽车的神经中枢,它可以实现对各系统的数据交换、信息传递、故障诊断、安全监控、驾驶员意图解析、动力蓄电池能量管理等功能,对电动汽车的动力性、经济性、安全性和舒适性等有很大的影响。纯电动汽车的整车控制系统按实现的功能可分为低压电气系统、高压管理系统、车载网络系统,而实现这些控制功能的整车控制系统的组成部件基本相同,主要由整车控制器、高压配电装置、DC-DC转换器、子系统控制器、数据总线、驾驶员操纵传感器、高压互锁、绝缘检测装置(漏电传感器)、低压电源及各种低压辅助电器等组成,如图4-1-1所示。

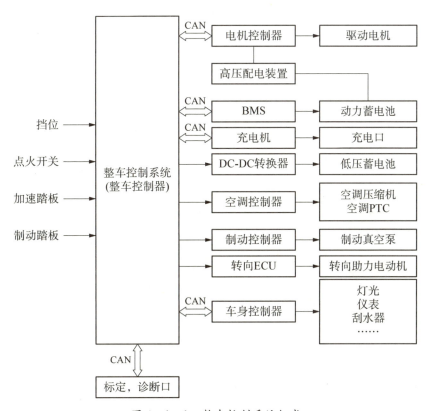

图4-1-1 整车控制系统组成

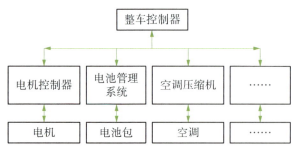

图 4-1-2 整车控制系统构成实例

整车控制系统采用一体化集成控制与分布式处理的车辆控制系统的体系结构,如图 4-1-2 所示,每个子系统都有独立的控制器,整车控制器在完成自身的控制功能外,还对整个系统进行能量管理及各部件的协调控制。为满足控制系统数据交换量大,实时性、可靠性要求高的特点,整个分布式控制系统之间采用 CAN 总线进行通信。

(一)整车控制器

整车控制器是整个汽车的核心控制部件,它采集加速踏板信号、制动踏板信号及其他部件信号,并做出相应判断后,控制下层的子系统控制器的动作,驱动汽车整车控制器通过采集驾驶员驾驶信号和车辆状态,通过 CAN 总线对网络信息进行管理、调度、分析和运算,针对车型的不同配置,进行相应的能量管理,实现整车驱动控制、能量优化控制、制动回馈控制和网络管理等功能。

1. 整车控制器的功能

整车控制器可实现驱动力矩控制、制动能量的优化控制、整车的能量管理、CAN 网络的维护和管理、故障的诊断和处理、车辆状态监视等。

(1)汽车驱动控制

根据驾驶员的驾驶要求、车辆状态等状况,经分析和处理,向电机控制器发出指令,满足驾驶工况要求,如起动、前进、倒退、回馈制动、故障检测和处理等工况。

(2)整车能量优化管理

纯电动汽车的整车控制器根据加速踏板、制动踏板、档位信号、点火开关等驾驶员操纵信息和动力蓄电池状态信息,控制汽车的电机驱动系统、动力蓄电池管理系统以及其他车载能源动力系统(如空调)的协调和管理,以获得最佳的能量利用率,如图 4-1-3 所示。

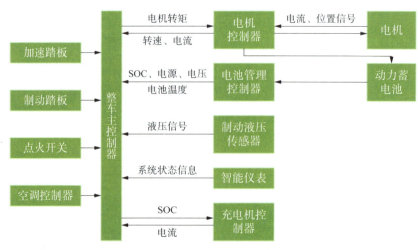

图 4-1-3 能量优化管理

(3) 网络管理

整车控制器作为信息控制中心，负责组织信息传输、网络状态监控、网络节点管理等功能，并进行网络故障诊断和处理。

(4) 回馈制动控制

根据制动踏板和加速踏板信息、车辆行驶状态信息、动力蓄电池状态信息，向电机控制器发出制动指令，在不影响原车制动性能的前提下，回收部分能量。

(5) 故障诊断和处理

连续监视整车电控系统，进行故障诊断。若发现故障，则存储故障码，供维修时查看。通过故障指示灯指示出故障类别和部分故障码，根据故障内容，及时进行相应安全保护处理。对于不太严重的故障，能做到"跛行回家"。

(6) 车辆状态监测和显示

主控制器通过传感器和 CAN 总线，检测车辆状态及其各子系统状态信息，驱动显示仪表，将状态信息和故障诊断信息经过显示仪表显示出来。显示内容包括：车速，里程，电机的转速、温度，动力蓄电池的电量、电压、电流，故障信息等。

2. 整车控制器组成

整车控制器通过传感器和 CAN 总线，检测车辆状态及其各子系统状态信息，驱动显示仪表，所以纯电动汽车整车控制器由电源模块、数据采集模块（模拟量输入模块和数字量输入模块）、存储模块、CAN 通信模块、微控制器模块、功率驱动及保护模块、输出模块和显示模块等组成，如图 4-1-4 所示。

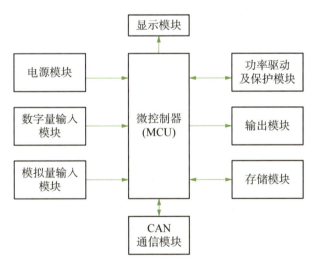

图 4-1-4 整车控制器组成

(1) 电源模块

电源模块为整车控制器内部的其他模块提供基本的工作电压，使各部分进入正常工作状态。

(2) 数据采集模块

数据采集模块，主要是接收各种传感器产生的模拟信号和数字信号，并送给微控制器模块。

（3）存储模块

存储模块分为只读存储器和随机存储器，只读存储器内部储存整车控制相关的各种标准信息和控制逻辑，随机存储器记录行车过程中的各个系统在工况下的实际信息和控制，给微控制器模块提供控制参考。

（4）CAN 通信模块

CAN 通信模块可以接收总线上各信息，为整车控制器制定控制策略基本信息的输入提供途径，同时也可以将 HCU 的功率分配和系统控制策略发送到 CAN 总线上。

（5）微控制器模块

微控制器模块是整车控制器的中央处理器，它主要将接收到的数据采集模块的信息和存储器内部储存的各种信息进行比较分析，得出相应的控制指令。

（6）功率驱动及保护模块

功率驱动及保护模块是实现整车控制器的安全保险功能的主要部件，它可以根据数据采集模块的信息和存储模块的信息判断车辆是否安全，若存在安全隐患，直接得出需要进入保护模式的结论，并发出指令驱动其进入保护模式。

（7）输出模块

输出模块可以接受微控制器模块的指令并通过 CAN 通信模块传送给相应执行元件，控制其工作。显示模块可以显示微控制器模块的控制指令或者功率驱动及保护模块的控制指令。

3. 整车控制器工作模式

整车控制器共有 9 个工作模式，分别为停车状态、充电状态、起动状态（也可以称为自检状态）、运行状态、车辆前进/后退状态、回馈制动状态、机械制动状态、一般故障状态、重大故障状态，如图 4-1-5 所示。每个状态的工作状态如下：

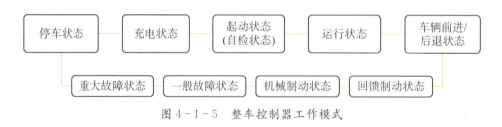

图 4-1-5　整车控制器工作模式

① 停车状态：纯电动汽车处于停车状态，此时系统的主继电器断电，系统中各个节点停止运行。

② 充电状态：当纯电动汽车在停车状态下，插上充电插头或者按下充电按钮时，整车控制器控制组合仪表显示动力蓄电池充电状态，并对动力蓄电池工作状态进行实时监测；电池 ECU 进入充电程序。

③ 起动状态（上电）：在整车控制器确认拔掉充电插头时，拨动汽车钥匙位置，这时系统中各个节点进入自检状态。

④ 运行状态：拨动汽车钥匙到指定位置，整车控制器向电机 ECU 发送准备开车指令；整车控制器收到就绪指令后，进入行车程序。同时，电池 ECU 进入电池管理程序。

⑤ 车辆前进、后退状态：整车控制器通过对当前车辆功率的要求和蓄电池当前的状态计算并向电机控制器发出信号，电机控制器接收到方向信号和驱动转矩给定值信号后，控制电机进入运转状态，并根据方向信号确定电机的转向，以及根据驱动转矩给定信号值确定电机输出转矩的大小，控制电机的输出功率以实现动力性目标。

⑥ 回馈制动状态：当加速踏板回零而且制动踏板处于回馈制动区时，整车控制器发送符合回馈制动要求的负转矩给电机 ECU；电机 ECU 进入发电程序，电池 ECU 进入电池回馈管理程序。

⑦ 机械制动状态：制动踏板离开回馈制动区，电机 ECU 停止发电程序，整车控制器进入机械制动程序，电池 ECU 停止回馈。

⑧ 一般故障状态：ECU 检测到一般故障，整车控制器报警（报警灯闪烁、通过 CAN 总线发送相关的报警信息，通知其他的节点），整个系统降级运行。

⑨ 重大故障状态：ECU 报警（紧急情况采用紧急呼叫指令通知其他节点），必要时切断主继电器电源，系统停车。

（二）子系统控制器

子系统控制器是整车控制系统中实现分布式处理的各控制系统的控制器，整车控制器主要用于整车系统的管理协调，而子系统控制器用于相应系统中部件的工作控制。纯电动汽车上的子系统控制器有很多，这里主要是指与影响纯电动汽车工作的动力蓄电池管理器和电机控制器，如图 4-1-6 所示。其中，动力蓄电池管理器可对动力蓄电池充、放电的运行状态实时自动检测，提醒用户及时对动力蓄电池进行预防性的维护，更换劣质电池，从而将电池可能发生的"潜在故障"消灭在萌芽状态，为 UPS 和 EPS 供电系统稳

图 4-1-6 电机控制器

定、可靠地运行提供保障。电机控制器可以将动力蓄电池提供的直流电升压逆变成驱动电机需要的三相交流电供给驱动电机；同时可以根据挡位、加速踏板、制动踏板等驾驶员意图信息，实时调整驱动电机的输出，以控制驱动电机的转速、转向、转矩。另外，电机控制器与整车控制器实时通信，可以实时监测电机驱动系统的运行状态和故障，保护驱动电机系统和整车安全可靠运行。

（三）高压配电装置

高压配电装置是整车高压电的一个电源分配的装置，类似于低压电路系统中的电器熔丝盒，其作用是将动力蓄电池输送的高压直流电分配给电机控制器、空调压缩机和 PTC 加热器等整车高压电器使用，实现对支路用电器的保护及切断控制，此外，交流慢充时，充电电流也会经过高压配电装置流入动力蓄电池为其充电。

高压配电装置的上游是动力蓄电池，下游是电机控制器、DC-DC 转换器、PTC 加热器、电动压缩机，还有充电相关的车载充电机和直流充电口，如图 4-1-7 所示。高压配电装置

外部有高压端子、低压线束等插接口组成,内部主要有熔丝和芯片组成,以便与相关模块实现信号通信,确保整车高压用电安全。需要注意的是,高压配电装置内对电动压缩机回路、PTC加热器回路、交流慢充回路各设有一个熔断器。当上述回路电流超过90 A时,熔断器会在15 s内熔断;当回路电流超过150 A时,熔断器会在1 s内熔断,保护相关回路。

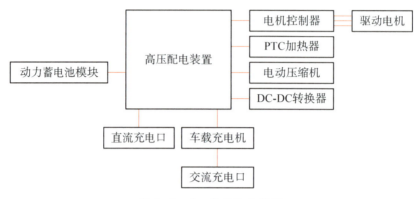

图4-1-7 高压配电装置

高压配电装置在不同的高压系统中分布形式不同。在分体式高压系统中,高压配电装置与车载充电机模块、DC-DC转换器模块、电机控制器等呈分散式布置在机舱内;而在集成式高压系统中,高压配电装置与车载充电机模块、DC-DC变换器模块、高压控制盒等呈集成式布置在机舱内,并被称为PDU(高压配电盒)。

(四) DC-DC转换器

在新能源汽车上,DC-DC是一个将高压直流电转为低压直流电的装置,如图4-1-8所示。

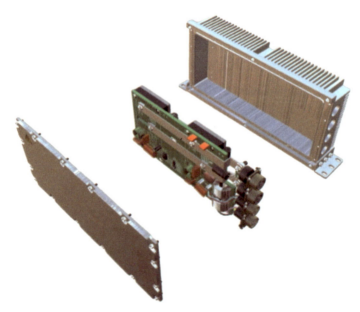

图4-1-8 DC-DC转换器

纯电动汽车上没有发动机,整车用电的来源也不再是发电机,而是动力蓄电池和低压蓄电池。由于整车用电器的额定电压是低压,因此需要DC-DC转换器来将高压直流电转为低压直流电,这样才能够保持整车用电平衡。DC-DC转换器是开关电源芯片,指利用电容、电感的储能的特性,通过可控开关(MOSFET等)进行高频开关的动作,将输入的电能储存在电容(感)里,当开关断开时,电能再释放给负载,提供能量。其输出的功率或电压的能力与占空比(开关导通时间与整个开关的周期的比值)有关。用于DC-DC转换器的电源可以进行升压和降压。

(五) 数据总线

总线是整车控制系统中各控制模块之间信号传输的通道,控制总线是传输控制信号的传输线束,它相当于各控制模块间运行控制数据的通道,即所谓的信息高速公路。对于汽车而言,控制模块之间应该可以发送和接收控制数据,需要进行双向控制数据的传输,所以汽车上使用的车用总线为数据总线。

1. 数据总线的类型

总线按照不同的类型分为不同的种类,按照总线系统的传输速率不同,可分为A类、B类、C类、C+类、D类五种类型。

(1) A类总线

A类总线是传输速率较低的总线,其传输位速率最大为10 Kbit/s,主要用于车内分布式电控系统中,尤其面向智能执行器或传感器管理的低速网路,如电动后视镜、电动车窗、电动座椅等。比较典型的A类总线是LIN线。

(2) B类总线

B类总线是传输速率中等的数据总线,其传输速率在10~125 Kbit/s之间,其主要用于独立开展模块间的信息共享的中速数据网路,如车身电子的舒适性模块、显示仪表和故障诊断子网等设备中。比较典型的B类总线是低速CAN。

(3) C类总线

C类总线是传输速率高的数据总线,其传输速率在125 Kbit/s~1 Mbit/s之间,其数据传输有实时性要求,主要用于动力系统和底盘系统中高速网络,如发动机电控系统、制动防抱死系统、电控自动变速器等。比较典型的C类总线是高速CAN。

(4) C+类总线

C+类总线是传输速率很高的数据总线,其传输速率在1~10 Mbit/s之间,其数据传输有实时性要求,同样应用于动力系统和底盘系统中高速网络,比较典型的C+类总线是FlexRay。

(5) D类总线

D类总线是传输速率非常高的数据总线,其传输速率超过10 Mbit/s,主要用于连接通信及多媒体应用的控制器,如CD播放机、VCD/DVD播放器和液晶显示等设备。比较典型的D类总线是MOST。

2. 数据总线原理

数据总线实现了整车控制系统的各控制模块、传感器和执行元件之间的连接和控制信息的传输,具体原理如下:当数据总线空闲时,数据总线上连接的其他器件都以高阻态形式连接在总线上。当某一器件要与目的器件通信时,发起通信的器件驱动总线,发出数据。其他以高阻态形式连接在总线上的器件都能接收总线上的数据。发送器件完成通信,将总线让出,输出变为高阻态。

3. 数据总线特点

现代汽车上采用的控制总线具有如下特点:

(1) 结构特点

控制总线从结构上简化了硬件设计和系统结构,具有良好的功能和规模扩充性、系统更新性。

(2) 信息传输特点

控制总线具有实时性强、传输距离较远、抗电磁干扰能力强、成本低等优点。

(3) 使用特点

控制总线采用双线通信方式,检错能力强,便于故障诊断和维修,并可在高干扰环境中工作。

(六) 高压互锁

纯电动汽车为了保证行车过程中高压电的正常传输,并尽量降低误操作对人员和设备造成的伤害,配备了高压互锁。这个高压互锁可以监测到高压电路连接异常或未连接,并在高压断电之前给整车控制器提供报警信息,预留整车系统采取应对措施的时间;也可以在人为误操作时,防止整个回路电压加在断点两端对周围的人员和设备造成伤害。

1. 高压互锁的组成

纯电动汽车的高压互锁也叫危险电压互锁回路(High Voltage Interlock System and Control Strategy),是指通过使用低压信号来监测高压系统电器、导线、导线连接器以及电器保护盖等电气完整性的低压电路。常见的纯电动汽车高压互锁回路主要由PTC加热器、空调压缩机、车载充电机、高压维修开关、动力电池、高压控制盒、电机控制器等组成,如图4-1-9所示。

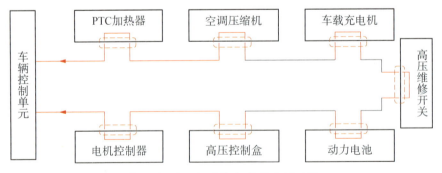

图4-1-9 电动汽车高压互锁回路

2. 高压互锁工作原理

动力蓄电池管理器中的高压互锁监测器向高压互锁回路提供1个监测电压,然后检测返回的信号电压,若整个动力系统高压回路任一部分高压部件的导线连接器连接异常或未连接,则检测到的信号电压不在正常范围内(如0 V左右),说明高压互锁回路故障,动力蓄电池管理器会切断高压供电。

（七）绝缘检测装置（漏电传感器）

电动汽车的绝缘监测装置也称为漏电传感器，它可以准确、实时地检测高压系统对车辆底盘的绝缘性能，以保证乘客安全、电气设备正常工作和车辆安全运行，是纯电动汽车必备的漏电保护装置。当高压系统漏电时，漏电传感器会发送漏电信息给动力蓄电池管理器，动力蓄电池管理器接收到漏电信息，判定漏电情况，并在动力蓄电池管理器接收到漏电信号以后报警，并控制立即断开高压系统，防止高压漏电对人或者物品造成伤害和损失。

绝缘检测装置（漏电传感器）是通过监测动力蓄电池输出的高压负极母线与车身底盘之间的绝缘电阻，来判断高压蓄电池包的漏电程度。当测得绝缘电阻大于 100～120 kΩ 时，表明绝缘情况正常；当测得绝缘阻值小于或等于 100～120 kΩ 时，表明一般漏电；当绝缘阻值小于或等于 20 kΩ 时，表明严重漏电。当动力蓄电池包漏电时，传感器发出一个信号给动力蓄电池管理控制器，动力蓄电池管理控制器接到漏电信号后，进行相关保护操作并报警，防止动力蓄电池包的高压外泄，造成人或物品的伤害和损失，漏电监测原理如图 4-1-10 所示。

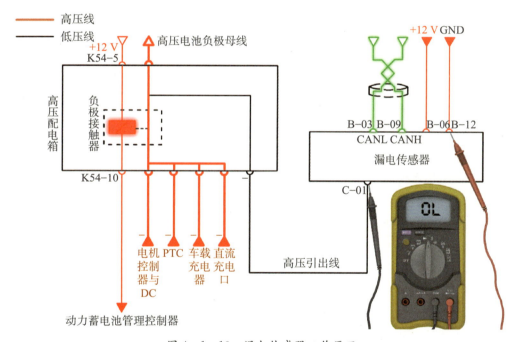

图 4-1-10 漏电传感器工作原理

（八）驾驶员操纵传感器

驾驶员操纵传感器是用于检测驾驶员操作意图的检测装置，它可以将驾驶员的操作信号进行转换，并输送给整车控制器，整车控制器按照设定的程序对这些信号进行分析计算，用于控制电机输出合适的转矩、转速和功率，从而使电动汽车各项性能达到最优。纯电动汽车的驾驶员操纵传感器主要包括挡位传感器、制动踏板位置传感器和加速踏板位置传感器，如图 4-1-11 所示。

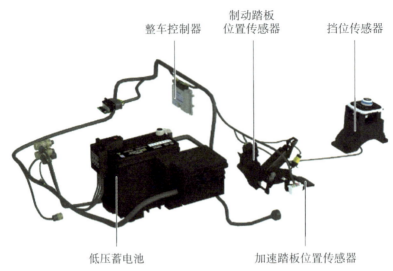

图 4-1-11 驾驶员操纵传感器组成

1. 挡位传感器

挡位传感器的作用是检测汽车变速杆的位置,并将信号送给整车控制器,为控制汽车的行驶状态提供必要的信息。

按照不同的分类标准挡位传感器可分为不同的类型。挡位传感器分为接触式和非接触式,由于接触式挡位传感器工作过程会有磨损,其寿命、可靠性通常较差,所以优先选择非接触式挡位传感器。而非接触式传感器目前大多采用霍尔式传感器和光电式传感器。常用的挡位传感器有霍尔式和光电式,纯电动汽车大多采用光电式挡位传感器。

2. 制动踏板位置传感器

制动踏板位置传感器安装在制动踏板轴一端,如图 4-1-12 所示。它用于监测制动踏板的开度位置,有的也可以作为后制动灯的开关。

（1）制动踏板位置传感器类型

制动踏板位置传感器有霍尔式、滑动电阻式和开关型三种,为了提高信息检测的精确度,现出现了新型制动踏板位置传感器,包括双滑动电阻式和线性双霍尔式两种。

（2）荣威 E50 制动踏板位置传感器

荣威 E50 采用的制动踏板传感器属于电阻式传感器,也是安装在制动踏板轴的一端。通过脚踩制动踏板使得传感器内部指针滑动改变滑动电阻器的阻值,从而影响加载在其上面的电压值,用于监测制动踏板的信号。

荣威 E50 采用的制动踏板位置传感器有 3 个针脚,如图 4-1-13 所示。

当驾驶员踏下制动踏板时,制动踏板位置传感器将制动信号传输给 VCU,VCU 根据各电子控制单元采集的高压蓄电池包状态信息和其他信息,进行数据分析和处理,并形成新的指令信号发送到相应的功能模块,迅速减小高压蓄电池包电流大小,使得电机输出更小的转矩,以实现驾驶员制动这一意愿,同时踏下制动踏板能够接通与后制动灯相连的电路令后制动灯亮起;在减速过程中,车轮通过传动装置拖动永磁同步电机转子运转,旋转的永久转子磁场,分别

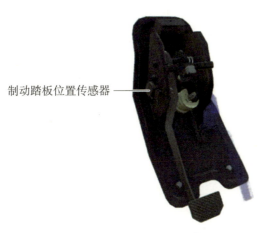

图 4-1-12 制动踏板位置传感器位置

图 4-1-13 制动踏板位置传感器针脚示意图

切割 U 相、V 相、W 相的定子绕组且产生 U、V、W 三相交流电,同时电机控制器接收 VCU 的控制信号,将输入的三相交流电整流为直流电储存到高压蓄电池包中,如图 4-1-14 所示。

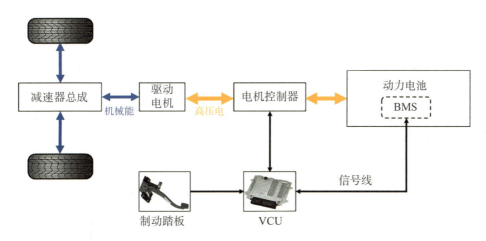

图 4-1-14 制动踏板位置传感器工作原理示意图

3. 加速踏板位置传感器

加速踏板位置传感器,又称油门位置传感器,安装在驾驶室加速踏板轴的一端,用于检测汽车加速或减速信号,如图 4-1-15 所示。

(1) 加速踏板位置传感器类型

加速踏板位置传感器有霍尔式和滑动电阻式两种,新型加速踏板位置传感器有双滑动电阻式和线性双霍尔式,纯电动汽车中常用的为滑动电阻型加速踏板位置传感器。

(2) 荣威 E50 加速踏板位置传感器

荣威 E50 采用的加速踏板位置传感器属于电阻式传感器,也是安装在加速踏板轴的一端。通过脚踩加速踏板使得传感器内部指针滑动改变滑动电阻器的阻值,从而影响加载在其上面的电压值,用于监测加速踏板的加、减速信号。

图 4-1-15 加速踏板传感器位置

图 4-1-16 加速踏板位置传感器线路示意图

荣威 E50 的加速踏板位置传感器采用的是双电阻式加速踏板位置传感器,有两个滑动电阻器、6 个针脚。每 3 个针脚形成一个完整的线路,两个滑动电阻器分别布置在两个线路中,如图 4-1-16 所示。两组滑动电阻器可以相互检测,如果其中一个出现故障,则 VCU 可以接收到另一个正确的信号。

当驾驶员踏下加速踏板时,加速踏板位置传感器将加速信号传递给 VCU,VCU 根据此信号并结合各电控单元采集到的信息,进行数据分析和处理之后,形成新的指令信号发送到高压蓄电池包和电机,输出合适的转速和转矩,从而使电动汽车以驾驶员预期的速度行驶,如图 4-1-17 所示。

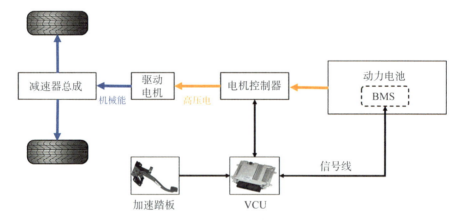
图 4-1-17 加速踏板位置传感器工作原理示意图

二、整车控制系统控制策略

纯电动汽车需要在满足驾驶员意图,汽车的动力性、平顺性和其他基本技术性能以及成本控制等要求的前提下选择合适的控制策略。针对各部件的特性及汽车的运行工况,控制策略要实现能量在驱动电机、动力蓄电池之间合理而有效的分配,使整车系统效率达到最高,获得整车最大的经济性以及平稳的驾驶性能。纯电动汽车动力系统中主要有驱动电机、机械减速装置、动力蓄电池等。整车控制系统要有一个性能优越、安全可靠的整车控制策略,从各个环节上合理控制车辆的运行状态、能源分配和协调功能,以充分协调和发挥各部分的优势,使汽车整体获得最佳运行状态。纯电动汽车整车控制策略主要包括:

1. 汽车驱动控制

根据驾驶员的驾驶要求、车辆状态、道路及环境状况,经分析和处理,向电机控制器发出相应指令,满足驾驶要求。

2. 制动能量回馈控制

根据制动踏板和加速踏板信息、车辆行驶状态信息、蓄电池状态信息,计算再生制动力矩,向电机控制器发出指令。

3. 整车能量优化管理

通过对车载电源系统的管理,提高整车能量利用效率,延长纯电动汽车的续驶里程。

4. 车辆状态显示

对车辆某些信号进行采集和转换,由主控制器通过综合数字仪表显示出来。

5. 故障检测处理及诊断

整车控制系统的整车控制器连续监视动力系统,进行故障诊断,并及时进行相应安全保护处理。

(一) 汽车驱动控制

纯电动汽车驱动控制需要实时考虑行驶工况、动力蓄电池 SOC 值等影响因素,根据规则将转矩合理地分配给驱动电机。同时限定驱动电机的工作区域和 SOC 值的范围,确保电机和动力蓄电池能够长时间保持高效的状态。若出现问题,系统可根据预先设定的规则对纯电动车辆系统的工作模式进行判断和选择。最终,在整车控制器与电机控制器中形成一个实时控制的闭环系统。这样既能保证驾驶员驾驶意图能够得到充分满足,也能够对车辆状态进行控制,保证安全性和舒适性。整车驱动控制策略的核心是根据驾驶员动作分析其驾驶意图,并综合考虑动力系统状态,计算驾驶员对电机的期望转矩,然后向电机驱动系统发出指令,使纯电动轿车的行驶状态尽可能快速、准确地达到工况要求和满足驾驶员的驾驶目的,如图 4-1-18 所示。

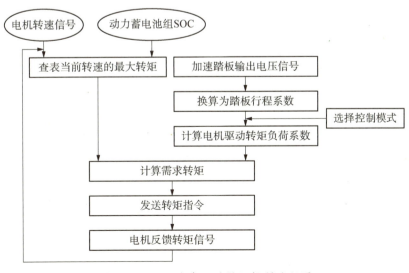

图 4-1-18 汽车驱动转矩控制流程图

（二）制动能量回馈控制

制动能量回馈是电动汽车的标志性功能。制动能量回馈控制的原则是在最大程度提高能量回馈的同时，确保电制动与机械制动的协调控制，以保证汽车制动力的要求。考虑到纯电动汽车机械制动系统不可调整，而且只有制动踏板位置传感器，实施了纯软件的轻度制动能量回馈控制策略。制动踏板踩下时，回馈制动功能激活，回馈制动转矩与车速的函数关系如图4-1-19所示。

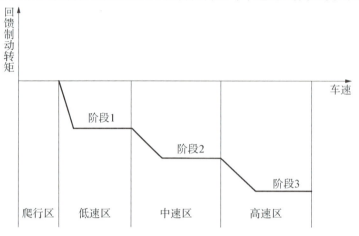

图4-1-19 回馈制动转矩控制示意图

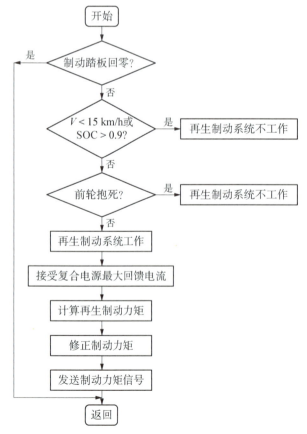

图4-1-20 制动控制流程

在车速很低的爬行区，回馈能量与回馈路径能量损耗基本相抵，回馈效率很低且会明显影响驾驶员制动感觉，故不进行制动能量回馈。在低速区，电机具有一定转速，施以较低制动转矩，尽量回收制动能量。中速区电机有较高转速，会产生较高的制动转矩，可以最大限度地进行能量回收。高速区时车辆惯性动能很高，可以施加较高制动转矩而不影响驾驶员制动感觉，在动力蓄电池可接受的情况下进行能量回收。其制动控制流程如图4-1-20所示。

纯电动汽车制动时，要根据制动踏板位置、动力电池剩余电量、制动时车速以及制动防抱死是否处于工作状态来控制再生制动系统的工作。能量回收时，制动能量回收系统可以接受最大回馈电流，并计算再生制动力矩、修正制动力矩，最后发送相应的制动力矩信号。为了保护动力蓄电池，回馈电流不能超过蓄电池最大充电电流，SOC过高时取消电机再生制动，因为很容易导致动力蓄电池电压过高而且电池充电难度也增加。同时，ABS 功能启动时，必须取消电机再生制动。

（三）整车能量优化管理

纯电动汽车整车能量的唯一来源为动力蓄电池，通过 BMS 有序管理，VCU 通过总线与 BMS 通信。BMS 能够向 VCU 上报剩余电量信息、动力蓄电池总电压和总电流、动力蓄电池温度信息、动力蓄电池输出继电器状态等。VCU 根据汽车控制策略以及来自总线上的动力蓄电池状态和驱动电机状态信息以闭合或者断开 BMS 的总正、总负继电器，完成高压回路的闭合和断开功能。与传统燃油车相比，电动汽车能够实现制动能量回馈功能。当整车处于减速滑行或制动状态时，VCU 控制汽车产生再生制动力矩，使驱动电机发电，并将驱动电机发出的电能回充到动力蓄电池中，以实现有效的制动能量回收。

（四）车辆状态显示

纯电动汽车的整车控制系统的整车控制器对汽车的状态信息进行采集和处理，将重要的状态和故障信息发送给仪表进行显示，其显示的主要内容有：车速信息、电机转速、动力蓄电池剩余电量、电机故障信息以及动力蓄电池故障信息等。

（五）故障检测处理及自诊断功能

故障处理及自诊断功能也是整车控制系统控制策略的重要组成部分，在整车控制系统整车控制器的代码中估计有 60% 以上的故障可以进行自诊断。

整车控制系统的故障主要分为传感器（如：加速踏板位置传感器）故障、继电器（如：空调继电器）故障以及 CAN 总线故障。依据故障的严重程度，将故障分为等级进行处理，当发生任何一种故障，纯电动汽车就进入相应故障模式。为了维修人员能够快速、准确地确定故障的位置，电动汽车上整车控制系统一般采用基于通用的诊断协议的诊断服务功能进行故障自诊断，并存储相应的故障信息。

三、整车控制系统工作过程

纯电动汽车行驶过程中，整车控制器根据检测到的车辆状态信息（上电指示灯状态）、驾驶员操纵传感器信号和各种开关量信号，进行分析处理得出结论，进行动力蓄电池管理控制、电机控制、空调控制、电动助力转向控制、制动控制、车辆的故障诊断及处理以及低压电气系统的工作控制。在汽车的正常行驶中，若车辆减速制动或下坡滑行时，还可以实现再生制动能量回收，如图 4-1-21 所示。整车控制系统的工作原理是通过低压电气系统、高压管理系统、车载网络系统等三个系统的工作过程来实现的。

（一）低压电气系统

纯电动汽车的低压电气系统主要是对整车低压电气系统的工作进行控制，其作用是控制整车低压电气系统的配电，并为整车控制器、电机控制器和电动辅助装置供电，监控这些系统的运行状态和故障处理。纯电动汽车的低压电气系统主要由低压电源、DC-DC 转换器、低压电气系统（车身电器、底盘电器）等组成，其可以实现低压配电控制、车况检测以及低压电气系统的工作控制等，具体工作过程如下：

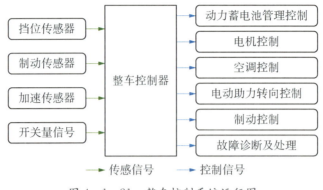

图 4-1-21 整车控制系统运行图

1. 低压配电控制

车辆行驶过程中,12 V 的蓄电池给车上低压电器灯光、刮水器、电动辅助装置等电气系统供电的同时,也给整车控制器、电机控制器、空调控制器、高压电气设备的控制电路提供工作电压。

2. 车辆实时检测和显示

整车控制系统对车辆的状态进行实时检测,并且将各个子系统的状态信息发送给车载网络系统进行传输,最终传输到仪表,通过仪表将检测到的车辆运行状态信息和故障诊断信息通过仪表显示出来。

3. 低压电气系统工作控制

纯电动汽车的低压电气系统根据车辆状态信息和工作需求信号控制相应电气控制系统的工作状态,常见的有底盘的电控动力转向系统和电动真空助力系统的工作控制。这样,可以使辅助电气系统按照驾驶员的操作意图完成相应的工作,给车内驾乘人员提供安全、舒适的乘车环境。

(二) 高压管理系统

纯电动汽车的高压管理系统的作用是进行动力蓄电池的输出及分配,实现对各支路用电器的保护及切断,同时还可以控制汽车在减速制动或下坡滑行时的能量回收。高压管理系统主要由整车控制器、高压配电装置、电机控制器、动力蓄电池管理器、高压互锁、漏电传感器、驾驶员操纵传感器等组成,可以实现控制模式的判定、上下电控制、高压互锁控制、漏电保护控制、整车能量管理、充电控制、故障诊断与处理,具体工作过程如下:

1. 控制模式的判定

纯电动汽车在汽车运行过程中,整车控制器根据采集的钥匙信号、充电信号、加速/制动踏板位置信号等来判断当前需要的工作模式。若当前为运行模式,则根据当前的参数和前段时间工作时的记忆参数,计算出合理的输出转矩和显示数据,从而保证汽车正常行驶。

2. 上下电流程控制

纯电动车的点火钥匙有 OFF、ACC、ON 三个状态。整车控制器根据驾驶员对行车钥匙开关的控制,进行动力蓄电池的高压接触器开关控制,以完成高压设备的电源通断和预充电控制。上下电流程处理：协调各相关部件的上电与下电流程，包括电机控制器、动力蓄电池管理系统等部件的供电，预充电继电器、主继电器的吸合和断开时间等。

(1) 上电顺序

① 低压上电：

a. 当点火钥匙由 OFF—ACC 时，VCU 低压上电；

b. 当点火钥匙由 ACC—ON 时，BMS（动力蓄电池管理系统）、MCU（电机控制器）低压上电。

② 高压上电：

点火钥匙处于 ON 挡位，BMS、MCU 当前状态正常，且在之前一次上下电过程中整车无严重故障。

a. BMS、MCU 初始化完成，VCU 确认正常；

b. 闭合电池继电器；

c. 闭合主继电器；

d. MCU 高压上电；

e. 如挡位在 N 位，仪表显示 Ready 灯点亮。

上电注意事项：点火开关旋至 Start 挡，松开后回到 ON 挡；挡位处于 N 位上电，踩下制动踏板。

上电异常情况：

◇ 充电指示灯亮——关好充电门板，重新上电；

◇ 动力蓄电池故障灯亮——重新上电后，如仍亮，表明动力蓄电池有故障；

◇ 动力蓄电池绝缘电阻低——检查动力蓄电池的高压线连接情况；

◇ 挡位显示状态闪烁——挡位换到 N 位；

◇ 系统故障灯亮且无以上情况——需先检查蓄电池电量和 VCU、MCU、BMS 低压供电情况，用诊断仪读取当前故障码。

(2) 下电顺序

纯电动车下电只需点火钥匙打到 OFF 档，即可实现高压、低压电的正常下电；

① 点火钥匙到 OFF 档，主继电器断开，MCU 低压下电；

② 辅助系统停止工作，包括 DC-DC、水泵、空调、暖风；

③ BMS 断开电池继电器；

④ VCU 下电。

3. 高压互锁控制

高压互锁在纯电动汽车使用过程中使用低压信号来检查电动汽车上所有与高压母线相连的高压回路连接的完整性和可靠性。高压互锁可以监测到高压回路相关的高压线束插接器自动松脱或者接触不良迹象，并在高压断电之前给整车控制器提供报警信息，预留整车系统采取应对措施的时间，避免人为误操作给断点周围的人员和设备造成伤害。

4. 漏电保护控制

漏电传感器在漏电保护控制中起核心作用，漏电传感器通过将一端和负极相连，一端与车身连接，检测电流与电压值，一旦发现有超出限制的电流和电压，则发出报警，并切断控制模块，确保用电安全。例如，比亚迪 E5 车型，动力蓄电池系统泄漏电流量不超过 2 mA，整车绝缘电阻值需大于 100 kΩ/1 000 V。

5. 整车能量管理

整车能量管理在电动汽车管理系统中占有重要的地位,提高整车能量利用率可以提高一次充电的续驶里程,维护整车的安全性。在纯电动车的能量管理系统中,最主要的内容是动力蓄电池的管理和整车的能量流动控制。能量管理策略的目标是使能量能够得到有效而合理的利用,同时兼顾动力蓄电池的安全性能要求。

汽车运行过程中整车管理控制器根据行车速度、驾驶员制动意图、动力蓄电池组的荷电状态,进行综合判断,若达到相应的条件,整车控制器即会向电机控制器发出控制指令并向动力蓄电池管理器发出指令,使驱动电机工作和动力蓄电池处在相应的工作状态。如:若能达到回收制动能量的条件,整车控制器即会向电机控制器发出控制指令使驱动电机工作在发电状态,将制动能量转变成电能存储到动力蓄电池中。即在减速制动过程中,减速和制动时回馈能量是不需要动力蓄电池电量的,电机产生再生力矩为电池充电。

纯电动汽车的动力全部来自动力蓄电池的放电电量。能量管理的原理如图 4-1-22 所示,在车辆起动时,动力蓄电池放电,为电机及其他元件提供电量。在车辆以正常车速行驶时,由电机驱动,这时电机工作于负荷相对较高的高效区。如果动力蓄电池的 SOC 较低,车辆进行报警和提示,保证车辆的安全,在减速和制动时,电机又可把部分动能转换为电能存储于动力蓄电池中。

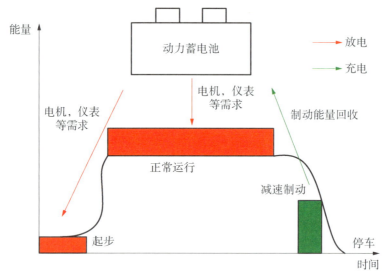

图 4-1-22 电池能量管理示意图

6. 充电过程控制

纯电动汽车进入充电状态,整车高压负接触器和充电机高压正接触器吸合,充电高压回路接通开始对动力蓄电池充电。此时 DC-DC 工作,输出低压直流电给低压蓄电池充电。在充电状态时,整车控制器接收到充电信号,钥匙开关打到任何挡位,车辆其他系统均不能得到高压,保证车辆处于锁止状态,不能行驶;并根据动力蓄电池状态信息限制充电功率,保护动力蓄电池。在充电过程中,若 BMS 检测到过充电信号,则发出信号告知充电机停止工作,并且延时 3 s 后,整车控制器切断充电机高压正接触器和整车高压负接触器,从而切断充电高压回路。

7. 故障诊断与处理

整车控制器连续监视动力系统,进行故障诊断,并及时进行相应安全保护处理。根据传感器的输入及其他通过 CAN 总线通信得到的电机、动力蓄电池、踏板等的信息,对各种故障进行判断、等级分类、报警显示;存储故障码,供维修时查看。

整车控制器将电动汽车的故障分为 4 级:

① 一级致命故障,需紧急断开高压电;
② 二级严重故障,电机 0 转矩输出,动力蓄电池限流 20 A 输出;
③ 三级一般故障,跛行降低功率,限速 15～20 km/h;
④ 四级轻微故障,停止能量回收,仪表进行故障显示,行驶不受影响。

(三) 车载网络系统

随着汽车技术日新月异的发展,以及电子技术和控制技术在汽车上的大量应用,汽车上采用的电子控制模块越来越多,由原来的几块发展到现在的几十块,传统的数据传输方式已不能满足现代汽车多模块间数据传输的要求。为了满足现在汽车控制任务越来越多、控制内容越来越精确、控制速度越来越快的要求,新型汽车的控制系统中采用了一种新型的数据传输网络,即通过总线将汽车上的各种电子装置与设备连成一个网络,实现相互之间的信息共享,形成符合传输安全、响应快和运行可靠的信息通信系统,也就是车载网络系统,这种车载网络系统一般是由多种类型的数据总线组合而成的。在纯电动汽车中一般用于驱动及传动系统、车身系统、安全系统及多媒体信息通信系统。

1. 车载网络系统的作用

车载网络系统将可以在实现数据信息共享的同时,按照不同的协议和拓扑结构将不同系统的信息进行通信与控制,既减少了线束,又可更好地控制和协调汽车的各个系统,在汽车满足动力性、经济性达到最佳的情况下,提高了汽车的舒适度、操作方便性。

2. 车载网络系统的类型

车载网络系统按照不同的分类标准分为不同的类型,本节主要介绍常见的几种分类。

(1) 按实现的控制功能分类

纯电动汽车根据其工作特性和实现的控制功能分为起动网、动力网、电池子网和空调子网等。这些车载的网络系统大多采用高速 CAN 或者中速 CAN。

(2) 按数据传输方式分类

车载网络系统内的数据总线按照数据传输方式不同,常用的数据总线分为 CAN 总线、LIN 总线、MOST 总线、车载蓝牙系统、FlexRay、VAN 系统、LAN 系统 7 种类型。

3. 典型车载网络系统(CAN 总线)

CAN 总线全称为"控制器局域网(Controller Area Network)",是一种现场总线,是为解决现代汽车中众多控制与仪器之间的数据交换而开发的一种串行数据通信协议,它可以使用双绞线来传输信号,用于汽车中各种不同元件之间的通信,以此取代昂贵而笨重的配电线束,是世界上应用最广泛的现场总线之一,它可很好地解决传统布线方法存在的连线数量惊人且故障隐患大的问题。如今几乎每一辆在欧洲生产的新轿车都至少装配一个 CAN 总线网。而且,总线也广泛应用到火车、轮船等其他交通工具中,并被国际标准化组织制定为 ISO11898 标准。

（1）CAN 数据总线组成

CAN 数据总线由一个控制器，一个收发器，两个数据传输终端以及两条数据传输线组成，除了数据传输线，其他元件都置于控制单元内部，控制单元功能不变，如图 4-1-23 所示。

纯电动汽车控制总线 CAN 组成及原理

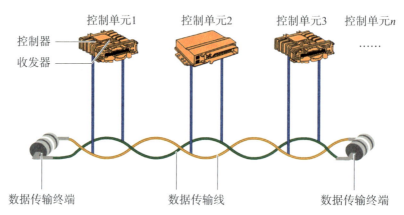

图 4-1-23　CAN 数据总线的组成与结构

① CAN 控制器。CAN 控制器是接收控制单元中的微处理器传来的数据，对这些数据进行处理并将其传往收发器。同样，CAN 控制器也接收由 CAN 收发器传来的数据，对这些数据进行处理并将其传往控制单元中的微处理器。

② 收发器。它将 CAN 控制器传来的数据转化为电信号将其送入数据传输线。它也为 CAN 控制器接收和转发数据。

③ 数据传输终端。它是一个电阻器。它防止数据在线端被反射，以回声的形式返回，这会影响数据的传输。

④ 数据总线。它是双向的，对数据进行传输，两条线分别被称为 CAN 高线和 CAN 低线。数据传输线为了防止外界电磁波的干扰和向外辐射，总线采用两条线缠绕在一起，如图 4-1-24 所示。

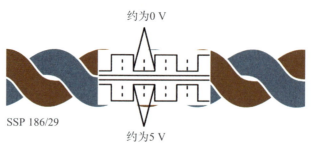

图 4-1-24　数据传输线

这两条线的电位相反，如果一条是 5 V，另一条就是 0 V，始终保持电压总和为一常数 5 V，通过这种方法，CAN 数据总线得到了保护而免受外界的电磁场干扰，同时 CAN 数据总线向外辐射也保持中性，即无辐射。

(2) CAN 控制总线工作原理

CAN 数据总线的数据传输原理在很大程度上类似电话会议的方式。用户 1 控制单元 1 向网络中"说出"数据,而其他用户"收听"到这些数据。一些控制单元认为这些数据对它有用,它就接收并且应用这些数据,而其他控制单元也许不会理会这些数据,故数据总线里的数据并没有指定的接收者,而是被所有的控制单元接收及计算,如图 4-1-25 所示。

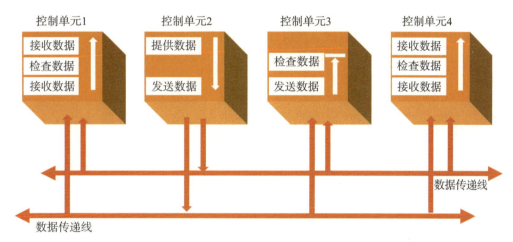

图 4-1-25 数据的具体传输过程

CAN 数据总线是车载网络系统关键技术之一,数据总线 CAN 意味着将各个控制单元之间网络化并可进行数据交流,利用 CAN 数据总线将各个控制单元连接起来,形成了车载网络系统。

4. 纯电动汽车车载网络系统架构

纯电动汽车根据不同的电气特性,整个车辆的网络系统有驱动及传动系统、车身系统、安全系统及多媒体信息通信系统,驱动及传动系统和安全系统为通信效率要求较高的实时性应用,车身系统为多路通信应用,多媒体信息通信系统则为多媒体及信息娱乐应用,所以纯电动汽车信息通信多采用 CAN 总线进行。

与传统汽车相比,纯电动汽车的车载网络系统在传统汽车的车载网络系统的基础上增加了新能源和快充通信系统,所以纯电动汽车车载网络系统主要由用于车身、安全系统及多媒体系统的信息传输的原车通信网、用于动力蓄电池、驱动电机的信息通信的新能源网和用于快充通信的快充网组成,如图 4-1-26 所示。

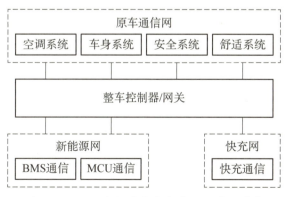

图 4-1-26 纯电动汽车车载网络系统总成

5. 车载网络系统特点

车载网络系统特点如下：
① 布线简单，设计简化，节约铜材，降低成本。
② 可靠性提高，可维护性大为提高。
③ 实现信息共享，提高汽车性能。
④ 满足现代汽车电子设备种类功能越来越多的要求。

总之，使用汽车网络不仅可以减少线束，而且能够提高各控制系统的运行可靠性，减少冗余的传感器及相应的软硬件配置，实现各子系统之间的资源共享，便于集中实现各子系统的在线故障诊断。

本任务介绍了纯电动汽车的整车控制系统。按实现的功能可分为低压电气系统、高压管理系统、车载网络系统，而实现这些控制的整车控制系统由整车控制器、高压配电盒、DC-DC转换器、子系统控制器（动力蓄电池管理器、电机控制器）、控制总线CAN（控制总线CANH、控制总线CANL）、驾驶员操纵系统及整车各种低压辅助电器等组成。在汽车的正常行驶中，整车控制系统可以实现再生能量回收、网络管理、故障诊断与处理、车辆的状态控制与监视等功能。

纯电动汽车的低压电气系统主要是对整车低压电气系统的工作进行控制，其作用是控制整车低压电气系统的上电（供电），并为整车控制器、电机控制器和部分辅助电气供电，监控这些系统的运行状态和故障处理。其主要由整车控制器、12 V的辅助电源、灯光、仪表等低压电气设备组成。

纯电动汽车的高压管理系统的作用是进行动力蓄电池电源的输出及分配，实现对各支路用电器的保护及切断，同时还可以控制汽车在减速制动或下坡滑行时的能量回收。高压控制系统主要由整车控制器、高压配电盒、驱动电机及电机控制器、动力蓄电池及动力蓄电池管理器及高压线束等组成。

车载网络系统的功用是实现通信和资源共享，并解决汽车电子化出现的线路复杂和线束增加问题，同时也为线控操作技术提供有力的支撑。纯电动汽车的车载网络系统在传统汽车的车载网络系统的基础上增加了新能源和快充通信系统，其主要由用于车身、安全系统及多媒体系统的信息传输的原车通信网、用于动力蓄电池、驱动电机的信息通信的新能源网和用于快充通信的快充网组成。

一、判断题

1. DC-DC转换器可将高压直流电转为低压交流电。　　　　　　　　　　　　　　（　）
2. 当测得绝缘阻值R≤20 kΩ时，绝缘检测装置会通过CAN向电池管理输出一般漏电信号。
　　　　　　　　　　　　　　　　　　　　　　　　　　　　　　　　　　（　）

3. 荣威 E50 采用的制动踏板位置传感器有 3 个针脚。（   ）
4. 纯电动汽车上的子系统控制器主要有动力蓄电池管理器和电机控制器。（   ）
5. 高压回路自动松脱可能会造成汽车失去动力。（   ）

二、选择题
1. 数据总线按照总线系统的传输速率不同,可分为(   )五种类型。【单选题】
   A. A 类、B 类、C 类、C+类、D 类   B. A 类、B 类、B+类、C 类、D 类
   C. A 类、B 类、B+类、C 类、C+类   D. A 类、B 类、C 类、D 类、D+类
2. 荣威 E50 的加速踏板位置传感器采用的是双电阻式加速踏板位置传感器,它有_____个滑动电阻器、_____个针脚。(   )【单选题】
   A. 1 个;3 个   B. 1 个;6 个
   C. 2 个;3 个   D. 2 个;6 个
3. 当汽车的点火钥匙由 ACC 到 ON 时,_____和_____低压上电。(   )【单选题】
   A. MCU、VCU   B. BMS、PDU
   C. BMS、MCU   D. MCU、PDU
4. 下列选项中属于低压电气系统功能的是(   )。【多选题】
   A. 低压配电控制   B. 高压互锁控制
   C. 漏电保护控制   D. 车况检测

三、简答题
1. 请简要叙述绝缘检测装置（漏电传感器）的检测原理及判定的依据。

2. 简要概述车载网络系统的类型及工作原理。

任务 2　比亚迪 E5 整车控制系统构造与检修

任务目标

1. 了解比亚迪 E5 整车控制系统的组成及各部分作用。
2. 理解比亚迪 E5 整车控制系统工作原理。
3. 掌握低压电气系统、高压管理系统和车载网络系统的工作过程。
4. 掌握比亚迪 E5 电机驱动系统常见故障及检修方法。
5. 能按照操作规范完成比亚迪 E5 整车控制系统检修。

任务导入

一辆牌照尾号为 1234 的比亚迪 E5 纯电动汽车被送至 4S 店进行维修，车主反映该车无法进行慢充充电。维修接待人员试车发现使用便携式 220 V 交流充电器正常连接成功后，仪表的充电指示灯点亮，但仪表没有充电时间及充电功率等信息显示。经高级维修技师诊断，故障原因指向电控系统线路，需要针对此故障进行维修。现车间调度将任务工单派发至你手中，请学习相关知识，安全规范地完成分派的检修任务。

纯电动汽车电路线控系统故障检修—情境导入

知识储备

比亚迪 E5 中整车控制系统的作用与其他纯电动汽车基本相同,但是结构和原理及检修方法上有着明显差别。本任务主要介绍比亚迪 E5 纯电动汽车的整车控制系统组成和原理。

一、比亚迪 E5 整车控制系统组成

纯电动汽车的整车控制系统按照实现的功能可分为低压电气系统、高压管理系统、车载网络系统。比亚迪 E5 纯电动汽车实现这些控制功能的整车控制系统由高压电控总成、主控制器总成、电池管理控制器、数据总线、驾驶员操纵传感器、高压互锁、高压母线、低压蓄电池和低压辅助电器等组成,如图 4-2-1 所示。从组成来看,与其他纯电动汽车相比,比亚迪 E5 整车控制系统有两大不同点,一是比亚迪 E5 上没有整车控制器,将整车控制器的功能整合到高压电控总成内部;二是比亚迪 E5 的电机控制器、车载充电器、DC-DC 转换器、高压配电模块和漏电传感器集成在一起组成了高压电控总成。

图 4-2-1　比亚迪 E5 整车控制系统组成

(一) 高压电控总成

比亚迪 E5 的高压电控总成是一个多功能集成部件,如图 4-2-2 所示,它集成了电机控制器、车载充电器、DC-DC 转换器、高压配电模块和漏电传感器的功能。它可以接收制动踏板位置传感器、加速踏板位置传感器、驻车位置传感器、充电枪及充电座温度传感器、电机温度传感器、巡航开关的信号,并将这些信号进行分析处理,得出驱动电机、动力蓄电池、汽车空调

等系统的控制指令,并控制驱动电机、动力蓄电池和汽车空调的工作。比亚迪 E5 的高压电控总成位于汽车的前机舱内,如图 4-2-3 所示。

图 4-2-2 比亚迪 E5 高压电控总成

高压电控总成

图 4-2-3 比亚迪 E5 的高压电控总成位置

在高压电控总成中,电机控制器(VTOG)和车载充电器负责实现高压交、直流电双向逆变控制、驱动电机运转以及动力蓄电池的充、放电功能;DC-DC 转换器负责用来实现高压直流电转化成低压直流电为整车低压电器系统供电和直流充电升压;而高压配电模块和漏电传感器则可以进行整车控制系统的高压回路配电以及高压漏电检测。

比亚迪 E5 采用的是直流漏电传感器。当高压系统漏电时,传感器会发出一个信号给电池管理控制器,电池管理控制器接收到漏电信号后会根据漏电情况马上报警并断开高压电路,防止高压漏电对人或者物品造成伤害和损失。

(二) 主控制器总成

比亚迪 E5 整车控制系统的主控制器总成是辅助电气系统的控制单元,它位于副仪表台,如图 4-2-4 所示。它可以根据真空压力传感器、制动传感器和冷却液温度传感器的信号,实现对于制动真空泵、冷却风扇、冷凝风扇的控制,以确保车辆制动系统提供足够制动力,驱动电机和空调等系统能在正常温度下工作。同时,它还可以采集车速传感器信号和碰撞信号,实现车速和里程的计算,并为其他系统提供较好的车速信号。

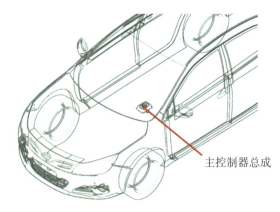

主控制器总成

图 4-2-4 比亚迪 E5 主控制器总成

(三) 电池管理控制器

比亚迪 E5 的电池管理控制器与其他纯电动汽车作用基本一样,它作为监控动力蓄电池组、保证电池组正常工作的监控单元而存在,位于前机舱内高压电控后部,如图 4-2-5 所示。

电池管理控制器的主要功能有充放电管理、接触器控制、功率控制、电池异常状态报警和保护、荷电状态 SOC/健康状态 SOH 计算、自检以及通信功能等;电池管理控制器的作用是保证每节串联电池的电压、电流、温度数据等各项性能指标的一致性。

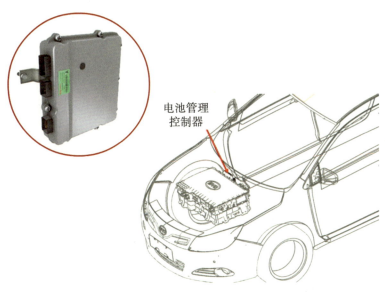

图 4-2-5　比亚迪 E5 纯电动汽车电池管理控制器

（四）高压互锁

比亚迪 E5 的高压互锁与其他纯电动汽车的高压互锁的作用一样，这里不做赘述。比亚迪 E5 的高压互锁也是通过使用低压信号来监测高压系统电器、导线、导线连接器以及电器保护盖等电气连接的完整性，在电池管理控制器、动力蓄电池包、高压电控总成、空调 PTC 的导线连接器中均安装有互锁开关，如图 4-2-6 所示。

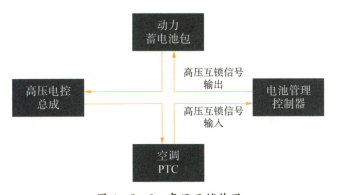

图 4-2-6　高压互锁作用

电池管理控制器中的高压互锁监测器向高压互锁回路提供一个信号电压，从动力蓄电池包开始经高压电控总成和空调 PTC 返回到电池管理控制器中，若整个高压回路任一部分脱开高压部件的导线连接器或者连接松动，则检测不到返回的信号电压，说明高压互锁回路断路，电池管理控制器就会切断高压供电来保护人员和设备的安全。

（五）驾驶员操纵传感器

传感器是一种检测装置，能感受到被测量的信息，并能将感受的信息，按一定规律变换成电信号或其他所需形式的信息输送到控制单元，控制单元按照设定的程序对这些信息进行分析计算,用于在整体范围内控制各执行元件,以使电动汽车各项性能达到最优。比亚迪 E5 的驾驶员操纵传感器有电子拨杆式换档器的挡位传感器、制动踏板位置传感器和加速踏板位置传感器。

1. 电子拨杆式换档器的挡位传感器

比亚迪 E5 汽车采用的是电子拨杆式换档器,通过操作变速杆实现换挡操作,当前的挡位会在仪表显示屏以及变速杆上显示。比亚迪 E5 的挡位设置有 P(驻车档)、R(倒车档)、N(空档)、D(前进档),如图 4-2-7 所示。D 位可以在下坡滑行或减速的时候进行能量回收。

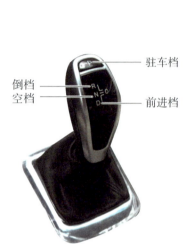

图 4-2-7 电子拨杆式电子换档器

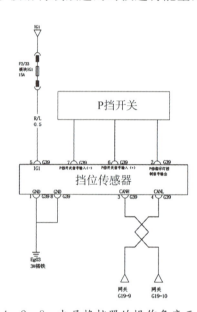

图 4-2-8 电子换档器的操作角度示意图

比亚迪 E5 挡位传感器 G39 有 8 个针脚,如图 4-2-8 所示,针脚定义见表 4-2-1。

表 4-2-1 比亚迪 E5 挡位传感器 G39 针脚定义

传感器代号	传感器针脚	针脚定义
G39	G39/1	传感器接地
	G39/2	P 位指示灯控制信号输出
	G39/3	CANH
	G39/4	CANL
	G39/5	传感器电源
	G39/6	P 位开关信号输出(+)
	G39/7	P 位开关信号输出(-)
	G39/8	传感器接地

2. 制动踏板位置传感器

比亚迪 E5 的制动踏板位置传感器安装在制动踏板轴的一端,是双滑动电阻式传感器,如图 4-2-9 所示,它在制动踏板位置改变时产生表示制动深度的、同比例上升的两个电压信号。通过脚踩制动踏板使得传感器内部指针滑动改变滑动电阻器的阻值,从而影响加载在其上面的电压值,用于监测制动踏板的位置信号。比亚迪 E5 的制动踏板位置传感器有 6 个针脚,如图 4-2-10 所示。

图 4-2-9 制动踏板位置传感器位置

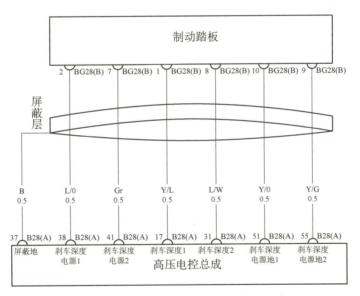

图 4-2-10 制动踏板位置传感器针脚

当驾驶员踏下制动踏板时,制动踏板位置传感器将制动踏板位置信号传输给高压电控总成,高压电控总成根据各电子控制单元采集的动力蓄电池包状态信息和其他信息,进行数据分析和处理,并形成新的指令信号发送到相应的功能模块,迅速减小动力蓄电池包电流大小,使得电机输出更小的转矩,以实现驾驶员制动这一意愿,同时踏下制动踏板能够接通控制后制动灯工作的制动开关,制动灯亮起;在减速过程中,车轮通过传动装置拖动驱动电机产生三相交流电,经过高压电控总成内部的电机控制器整流成直流电储存到动力蓄电池中,完成能量回收。

比亚迪 E5 制动踏板位置传感器有 6 个针脚,各针脚定义见表 4-2-2。

表 4-2-2 制动踏板位置传感器针脚含义

传感器代号	传感器针脚	针脚定义
BG28(B)	BG28(B)/1	刹车深度 1
	BG28(B)/2	刹车深度电源 1
	BG28(B)/7	刹车深度电源 2
	BG28(B)/8	刹车深度 2
	BG28(B)/9	刹车深度电源地 2
	BG28(B)/10	刹车深度电源地 1

3. 加速踏板位置传感器

比亚迪 E5 加速踏板位置传感器是双滑动电阻型传感器,其安装在驾驶室加速踏板轴的一端,用于检测汽车加速或减速信号,如图 4-2-11 所示。其作用与其他纯电动汽车加速踏板位置传感器一样,这里不做赘述。

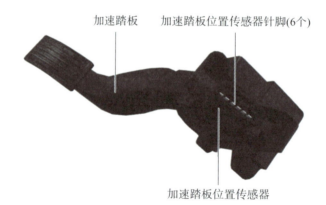

图 4-2-11 比亚迪 E5 加速踏板位置传感器

比亚迪 E5 的加速踏板位置传感器有两个电位器、6 个针脚。每 3 个针脚形成一个完整的线路,两个电位器分别布置在两个线路中,如图 4-2-12 所示。内部的电位器一个是主信号电位器,一个是辅助信号电位器。主信号电压是辅助信号电压的 2 倍;两组电位器之间可以相互检测,如果其中一个出现故障,则 VCU 可以接收到另一个正确的信号。

当进行加速时,加速踏板被踩下,加速踏板位置传感器将加速信号传递给高压电控总成,高压电控总成根据此信号并结合采集到的信息,进行数据分析和处理以后,将指令信号输送到高压电控总成中的电机控制器 MCU 和动力蓄电池管理系统 BMS,动力蓄电池管理系统 BMS 控制动力蓄电池增加电能输出量,电机控制器 MCU 控制电机输出合适的转矩,从而使车辆以驾驶员预期的速度行驶。

比亚迪 E5 加速踏板位置传感器针脚含义见表 4-2-3。

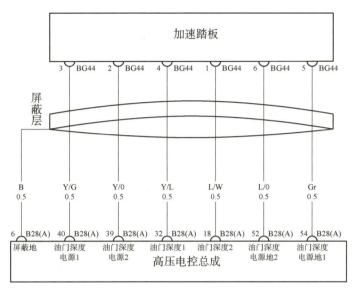

图 4-2-12 加速踏板位置传感器线路示意图

表 4-2-3 加速踏板位置传感器针脚含义

传感器代号	传感器针脚	针脚定义
BG44	BG44/1	油门深度 2
	BG44/2	油门深度电源 2
	BG44/3	油门深度电源 1
	BG44/4	油门深度 1
	BG44/5	油门深度电源地 1
	BG44/6	油门深度电源地 2

（六）低压辅助电器

整车控制系统的低压辅助电器主要是指电动真空泵、电动水泵、电子风扇、电子冷凝器、仪表等，它们属于低压电控系统的执行器，其作用就是完成相应的任务，提高比亚迪 E5 纯电动汽车的行车安全可靠性，同时提高行车舒适性。

二、比亚迪 E5 整车控制系统工作原理

比亚迪 E5 纯电动汽车前进行驶时，电源接通，高压电控总成中的整车控制模块根据接收的挡位控制器、加速踏板位置传感器和制动踏板位置传感器等信息，传递给高压电控总成中的电机控制器，从而控制流向驱动电机的电流。此时动力蓄电池的电流通过高压电控总成中的高压配电模块上的继电器之后，一路经过电机控制器向驱动电机供电使电机运转，再经过减速器总成带动汽车行驶；另一路经高压控制总成的 DC-DC 转换器，将动力蓄电池 630 V 的高压直流电转换为 12 V 的低压电供整车用电设备使用。同时动力蓄电池接受电池管理器的监控，

监控电池组的瞬时电压、电流、温度、存储电量等情况,以防止动力蓄电池过放电或温度过高损坏电池组,如图 4-2-13 所示。

比亚迪 E5 整车控制系统工作原理

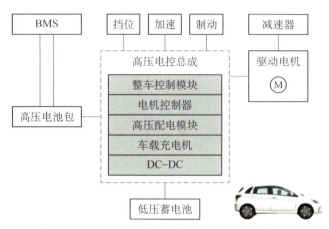

图 4-2-13 比亚迪 E5 整车控制系统工作原理

比亚迪 E5 的整车控制系统在汽车的正常行驶过程中可以实现再生能量回收、网络管理、故障诊断与处理、车辆的状态控制与监视等功能。这些控制功能是利用低压电气系统、高压管理系统、车载网络系统三个系统实现的,下面分别介绍各功能系统的工作过程。

(一)低压电气系统

比亚迪 E5 低压电气系统主要功能是给整车低压电器、高压电控总成、主控制器总成、电池管理器、部分传感器提供工作电压,并监控这些系统的运行状态和进行故障处理。比亚迪 E5 低压电控系统主要由 12 V 的低压蓄电池、DC-DC 转换器、汽车电气控制系统组成,可实现的控制内容有低压配电控制、车况检测和低压电气工作控制。

1. 低压配电控制

比亚迪 E5 主控制器将监测到的整车低压电气系统的状态信息,送给电池管理控制器(BMC),电池管理控制器(BMC)通过高压控制总线给低压蓄电池控制指令,使其给整车低压电气系统提供工作电压。低压蓄电池与 DC-DC 转化器输出端的低压电并联,通过正极熔丝盒为整车低压电器提供 13.8 V 左右的电源,如图 4-2-14 所示。

图 4-2-14 低压配电控制

2. 车辆状态的实时监测和显示

比亚迪 E5 的高压电控总成和主控制器在工作过程中对车辆的状态进行实时监测,并且将各个子系统的信息发送给车载信息显示系统,其过程是通过传感器和 CAN 总线,检测车辆运行状态及各系统状态信息,驱动显示仪表,将状态信息和故障诊断信息通过数字仪表显示出来。

3. 低压电气系统工作控制

纯电动汽车的低压电气系统根据车辆状态信息和工作需求信号控制相应电气系统的工作状态,常见的有底盘的电控动力转向系统和电动真空助力系统的工作控制。这样,可以使辅助电气系统按照驾驶员的操作意图完成相应的工作,给车内驾乘人员提供安全、舒适的乘车环境。比亚迪 E5 的主控制器根据实时检测的动力蓄电池以及低压蓄电池状态,对 DC-DC 转换器、电动化辅助系统(电制动的真空泵和电驱及动力蓄电池冷却系统的冷却风扇)的工作进行监测和控制。

(二)高压管理系统

比亚迪 E5 的高压管理系统可以进行动力蓄电池电能的输出及分配,实现对各支路用电器的保护及切断,同时还可以控制汽车在减速制动或下坡滑行时的能量回收。比亚迪 E5 的高压管理系统主要由集成在高压电控总成中的高压配电模块和电机控制器、电池管理控制器、高压互锁、漏电传感器、主控制器总成、驾驶员操纵系统传感器及高压母线等组成。其主要实现控制模式的判定、上下电控制、整车能量管理、充电控制、故障诊断与处理,具体工作过程如下。

1. 控制模式的判定

比亚迪 E5 纯电动汽车在汽车运行过程中,高压电控总成根据采集的钥匙信号、充电信号、加速/制动踏板位置信号和挡位开关信号等来判断当前需要的工作模式,如图 4-2-15 所示。若当前为运行模式,则根据当前的参数和前段时间工作时的记忆参数,计算出合理的输出转矩和显示数据,从而保证汽车正常行驶。

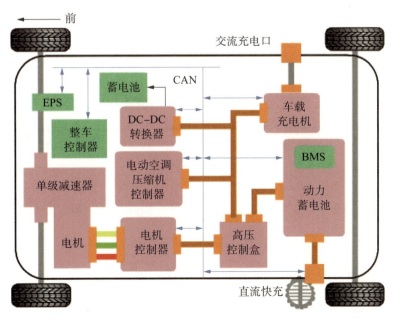

图 4-2-15 控制模式

2. 上下电控制

纯电动车的点火钥匙有 OFF、ACC、ON 三个状态。高压电控总成根据驾驶员对行车钥匙开关的控制意图,进行动力蓄电池的高压接触器开关控制,以完成高压设备的电源通断和预充电控制。从而帮助各相关部件进行上电与下电流程控制,包括电机控制器(位于高压电控总成内部)、动力蓄电池管理系统等部件的供电,预充电继电器、主继电器的吸合和断开时间等。

(1) 上电步骤

对于纯电动汽车高压系统的整个动力电路,存在着大量的容性负载。如果在高压电路接通过程中不采用有效的防范措施,高压电路在上电瞬间,由于系统电路容性负载的存在,将会对整个高压系统电路造成上电冲击。因此,高压上电时要有一个先后过程,其上电流程如图 4-2-16 所示。

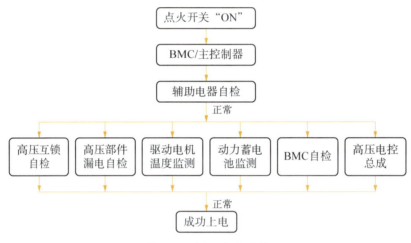

图 4-2-16 上电流程

① 低压上电:

当点火钥匙由 OFF—ACC 时,VCU 低压上电;

当点火钥匙由 OFF—ON 时,BMC(电池管理器)、主控制器总成低压上电。

② 高压上电:

点火开关打到 START 位置,首先是进行高压互锁监测,高压部件漏电监测,驱动电机温度监测,动力蓄电池的温度、电压及电流监测,与此同时进行 BMC(电池管理控制器)和高压电控总成当前状态正常与否的检测,若正常,且之前一次上下电过程中整车无严重故障,比亚迪 E5 就会成功上电。

(2) 下电步骤

比亚迪 E5 纯电动车下电只需点火钥匙打到 OFF 档,即可实现高压、低压电的正常下电,流程如图 4-2-17 所示。

① 高压下电:

当点火钥匙到 OFF 挡,BMC 控制主继电器断开,完成高压下电。

② 低压下电:

车身控制器控制车辆的低压系统模块,进入休眠状态,完成低压下电。

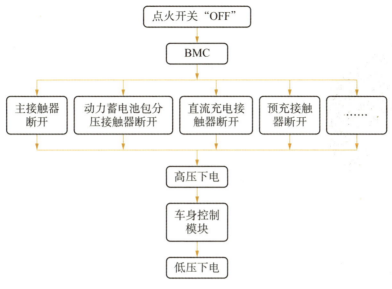

图 4-2-17 下电流程

3. 高压互锁（互锁控制）

高压互锁是指危险电压互锁回路通过使用低电压信号，来检查整个高压导线、连接器及护盖的电气完整性（连续性），识别到回路异常断开时，及时断开高压电，以保障用户的安全。比亚迪 E5 高压互锁的源头是电池管理控制器，电池管理控制器互锁发出监测信号到动力蓄电池互锁，再到高压电控总成互锁，经空调 PTC 互锁，最后回到电池管理控制器，这样确认低压信号检测回路正常，纯电动汽车进入下一步上电监测环节。

比亚迪 E5 高压互锁在识别到危险时，整个控制器应根据危险时的行车状态及故障危险程度运用合理的安全方式进行控制，这些方式包括以下几点。

（1）故障报警

无论电动汽车在何种状态，高压互锁在识别到危险时，车辆应该对危险情况做出报警提示，需要仪表或指示器以声或光报警的形式提醒驾驶员，让驾驶员注意车辆的异常情况，以便及时处理，避免发生安全事故。

（2）切断高压源

当电动汽车在停止状态时，高压互锁在识别到严重危险情况时，除了进行故障报警，还应通知系统控制器断开自动断路器，使高压电源被彻底切断，避免可能发生的高压危险，确保财产和人身安全。

（3）降功率运行

电动汽车在高速行车过程中，高压互锁在识别到危险情况时，不能马上切断高压电源，应首先通过报警提示驾驶员，然后让控制系统降低电机的运行功率，使车辆速度降下来，以使整车高压系统在负荷较小的情况下运行，尽量降低发生高压危险的可能性，同时也允许驾驶员能够将车辆停到安全地方。

4. 漏电保护控制

比亚迪 E5 的漏电保护器在漏电保护控制中起核心作用，如图 4-2-18 所示。

图 4-2-18 漏电保护器

它通过将一端和负极相连,一端与车身连接,检测电流和电压值,一旦发现有超出限制的电流和电压,则发出警告,并切断控制模块,保证用电安全。动力蓄电池系统泄漏电流量不超过 2 mA;整车绝缘电阻值应大于 500 Ω/V。

5. 整车能量管理

比亚迪 E5 汽车运行过程中,整车控制系统的高压控制总成根据汽车速度信号、制动踏板位置信号、动力蓄电池组的荷电状态,进行综合判断,若达到相应的条件,高压控制总成就会向电机控制器(高压总成内部)和电池管理器发出指令,使驱动电机和动力蓄电池处在相应的工作状态。

例如,若能达到回收制动能量的条件,高压电控总成会向电机控制器发出控制指令使驱动电机工作在发电状态,将制动能量转变成电能存储到动力蓄电池中。即在减速制动过程中,减速和制动时回馈能量是不需要动力蓄电池电量的,电机产生再生力矩发电为动力蓄电池充电,例如,在汽车减速或制动过程中,高压控制总成根据检测的汽车运行状态的信号,控制主继电器仍然处于接通状态,在减速和制动时驱动电机产生再生力矩发电为动力蓄电池充电。

6. 充电过程控制

比亚迪 E5 纯电动汽车进入充电状态后,整车高压负接触器和预充接触器先接合,充电高压回路接通开始对动力蓄电池充电。当大电容电压升至电源电压时,正极主接触器接合,将预充电阻短路,动力蓄电池正式进入工作模式。此时 DC-DC 转换器工作,输出低压直流电给低压蓄电池充电。在充电状态时,高压电控总成接收到充电信号,钥匙开关打到任何挡位,车辆其他系统均不能得到高压电,保证车辆处于锁止状态,不能行驶;并根据动力蓄电池状态信息限制充电功率,保护动力蓄电池。在充电过程中,若 BMS 检测到过充电信号,则发出信号告知充电机停止工作,并且延时 3 s 后,高压电控总成切断充电机高压正接触器和整车高压负接触器,从而切断充电高压回路,如图 4-2-19 所示。

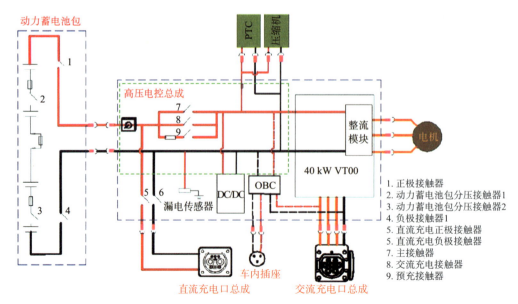

图 4-2-19 充电过程控制

比亚迪 E5 纯电动汽车可进行快充充电和慢充充电,具体充电过程如下。

(1) 快充过程

当动力蓄电池需要快速充电时,快充充电桩、动力蓄电池和动力蓄电池管理系统通过 CAN 总线进行数据信息交互,确认动力蓄电池状态信息后,电池管理控制器接通主继电器。电流依次通过充电桩、充电口进入高压电控总成,然后经过正极继电器进入动力蓄电池再从负极继电器出来,回到充电口形成回路。

(2) 慢充过程

当动力蓄电池需要慢速充电时,电池管理控制器接通主继电器。电流依次通过充电桩、充电口进入高压电控总成,然后经过车载充电机和主继电器进入动力蓄电池再回到充电口形成回路。

7. 故障诊断与处理

高压电控总成实时监视动力系统,对其进行故障诊断及相应的安全保护处理。根据传感器的输入信息及其他通过 CAN 总线通信得到的驱动电机、动力蓄电池、制动踏板和加速踏板等的信息,对各种故障进行判断、等级分类、报警显示;并存储故障码,供维修时查看。

(三)车载网络系统

比亚迪 E5 的车载网络系统的作用与纯电动汽车车载网络系统相同,这里不做赘述。比亚迪 E5 的车载网络系统主要采用 CAN 总线的传输方式进行信息传输和交换。

1. 比亚迪 E5 车载网络系统组成

比亚迪 E5 车载网络系统主要由起动网、舒适网、空调子网、动力网、ESC 网和电池子网组成。其中,空调子网属于舒适网,电池子网属于动力网。每种信息传输网络的传输位速率不同,起动网和舒适网传输速率为 125 Kbit/s,属于中速 CAN;动力网和 ESC 网传输速率分别为 250 Kbit/s 和 500 Kbit/s,都是高速 CAN,如图 4 - 2 - 20 所示。

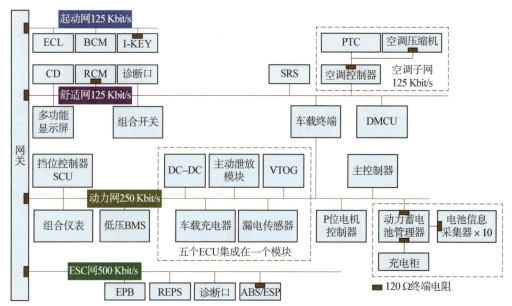

比亚迪 E5 车载网络系统组成与工作过程

图 4 - 2 - 20 车载网络系统组成示意图

2. 比亚迪 E5 车载网络系统工作特点

车载总线通信系统采用分布式布置方式,通常高压系统各控制模块中均会设有通信系统,通过网线连接成总线系统,总线通信系统各设备负责与外部诊断设备的连接和诊断通信,实现诊断服务,包括数据流读取、故障码的读取和清除、控制端口的调试。

主控制器是比亚迪 E5 上众多控制器中的一个,是 CAN 总线中的一个节点。在整车网络系统中,主控制器是信息控制的中心,负责信息的组织与传输、网络状态的监控、网络节点的管理、信息优先权的动态分配以及网络故障的诊断与处理。

三、比亚迪 E5 整车控制系统检修

比亚迪 E5 整车控制系统的检修要遵循由易到难、由外到内、由电气部件到机械部件的原则进行,并且一般是利用设备进行的不解体优先。本节主要介绍整车控制系统的高压电控总成和 CAN 总线系统的检测。

(一)高压电控总成检测

1. 高压电控总成基本检查

(1)高压电控总成外观检查

检查高压电控总成是否有破损、变形情况,若有及时进行进一步检测。

(2)高压电控总成插接器检查

检查高压电控总成相连各部件插接器是否存在退针、损坏、脱落等破损现象,若有应及时进行处理,主要是做出修复或更换。

2. 高压电控总成初步诊断

在汽车起动以后,连接诊断仪读取高压电控总成模块的数据信息,根据数据流分析其具体工况,主要需要读取的数据包括:动力蓄电池当前总电压、动力蓄电池当前总电流、漏电次数、充电次数、单次充电电量、单次放电容量、绝缘电阻值、预充状态、主控制器状态、高压系统状态、高压互锁状态等。

3. 高压电控总成电气检测

在比亚迪 E5 纯电动汽车上,高压电控总成的检测主要包括供电检测和绝缘检测。

(1)高压电控总成供电检测

高压电控总成的供电是双路电,选用万用表合适挡位和量程,分别检测高压电控总成配电箱两个电源端子与搭铁端子的电压值,检查高压电控总成常电电源是否正常,正常值应该在 10~14 V 之间。

(2)高压电控总成绝缘检测

高压电控总成是比亚迪 E5 的核心部件,它的绝缘检测主要是针对动力蓄电池、驱动电机、快充和慢充端子进行。

① 高压电控总成与动力蓄电池相连接端子绝缘检测。断开动力蓄电池高压线束与高压电控总成的连接线束,使用兆欧表的 500 V 挡位,分别测量线束的高压输入正极线束端子和高压输入负极线束端子与车身搭铁的电阻值,标准绝缘电阻值应大于 20 MΩ。

② 高压电控总成与驱动电机相连接端子绝缘检测。断开驱动电机高压线束与高压电控总成的连接线束，使用兆欧表的 500 V 挡位，分别测量线束的高压电控总成与驱动电机 A 相、B 相、C 相相连的端子与车身搭铁的电阻值，标准绝缘电阻值应大于 20 MΩ。

③ 高压电控总成与快充连接端子绝缘检测。断开快充充电口高压线束与高压电控总成的连接线束，使用兆欧表的 1000 V 挡位，分别测量线束的高压输入正极线束端子和高压输入负极线束端子与车身搭铁的电阻值，标准绝缘电阻值应大于 20 MΩ。

④ 高压电控总成与慢充连接端子绝缘检测。断开慢充充电口高压线束与高压电控总成的连接线束，使用兆欧表的 1000 V 挡位，分别测量线束的高压输入正极线束端子和高压输入负极线束端子与车身搭铁的电阻值，标准绝缘电阻值应大于 20 MΩ。

（二）CAN 总线检测

CAN 总线故障主要包括硬件故障、线路故障和插接件故障，硬件本身的故障可以通过更换新硬件来判定，线路和插接件故障需要借助万用表按照 CAN 总线系统特点进行检测。

CAN 总线系统中拥有一个 CAN 控制器、一个信息收发器、两个数据传输终端及两条数据传输总线，除了数据总线外，其他各元件都置于各控制单元的内部。CAN 总线系统中当汽车电源系统供电异常、汽车 CAN 总线系统的线路异常、汽车 CAN 总线系统的各控制单元出现故障都会引起 CAN 总线系统无法工作，电源系统的检测不在这里进行。所以比亚迪 E5 CAN 总线系统的检测主要是针对 CAN 总线系统的线路和控制单元进行读取模块数据、终端电阻测量、电压测量、信号波形测量。

1. 读取模块测量数据块

使用检测仪读取某控制单元数据块，如果显示 1，表明被检测控制单元工作正常；如果显示 0，则表明被检测控制单元工作不正常，其原因可能是线路断路或该控制单元损坏。

2. 终端电阻值测量

比亚迪 E5 纯电动汽车的 CAN 总线系统内有 2 个 120 Ω 的终端电阻，它们是并联的。单独测量一个终端电阻大约为 120 Ω，CAN 总线网络的正常电阻值应为 60 Ω，据此可以判断终端电阻是否正常。

注意：电阻测量过程中应注意：先断开车辆蓄电池的接线，大约等待 5 min，直到系统中所有的电容器放完电后再测量，因为控制单元内部电路的电阻是变化的。

3. 电压的测量

使用万用表测量 CANL 或 CANH 的对地电压。比亚迪 E5 的 CAN 的 CANL 对地电压大约为 2.2 V，CANH 对地电压大约为 2.8 V；这些接近的值根据总线负载可能有大约 100 mV 的偏差。

4. CAN 总线系统的波形测量

CAN 总线正常波形是 CANH 和 CANL 电压相等、波形相同、极性相反，通过使用专用示波器和综合诊断仪可以测量波形来判断故障。

（1）测量方法

将仪器第一通道的红色测量端子接 CANH 线，第二通道的红色测量端子接 CANL 线，二者的黑色测量端子同时接地。此时，可以在同一界面下同时显示 CANH 和 CANL 的同步波形。

(2) 波形分析

① CANH 对地短路：CANH 的电压置于 0 V，CANL 的电压正常，在此故障下，变为单线工作状态。

② CANH 对正极短路：CANH 的电压大约为 12 V，CANL 的电压正常，在此故障下，变为单线工作状态。

③ CANL 对地短路：CANL 的电压置于 0 V，CANH 的电压正常，在此故障下，变为单线工作状态。

④ CANL 对正极短路：CANL 的电压大约为 12 V，CANH 的电压正常，在此故障下，变为单线工作状态。

⑤ CANH 对正极通过连接电阻短路：CANH 线的隐性电压拉向正极方向，正常值应为大约 0 V，受连接电阻所影响，电阻越小隐性电压越大，在没有连接电阻的情况下，该电压值约为蓄电池电压。

⑥ CANH 通过连接电阻对地短路：CANH 的显性电压移向接地方向，正常值应为大约 4 V，受连接电阻所影响，电阻越小，则显性电压越小，在没有连接电阻的情况下短路，则该电压为 0 V。

⑦ CANL 对正极通过连接电阻短路：CANL 线的隐性电压拉向正极方向，正常值应大约为 5 V，受连接电阻所影响，电阻越小则隐性电压越大，在没有连接电阻的情况下，该电压值约为蓄电池电压。

⑧ CANL 通过连接电阻对地短路：CANL 的隐性电压电位拉向 0 V 方向，正常值应大约为 5 V，受连接电阻所影响，电阻越小则隐性电压越小，在没有连接电阻的情况下，该电压约为 0 V 电压。

⑨ CANH 与 CANL 相交：两线波形呈现电压相等、波形相同、极性相同。

若整车控制系统相关部件的检测数值不在规定的范围内，请进一步检测确认故障，并根据故障点进行维修，具体检测标准见表 4-2-4。

表 4-2-4　比亚迪 E5 整车控制系统标准检测数据

检修内容	标准值范围
CAN 总线终端电阻在线测量	约 60 Ω
CAN 总线终端电阻离线测量	约 120 Ω
CANH 工作电压测量	2.5 V～3.5 V
CANL 工作电压测量	1.5 V～2.5 V
CANH 和 CANL 的波形对比	波形呈镜像对称
高压绝缘电阻值测量	大于 20 MΩ

 技能训练

实训 1　比亚迪 E5 高压电控总成拆装

◆ **实训准备**

1. 安全操作规范

① 操作前需穿戴高压安全防护装备。
② 拆卸高压系统部件时需要使用绝缘工具。
③ 举升机的操作应符合使用规范。

2. 实操工具准备

（1）设备准备
2018 款比亚迪 E5 纯电动汽车、举升机、冷却液回收器、吊架。
（2）工具准备
① 常用工具：世达 100 件工具套装。
② 绝缘工具：世达 68 件绝缘工具套件。
③ 防护装备：车外三件套、车内三件套。
（3）个人防护
工作服、手套、高压绝缘手套。

◆ **实训步骤**

1. 前期准备

（1）穿好防护装备
穿好工作服和工作手套。
（2）车辆防护
① 目测车辆正确停至工位。
② 进入车内安装车内防护三件套。
③ 放置举升机顶脚，并调整举升位置。
④ 拉起前机舱盖手柄，打开前机舱盖，安装车外防护三件套。
（3）车辆高压断电
① 打开低压蓄电池负极电缆保护盖，拆下负极电缆。
② 进入车内，拆卸中控储物格固定螺栓，使用绝缘胶带进行绝缘处理。
③ 拆卸中控储物格线束插接器。拆卸高压维修开关，等待 5 min 以上。
（4）排放冷却液
① 拧下驱动系统冷却液储液壶盖。

比亚迪 E5 高压电控总成拆装-前期准备

比亚迪 E5 高压电控总成拆装-拆卸相关附件

② 举升车辆,并锁止举升机。
③ 拆卸车辆散热器下底板。
④ 将冷却液回收器推放置车底合适位置,拧松散热器放水螺栓并取下,等待冷却液流净后,安装散热器放水螺栓并紧固。

(5) 放下车辆

降下举升机,放下车辆。

2. 拆卸相关附件

(1) 拆卸保护盖

拆卸刮水器保护盖。

(2) 拆卸刮水导液板

① 使用套筒、棘轮扳手拧松刮水器固定螺母,旋出固定螺母并取下,用同样方法拆卸另一侧刮水器固定螺母。
② 用手取下两侧刮水器摇臂。
③ 用手取下刮水导液板。

(3) 拆卸刮水器总成

① 按压锁舌断开刮水电动机线束插接器。
② 使用套筒、接杆和棘轮扳手,拧松刮水器固定螺栓,旋出固定螺栓并取下,以同样方法拆卸另一侧固定螺栓。
③ 取下刮水器总成。

(4) 拆卸前围上盖板

拧松前围挡板固定螺栓,以同样方法拆卸剩余的固定螺栓,取下前围上盖板。

(5) 拆卸散热器框架上饰板

使用内饰专用拆卸工具,拆卸散热器框架上饰板固定卡扣,取下散热器框架上饰板。

3. 拆卸高压电控总成

① 松开插接器保险,按压锁舌断开动力蓄电池输入正极电缆和负极电缆。使用万用表,选择 1 000 V 电压挡,测量正负极电缆之间电压值,应小于 1 V。

若正负极电缆之间存在电压,则需立即停止操作。静置等待 15 min 后,再次测量,确认正负极电缆之间电压值小于 1 V 才能进行下一步操作。

② 解开高压电控总成快充电缆插接器保险,按压插接器锁舌,如图 4-2-21 所示。拆卸快充电缆插接器。
③ 解开高压电控总成慢充电缆插接器保险,按压插接器锁舌,如图 4-2-22 所示。拆卸慢充电缆插接器。

图 4-2-21　按压快充电缆插接器锁舌

图 4-2-22　按压慢充电缆插接器锁舌

④ 拆卸驱动电机三相高压电缆。
a. 使用 10 mm 套筒、棘轮扳手组合工具，拆卸驱动电机三相高压电缆 4 颗固定螺栓。
b. 晃动驱动电机三相高压电缆接头至其松动后，取下三相高压电缆接头，如图 4-2-23 所示。
⑤ 使用尖嘴钳拆卸电机驱动冷却系统放气水管卡夹，拆卸放气水管。
⑥ 使用尖嘴钳拆卸高压电控总成出水管卡夹，拆卸出水管。
⑦ 拆卸 DC 输出电缆。
a. 使用 10 mm 套筒、棘轮扳手组合工具，拧松 DC 输出电缆固定螺母。旋出固定螺母并取下。
b. 断开接 DC 输出电缆线。
⑧ 拧松空调采暖系统储液壶固定螺栓，旋出固定螺栓并取下。
⑨ 按压锁舌断开 64pin 低压信号插接器，如图 4-2-24 所示。

图 4-2-23　取下驱动电机三相高压电缆接头

图 4-2-24　断开 64pin 低压信号插接器

⑩ 按压锁舌断开 33pin 低压信号插接器，如图 4-2-25 所示。
⑪ 松开插接器保险，按压锁舌断开动力电池 PTC 高压电缆插接器，如图 4-2-26 所示。

图 4-2-25　按压 33pin 低压信号插接器锁舌

图 4-2-26　断开动力电池 PTC 高压电缆插接器

⑫ 松开插接器保险，按压锁舌断开空调电动压缩机高压电缆插接器，如图 4-2-27 所示。
⑬ 松开插接器保险，按压锁舌断开空调供暖系统 PTC 高压电缆插接器。
⑭ 拆卸动力蓄电池管理器 3 个线束插接器，如图 4-2-28 所示。

图 4-2-27　断开空调电动压缩机高压电缆插接器

图 4-2-28　拔下动力蓄电池管理器线束插接器

图 4-2-29　取下高压电控总成进水管

⑮ 拆卸高压电控总成进水管。
a. 使用水管钳拆卸高压电控总成进水管固定卡夹。
b. 取下高压电控总成进水管，如图 4-2-29 所示。
⑯ 使用 13 mm 套筒、棘轮扳手组合工具拆卸高压电控总成左侧搭铁线。
⑰ 使用 10 mm 扳手拆卸高压电控总成水管支架固定螺栓，取下水管固定支架。

⑱ 使用 13 mm 套筒、棘轮扳手组合工具拆卸高压电控总成右侧搭铁线。
⑲ 使用 13 mm 套筒、接杆和棘轮扳手拧松高压电控总成固定螺栓。旋出 6 颗固定螺栓并取下。
⑳ 拆卸高压电控总成。
a. 使用安全绳捆绑高压电控总成。
b. 两人配合，使用吊架吊起高压电控总成，并确保吊装可靠。

若发生重心偏移或绳索滑脱等情况，需及时停止吊装，并放下调整。

c. 缓慢吊起高压电控总成至合适高度。

吊起过程中需注意高压电控总成位置，尽可能减少晃动情况，以避免撞击其他部件造成损坏。

d. 平稳移出高压电控总成,并妥善安置。

4. 安装高压电控总成

① 安装高压电控总成。

a. 使用吊架举升并平稳移动高压电控总成至合适安装位置。

b. 两个人配合,缓慢降低高压电控总成,使其准确放置于车辆前部支架上。

比亚迪 E5 高压电控总成拆装-拆卸高压电控总成

> 降低高压电控总成时需注意控制下降速度,并确保下降过程中无部件造成阻碍,以免造成部件损坏。

比亚迪 E5 高压电控总成拆装-安装高压电控总成

c. 将高压电控总成调节至正确安装位置,降低举升臂,取下安全绳。

② 使用 13 mm 套筒、接杆和棘轮扳手安装 6 颗高压电控总成固定螺栓,并使用定扭扳手紧固至 80 N·m。

③ 使用 13 mm 套筒、棘轮扳手组合工具安装高压电控总成右侧搭铁线。

④ 安装水管固定支架,使用 10 mm 扳手安装高压电控总成水管支架固定螺栓。

⑤ 使用 13 mm 套筒、棘轮扳手组合工具安装高压电控总成左侧搭铁线。

⑥ 安装高压电控总成进水管。

a. 将高压电控总成进水管与高压电控总成连接。

b. 使用水管钳安装高压电控总成进水管固定卡夹。

⑦ 安装动力蓄电池管理器 3 个线束插接器。

⑧ 安装空调供暖系统 PTC 高压电缆插接器。并锁闭插接器保险。

⑨ 安装动力蓄电池输入正极电缆和负极电缆。并锁闭插接器保险。

⑩ 安装动力蓄电池 PTC 高压电缆插接器。

⑪ 安装空调电动压缩机高压电缆插接器。

⑫ 安装 33pin 低压信号插接器。

⑬ 安装 64pin 低压信号插接器。

⑭ 安装 DC 输出电缆。

a. 将 DC 输出电缆放置于安装位置。

b. 使用 10 mm 套筒、棘轮扳手组合工具,安装 DC 输出电缆固定螺母并紧固。

⑮ 安装空调采暖系统储液壶。

a. 将空调采暖系统储液壶放置于安装位置。

b. 使用 10 mm 套筒、棘轮扳手,安装储液壶固定螺栓并紧固。

⑯ 安装高压电控总成出水管,使用尖嘴钳安装水管卡夹。

⑰ 安装电机驱动冷却系统放气水管,使用尖嘴钳安装水管卡夹。

⑱ 安装驱动电机三相高压电缆接头。

a. 将驱动电机三相高压电缆接头放置到高压电控总成接口上。

b. 使用 10 mm 套筒、棘轮扳手组合工具,安装驱动电机三相高压电缆 4 颗固定螺栓并紧固。

⑲ 安装高压电控总成快充电缆插接器，安装插接器保险，如图 4-2-30 所示。
⑳ 安装高压电控总成慢充电缆插接器，安装插接器保险，如图 4-2-31 所示。

图 4-2-30　安装高压电控总成快充电缆插接器

图 4-2-31　安装高压电控总成慢充电缆插接器

5. 安装相关部件

（1）安装散热器框架上饰板
① 将散热器框架上饰板放置在指定位置。
② 安装散热器框架上饰板固定卡扣。
（2）安装前围上盖板
① 将前围板放置在指定位置。
② 安装前围挡板固定螺栓并拧紧。
（3）安装刮水器总成
① 安装刮水器总成，使用 10 mm 套筒、接杆和棘轮扳手组合工具安装固定螺栓并紧固。
② 安装刮水导液板。
③ 安装两侧刮水器摇臂，使用 13 mm 套筒、接杆和棘轮扳手组合工具安装固定螺栓并紧固。
④ 安装刮水器保护盖。
（4）添加冷却液
添加驱动系统冷却液。
（5）安装护板
举升车辆，安装散热器下护板。

6. 复位工作

① 取下车内三件套。
② 回收车外三件套。

比亚迪 E5 高压电控总成拆装-安装相关附件

比亚迪 E5 高压电控总成拆装-复位工作

③ 关闭机舱盖，起动车辆检查车辆情况，将设备放回原位，实训作业完成。

实训 2　比亚迪 E5 高压电控总成检修

◆ 实训准备

1. 安全操作规范
① 操作前需穿戴高压安全防护装备。
② 带电检修时需使用绝缘工具。
③ 举升机的操作应符合使用规范。

2. 实操工具准备
（1）设备准备
2018 款比亚迪 E5 纯电动汽车、举升机、移动升降平台。
（2）工具准备
① 常用工具：常用工具套件。
② 绝缘工具：绝缘工具套装。
③ 检测工具：数字兆欧表、数字万用表、示波器、比亚迪 E5 专用诊断仪。
④ 防护装备：车内三件套、车外三件套。

◆ 实训步骤

1. 前期准备
（1）穿好防护装备
穿好工作服和工作手套。
（2）车辆防护
① 目测车辆正确停至工位。
② 安装车轮挡块。
③ 目测车辆外观无异常。
④ 将点火开关置于 OFF 挡。
⑤ 依次安装车内三件套。
⑥ 打开前机舱盖并安装车外三件套。

2. 高压电控总成在线检测
① 取出比亚迪 VDS2000 专用诊断仪套件。
② 连接诊断仪相关线束，连接 VCDI 无线诊断接口。
③ 打开比亚迪专用诊断仪电源开关，待电源开启后，进入比亚迪 E5 诊断系统，并读取车辆 VIN 码和整车数据。
④ 读取故障码。
a. 选择读取整车数据，等待车辆通信完成之后，点击 VTOG，进入 VTOG 数

比亚迪 E5 高压
电控总成检修-
前期准备

比亚迪 E5 高压
电控总成检修-
高压电控总成
在线检测

据读取页面。

  b. 读取 VTOG 故障码。
  c. 记录后清除故障。
  d. 重新读取故障码。
 ⑤ 读取 VTOG 相关数据流,判断高压电控总成工作状态。

3. 高压电控总成绝缘检测

① 断开蓄电池负极电缆。
② 断开车辆高压维修开关。

  断开高压维修开关后,请等待 15 min 以上,待车辆完全放电后,再进行下一步操作。

③ 拆卸高压电控总成输入高压电缆插接器。
④ 检测高压电控总成的残余电量。将万用表调整至直流电压测试挡,分别使用万用表红黑表笔连接高压电缆两端子,查看高压电控总成的残余电量。

  若检测到高压电控总成的残余电量大于 1 V 则等待 10 min 后重新测量,直至残余电量耗尽。

⑤ 检测高压电控总成与动力蓄电池相连端的绝缘情况。
  a. 选用电子兆欧表,调整电子兆欧表量程至 1 000 V 测试挡,将红表笔接高压电控总成一侧的高压输入端子,黑色表笔接车身搭铁。
  b. 打开测试按钮,开始测试,等待数值稳定读取并记录数值。

  绝缘测试结果应大于 20 MΩ,若低于此数值则说明高压电控总成存在绝缘故障。

比亚迪 E5 高压电控总成检修-高压电控总成绝缘检测

  c. 以同样方法,检测高压电控总成另一侧的高压输入端子绝缘情况。
⑥ 检测高压电控总成三相输出端子的绝缘情况。
  a. 拆卸高压电控总成输出三相高压电缆线束插接器,如图 4-2-32 所示。
  b. 使用电子兆欧表,调整电子兆欧表量程至 1 000 V 测试挡,分别检测高压电控总成三相输出端子绝缘电阻,并记录数值。

图 4-2-32　拆卸高压电控总成输出三相高压电缆线束插接器

绝缘测试结果应大于 20 MΩ,若低于此数值则说明高压电控总成存在绝缘故障。

c. 安装高压电控总成输出三相高压电缆线束插接器。
⑦ 安装高压电控总成输入高压电缆插接器。
⑧ 安装高压维修开关,并装复蓄电池负极电缆。

4. 高压电控总成不拆解检测

（1）连接比亚迪 E5 专用适配器
① 断开蓄电池负极。
② 拆卸高压电控总成 64pin 线束插接器。安装比亚迪 E5 专用适配器 64pin 线束插接器。
③ 拆卸高压电控总成 32pin 线束插接器。安装比亚迪 E5 专用适配器 32pin 线束插接器。
④ 装复蓄电池负极电缆。
⑤ 安装电池正极线束夹和负极线束夹。
⑥ 安装适配器电源线,打开适配器电源开关。

（2）测量高压电控总成供电
① 起动车辆。
② 选用万用表,将万用表调整至直流电压测试挡,红色表笔连接高压电控总成适配器的 B28(A)-1 端子,黑色表笔连接高压电控总成适配器的 B28(A)-7 端子,检查高压电控总成双路电电源是否正常,如图 4-2-33 所示。正常电压值应在 10~14 V 之间,如图 4-2-34 所示。

比亚迪 E5 高压电控总成检修-高压电控总成不拆解检测

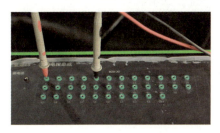

图 4-2-33　万用表红黑表笔连接端子位置　　图 4-2-34　高压电控总成双路电电源

> **注意事项**
>
> 高压电控总成上插接口的针脚号与比亚迪 E5 专用适配器的针脚号是对应的。

③ 红色表笔连接高压电控总成适配器 B28(A)-2 端子，黑色表笔连接高压电控总成适配器 B28(A)-8 端子，检查高压电控总成常电电源是否正常，如图 4-2-35 所示。正常电压值应在 10～14 V 之间，如图 4-2-36 所示。

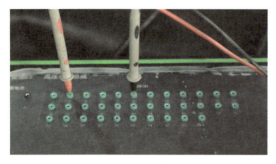

图 4-2-35　万用表红黑表笔连接端子位置

图 4-2-36　高压电控总成常电电源

(3) 测量高压电控总成接触器

① 检测主接触器控制电阻。

a. 选用万用表，调整至电阻测试挡，红色表笔连接高压电控总成适配器 B28(B)-24 端子，黑色表笔连接高压电控总成适配器 B28(B)-32 端子，检查主接触器控制电阻是否正常，如图 4-2-37 所示。正常电阻值应在 20～50 Ω 之间，如图 4-2-38 所示。

图 4-2-37　万用表红黑表笔连接端子位置

图 4-2-38　主接触器控制电阻

b. 红色表笔连接高压电控总成适配器 B28(B)-24 端子，黑色表笔连接高压电控总成适配器 B28(B)-29 端子，检查主预充接触器控制电阻是否正常，如图 4-2-39 所示。正常电阻值应在 50～120 Ω 之间，如图 4-2-40 所示。

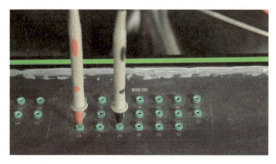

图 4-2-39　万用表红黑表笔连接端子位置

图 4-2-40　主预充接触器控制电阻

② 检测直流正极充电接触器电阻。

a. 将万用表调整至电阻测试挡,红色表笔连接高压电控总成适配器 B28(B)-25 端子,黑色表笔连接高压电控总成适配器 B28(B)-30 端子,检查直流正极充电接触器控制电阻是否正常,如图 4-2-41 所示。正常电阻值应在 10~50 Ω 之间,如图 4-2-42 所示。

图 4-2-41　万用表红黑表笔连接端子位置

图 4-2-42　直流正极充电接触器控制电阻

b. 红色表笔连接高压电控总成适配器 B28(B)-25 端子,黑色表笔连接高压电控总成适配器 B28(B)-31 端子,如图 4-2-43 所示。检查直流负极充电接触器控制电阻是否正常,如图 4-2-44 所示,正常电阻值应在 10~50 Ω 之间。

图 4-2-43　红黑表笔连接高压电控总成适配器端子位置

图 4-2-44　直流负极充电接触器控制电阻

c. 红色表笔连接高压电控总成适配器 B28(B)-25 端子,黑色表笔连接高压电控总成适配器 B28(B)-32 端子,如图 4-2-45 所示。检查交流正极充电接触器控制电阻是否正常,如图 4-2-46 所示,正常电阻值应在 10~50 Ω 之间。

图 4-2-45　红黑表笔连接高压电控总成适配器端子位置

图 4-2-46　交流正极充电接触器控制电阻

(4) 测量高压电控总成直流漏电传感器

① 检测漏电传感器工作电压。

将万用表调整至直流电压测试挡,红色表笔连接高压电控总成适配器 B28(B)-4 端子,黑色表笔连接高压电控总成适配器 B28(B)-8 端子,如图 4-2-47 所示。检查高压电控总成双路电电源是否正常,如图 4-2-48 所示,正常值应为 11~14 V。

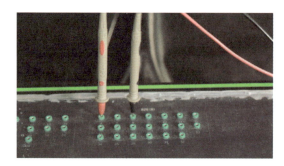

图 4-2-47　红黑表笔连接高压电控总成适配器端子位置

图 4-2-48　检查高压电控总成双路电电源是否正常

② 检测漏电传感器信号电压。

a. 红色表笔连接高压电控总成适配器 B28(B)-14 端子,黑色表笔连接车身搭铁,如图 4-2-49 所示。检查直流漏电传感器动力网 CANH 信号电压是否正常,如图 4-2-50 所示,正常电压值应在 2.5~3.5 V 之间。

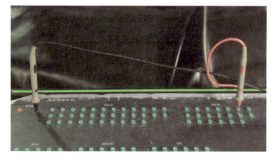

图 4-2-49　红黑表笔连接高压电控总成适配器端子位置

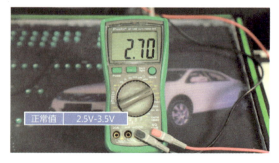

图 4-2-50　检查直流漏电传感器动力网 CANH 信号电压

b. 红色表笔连接高压电控总成适配器 B28(B)-15 端子,黑色表笔连接车身搭铁,如图 4-2-51 所示。检查直流漏电传感器动力网 CANL 信号电压是否正常,如图 4-2-52 所示,正常电压值应在 1.5~2.5 V 之间。

图 4-2-51　红黑表笔连接高压电控总成适配器端子位置

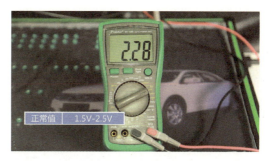

图 4-2-52　检查直流漏电传感器动力网 CANL 信号电压

(5) 测量高压电控总成总线通信

① 测量高压电控总成总线电压。

a. 将万用表调整至直流电压测试挡,红色表笔连接高压电控总成适配器 B28(A)-49 端子,黑色表笔连接车身搭铁,如图 4-2-53 所示。检查动力网 CANH 工作电压是否正常,如图 4-2-54 所示,正常电压值应在 1.5~2.5 V 之间。

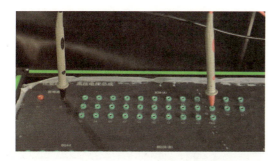

图 4-2-53　红黑表笔连接高压电控总成适配器端子位置

图 4-2-54　检查动力网 CANH 工作电压

b. 红色表笔连接高压电控总成适配器 B28(A)-50 端子,黑色表笔连接车身搭铁,如图 4-2-55 所示。检查动力网 CANL 工作电压是否正常,如图 4-2-56 所示,正常电压值应在 1.5~2.5 V 之间。

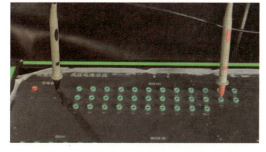

图 4-2-55　红黑表笔连接高压电控总成适配器端子位置

图 4-2-56　检查动力网 CANL 工作电压

② 测量高压电控总成总线电阻。

将万用表调整至电阻测试挡,红色表笔连接高压电控总成适配器 B28(A)-50 端子,黑色表笔连接 B28(A)-49 端子,如图 4-2-57 所示。检查动力网总线电阻,如图 4-2-58 所示,正常电阻值在线情况下应为 60 Ω 左右,断开测量情况下 120 Ω 左右。

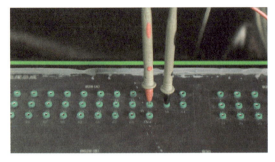

图 4-2-57　红黑表笔连接高压电控总成适配器端子位置

图 4-2-58　检查动力总线电阻

③ 测量高压电控总成总线波形。

a. 选用手持示波器,开启电源开关。

b. 检测高压电控总成总线 CANH 波形。将示波器的红表笔连接高压电控总成适配器 B28(A)-49 端子,屏蔽线连接至车身搭铁,如图 4-2-59 所示。调整示波器的波形位置与单位,查看 CANH 波形,如图 4-2-60 所示,若 CANH 是标准矩形波,且呈镜像对称,则说明高压电控总成与动力网的 CANH 通信线正常。

图 4-2-59　红黑表笔连接高压电控总成适配器端子

图 4-2-60　查看 CANH 波形

c. 检测高压电控总成总线 CANL 波形。将示波器的红表笔连接高压电控总成适配器 B28(A)-50 端子,屏蔽线连接至车身搭铁,如图 4-2-61 所示。调整示波器的波形位置与单位,查看 CANL 波形,如图 4-2-62 所示,若 CANL 是标准矩形波,且呈镜像对称,则说明高压电控总成与动力网的 CANL 通信线正常。

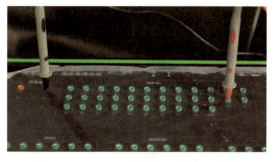

图4-2-61 红黑表笔连接高压电控总成适配器端子

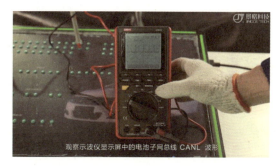

图4-2-62 查看CANL波形

(6) 测量高压电控总成充电系统

在车辆上电情况下,将万用表调整至直流电压测试挡,红色表笔连接高压电控总成DC输出端子,黑色表笔连接车身搭铁,检查高压电控总成中DC-DC模块的工作情况,如图4-2-63所示,正常电压值应为13~16 V。

图4-2-63 检查高压电控总成中DC-DC模块的工作情况

(7) 拆卸比亚迪E5专用适配器

① 车辆下电。

② 断开低压蓄电池负极电缆。

③ 关闭适配器电源开关。

④ 拆卸适配器电源线。

⑤ 拆卸比亚迪E5专用适配器32pin线束插接器。安装高压电控总成32pin线束插接器。

⑥ 拆卸比亚迪E5专用适配器64pin线束插接器。安装高压电控总成64pin线束插接器。

⑦ 安装低压蓄电池负极电缆插接器。

5. 复检工作

① 使用VDS2000专用诊断仪清除整车故障码,查看高压电控总成相关数据,确认系统正常。

② 关闭诊断仪,取下VCDI无线诊断接口。

比亚迪E5高压电控总成检修-复检工作

比亚迪 E5 高压电控总成检修-整理归位

6. 整理归位

① 取下车外防护三件套,关闭机舱盖。
② 取下车内防护三件套,关闭车门。
③ 按照 7S 管理标准,整理工具和清扫场地。

实训 3　比亚迪 E5 车载网络系统检修

◆ 实训准备

1. 安全操作规范

① 严禁违规使用绝缘工具、仪器仪表,注意轻拿轻放,有序操作。
② 严格遵守实训规程,按照指导老师要求完成实训操作。
③ 为保证教学安全性,严禁在车辆行驶的条件下进行任何测试。
④ 在进行相关诊断设备连接操作时,需关闭起动开关,以保证操作的安全。
⑤ CAN 总线波形需要在车辆起动时进行观测。

2. 实操工具准备

(1) 设备准备
2018 款比亚迪 E5 纯电动汽车。
(2) 工具准备
① 常用工具:常用拆装套件。
② 绝缘工具:绝缘工具套件。
③ 检测工具:数字兆欧表、适配器、比亚迪 VDS2000 专用诊断仪套件、万用表、手持式示波器。
④ 防护装备:车内防护三件套、车外防护三件套。

◆ 实训步骤

比亚迪 E5 车载网络系统检修-前期准备

1. 前期准备

① 穿好个人防护用品。
② 准备好实训所需设备及工具。
③ 安装车内防护三件套。
④ 安装车外防护三件套。

2. 车载网络系统诊断仪检测

① 取出比亚迪 VDS2000 专用诊断仪套件。连接诊断仪相关线束,连接 VCDI 无线诊断接口。
② 打开比亚迪专用诊断仪电源开关,待电源开启后,进入比亚迪 E5 诊断系统;并读取车辆 VIN 码,选择读取整车数据。
③ 读取动力网数据。

  a. 等待车辆通信完成之后,点击 VTOG,进入模块数据读取页面。
  b. 读取 VTOG 故障码,记录后清除故障码,然后重新读取故障码。
  c. 读取各网络通信情况,判断动力网总线是否存在故障。
  ④ 读取动力电池子网数据。
  a. 退出 VTOG 后,点击进入动力蓄电池管理系统,进入模块数据读取页面。
  b. 读取动力蓄电池管理系统故障码,记录后清除故障码,然后重新读取故障码。
  c. 读取各网络通信情况,判断动力电池子网是否存在故障。

比亚迪 E5 车载网络系统检修-车载网络系统诊断仪检测

3. 动力电池子网检测

(1) 安装动力蓄电池子网适配器

① 断开低压蓄电池负极电缆。

② 取出比亚迪 E5 动力蓄电池管理系统适配器。连接电源线束,连接 1 号线束插接器,连接 2 号插接器。

③ 断开车辆动力蓄电池管理器三个线束插接器。

④ 安装比亚迪 E5 适配器车辆线束插接器。

⑤ 装复蓄电池负极电缆。

⑥ 安装电源正极线束夹,安装电池负极线束夹。

⑦ 安装适配器电源线,打开电源开关。

比亚迪 E5 车载网络系统检修-动力电池子网检测

(2) 万用表校表

① 打开万用表,调整到 200 Ω。

② 将万用表的红、黑表笔对接,查看万用表的数值,若显示电阻值小于 0.5 Ω,则说明万用表正常。

(3) 测量动力电池网电压

① 将万用表调整至交流电压测试挡。

② 将红表笔连接 BK45(C)-8 端子,黑色表笔连接车身搭铁,如图 4-2-64 所示。检查电池子网 CANH 工作电压值是否正常,正常电压值应在 2.5~3.5 V 之间,如图 4-2-65 所示。

图 4-2-64 万用表红黑表笔连接端子位置

图 4-2-65 CANH 测量数据

③ 将红表笔连接 BK45(C)-1 端子,黑色表笔连接车身搭铁,如图 4-2-66 所示。检查电池子网 CANL 工作电压值是否正常,正常电压值应在 1.5~2.5 V 之间,如图 4-2-67 所示。

图 4-2-66 红黑表笔连接位置

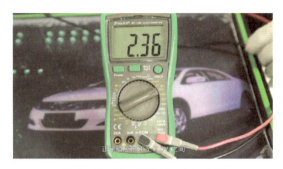

图 4-2-67 CANL 测量数据

(4) 测量动力电池网电阻

① 调整万用表至电阻 200 Ω 测试挡。

② 将万用表红色表笔连接 BK45(C)-8 端子,黑色表笔连接 BK45(C)-1 端子,检查电池子网总线电阻,如图 4-2-68 所示。在线情况下标准电阻应为 60 Ω 左右,若动力电池子网总线断路情况,测量电阻则为 120 Ω 左右,如图 4-2-69 所示。

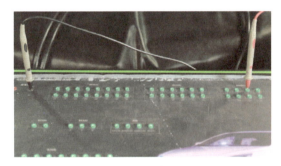

图 4-2-68 红黑表笔连接位置

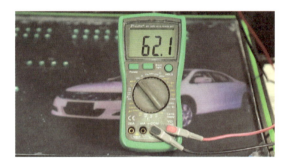

图 4-2-69 测量数据

(5) 测量动力电池网波形

① 选用手持示波器,打开示波器。

② 将示波器红色表笔连接 BK45(C)-8 端子,黑色表笔连接搭铁端子,如图 4-2-70 所示。调试示波器后,观察示波器显示屏中的电池子网总线 CANH 波形,如图 4-2-71 所示。正常波形应该为矩形数字方波,无明显的突变,若有明显突变说明有强烈干扰,可能存在故障。

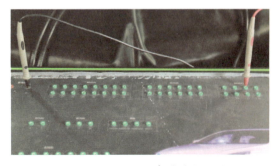

图 4-2-70 红黑表笔连接位置

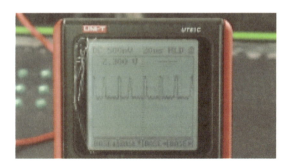

图 4-2-71 测量 CANH 波形

③ 将示波器红色表笔连接 BK45(C)-1 端子，黑色表笔连接搭铁端子，如图 4-2-72 所示。调试示波器后，观察示波器显示屏中的电池子网总线 CANL 波形，如图 4-2-73 所示。正常波形应该为矩形数字方波，无明显的突变，若有明显突变说明有强烈干扰，可能存在故障。

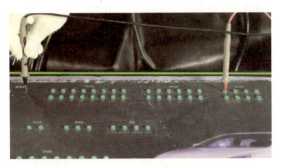

图 4-2-72　红黑表笔连接位置

图 4-2-73　测量 CANL 波形

（6）断开蓄电池负极

关闭车辆，断开蓄电池负极。

（7）拆卸连接线束

拆卸比亚迪 E5 动力蓄电池管理系统适配器与车辆的连接线束。

4. 动力网检测

（1）安装动力网适配器

① 取出与比亚迪 E5 高压电控总成相连的动力网适配器，连接电源线束。

② 连接动力网适配器 1 号线束插接器，连接 2 号线束插接器。

③ 断开车辆高压电控总成 64pin 线束插接器。断开车辆高压电控总成 32pin 线束插接器。

④ 安装比亚迪 E5 专用动力网适配器 64pin 线束插接器。安装比亚迪 E5 专用动力网适配器 32pin 线束插接器。

⑤ 安装蓄电池负极电缆。

⑥ 安装蓄电池正极线束夹和负极线束夹。

⑦ 打开动力网适配器电源开关。

（2）万用表校表

① 打开万用表，调整到 200 Ω。

② 将万用表的红、黑表笔对接，查看万用表的数值，若显示电阻值小于 0.5 Ω，则说明万用表正常。

（3）测量动力网电压

① 选用万用表，并调整至交流电压测试挡。

② 将红表笔连接 B28(A)-49 端子，黑色表笔连接车身搭铁（图 4-2-74），检查动力网 CANH 工作电压值是否正常，正常电压值应在 2.5～3.5 V 之间（图 4-2-75）。

③ 将红表笔连接 B28(A)-50 端子，黑色表笔连接车身搭铁（图 4-2-76），检查动力网 CANL 工作电压值是否正常，正常电压值应在 1.5～2.5 V 之间（图 4-2-77）。

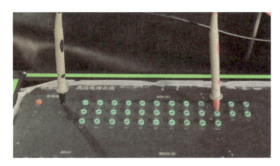

图 4-2-74　万用表红黑表笔连接端子位置

图 4-2-75　CANH 测量数据

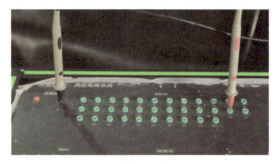

图 4-2-76　万用表红黑表笔连接端子位置

图 4-2-77　CANL 测量数据

（4）测量动力网电阻

① 调整万用表至电阻 200 Ω 测试挡。

② 将红色表笔连接 B28(A)-49 端子,黑色表笔连接 B28(A)-50 端子(图 4-2-78),检查动力网总线电阻。在线情况下标准电阻应为 60 Ω 左右(图 4-2-79),若动力网总线断路情况,测量电阻则为 120 Ω 左右。

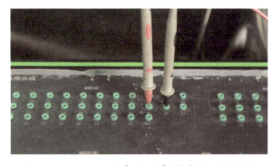

图 4-2-78　万用表红黑表笔连接端子位置

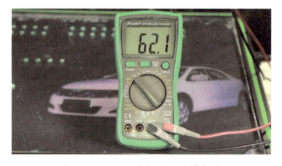

图 4-2-79　CANH 测量数据

（5）测量动力网波形

① 选用手持示波器,打开示波器。

② 将示波器红色表笔连接 B28(A)-49 端子,黑色表笔连接搭铁,调试示波器后,观察示波器显示屏中的电池子网总线 CANH 波形。正常波形应该为矩形数字方波,无明显的突变,若有明显突变说明有强烈干扰,可能存在故障。

③ 将示波器红色表笔连接 B28(A)-50 端子,黑色表笔连接搭铁,调试示波器后,观察示

波器显示屏中的电池子网总线 CANL 波形。正常波形应该为矩形数字方波,无明显的突变,若有明显突变说明有强烈干扰,可能存在故障。

(6)断开电缆

关闭车辆,断开蓄电池负极电缆。

(7)拆卸连接线束

拆卸比亚迪 E5 高压电控总成适配器与车辆的连接线束。

(8)安装插接器

装复车辆高压电控总成线束插接器。

(9)安装电缆

安装蓄电池负极电缆。

比亚迪 E5 车载网络系统检修-动力网检测

5. 整理归位

① 取下车外防护三件套,关闭机舱盖。
② 取下车内防护三件套,关闭车门。
③ 按照 7S 管理标准,整理工具和清扫场地。

比亚迪 E5 车载网络系统检修-整理归位

任务小结

本任务介绍了比亚迪 E5 纯电动汽车整车控制系统的组成、原理与检修。

纯电动汽车的整车控制系统按照实现的功能可分为低压电气系统、高压管理系统、车载网络系统。

比亚迪 E5 纯电动汽车实现控制功能的整车控制系统由高压电控总成、主控制器总成、电池管理控制器、数据总线、驾驶员操纵传感器、高压互锁、高压母线、低压蓄电池和低压辅助电器等组成。高压电控总成位于汽车的前机舱内,它可以接受制动踏板位置传感器、加速踏板位置传感器等各种传感器的信号并进行分析处理,得出驱动电机、动力蓄电池、汽车空调等系统的控制指令,并控制驱动电机、动力蓄电池和汽车空调的工作,是电机控制器、充电器、DC-DC 转换器、高压配电模块和漏电传感器功能的综合。主控制器总成是辅助电气系统的控制单元,它位于副仪表台,其可以根据传感器的信号,实现对制动真空泵、冷却风扇等的控制,以确保车辆制动系统提供足够制动力,驱动电机和空调等系统能在正常温度下工作。动力蓄电池管理器位于前机舱内高压电控后部,其主要功能有充放电管理、接触器控制、功率控制、动力蓄电池异常状态报警和保护、荷电状态 SOC/健康状态 SOH 计算、自检以及通信功能等。低压辅助电器主要是指电动真空泵、电动水泵、电子风扇、电子冷凝器等。

比亚迪 E5 低压电气系统主要由 12 V 的低压蓄电池、DC-DC 转换器、汽车电气控制系统组成,其主要功能是给整车低压电器、高压电控总成、主控制器、电池管理控制器、部分传感器提供工作电压,并监控这些系统的运行状态和故障处理,具体可实现的控制内容有低压配电控制、车况检测和低压电气工作控制。

比亚迪 E5 的高压管理系统主要由集成在高压电控总成中的高压配电模块和

电机控制器、电池管理控制器、高压互锁、漏电传感器、主控制器总成、驾驶员操纵系统传感器及高压母线等组成。其主要作用是实现控制模式的判定、上下电控制、整车能量管理、充电控制、故障诊断与处理。

比亚迪 E5 车载网络系统主要由起动网、舒适网、空调子网、动力网、ESC 网和电池子网组成。

比亚迪 E5 纯电动汽车整车控制系统的检修主要介绍高压电控总成和 CAN 总线系统的检修方法。

一、判断题

1. 比亚迪 E5 上没有整车控制器,将整车控制器的功能整合到高压电控总成内部。（　　）
2. 比亚迪 E5 采用的是直流漏电传感器。（　　）
3. 比亚迪 E5 汽车采用的是旋钮式换档器。（　　）
4. 比亚迪 E5 的加速踏板位置传感器有 2 个电阻器、3 个针脚。（　　）
5. 比亚迪 E5 的车载网络系统主要采用 CAN 总线的传输方式进行信息传输和交换。（　　）

二、选择题

1. 比亚迪 E5 动力蓄电池管理控制器中的高压互锁监测器向高压互锁回路提供 1 个(　　)的信号电压。【单选题】
   A. 5 V 或 10 V　　　　　　　　　　B. 5 V 或 12 V
   C. 6 V 或 10 V　　　　　　　　　　D. 6 V 或 12 V
2. 比亚迪 E5 的制动踏板位置传感器有(　　)个针脚。【单选题】
   A. 3 个　　　　　　　　　　　　　B. 6 个
   C. 8 个　　　　　　　　　　　　　D. 9 个
3. 比亚迪 E5 的高压电控总成主要由哪些部件组成?(　　)。【多选题】
   A. 动力蓄电池控制器　　　　　　　B. DC - DC 转换器
   C. 高压配电模块　　　　　　　　　D. 漏电传感器
4. 下列选项中比亚迪 E5 低压电气系统可实现的控制内容有哪些?(　　)。【多选题】
   A. 低压配电控制　　　　　　　　　B. 高压互锁控制
   C. 漏电保护控制　　　　　　　　　D. 车况检测

三、简答题

1. 请简述比亚迪 E5 整车控制系统的组成及工作原理。

2. 请简述比亚迪 E5 车载网络系统的组成及特点。

项目五 纯电动汽车底盘构造与检修

项目概述

底盘作为汽车三大件中的一员,被人们称为汽车的"骨骼",这种称谓能体现出底盘作为一辆车的部件的重要性。它的作用是支承、安装汽车驱动电机及各部件、总成,形成汽车的整体造型,并接受驱动电机的动力,使汽车产生运动,保证其正常行驶。纯电动汽车的底盘由行驶系统、转向系统、制动系统三大部分组成。

本项目首先会对行驶、转向、制动三大系统的结构及原理进行讲解,之后提取出典型工作任务完成相关拆装和检修的介绍。

任务 1　行驶系统构造与检修

 任务目标

1. 了解行驶系统的组成。
2. 掌握行驶系统各组成部件的结构。
3. 理解麦弗逊式独立悬架和螺旋弹簧非独立悬架的工作原理。
4. 能按照操作规范进行车轮及悬架的拆卸和安装。

任务导入

　　一辆牌照尾号为 1234 的纯电动汽车在路上行驶时,不时会听到异响声,随即到 4S 店进行维修。维修接待人员试车发现汽车起动正常、仪表显示正常,但车辆在行驶时,尤其是在颠簸路段时,底盘存在异响。经高级维修技师诊断,故障原因指向车辆行驶系统,需要针对此故障进行维修。现车间调度将任务工单派发至你手中,请学习相关知识,安全规范地完成分派的检修任务。

纯电动汽车行驶系统故障检修-情境导入

知识储备

汽车行驶系统的主要作用是将整个汽车连接成一个整体,并支持全车质量,接受传动系统传来的转矩,并通过驱动车轮与路面的附着作用,使路面产生对汽车的牵引力。传递并承受路面作用于车轮上的各种反力及形成的力矩,缓和不平路面对汽车造成的冲击以及减少车身振动。

汽车行驶系统由车架、车桥、车轮和悬架组成。车轮分别支承在各车桥(前桥、后桥)上,为了减少汽车在不平路面上行驶时受到的振动,车桥又通过弹性悬架与车身连接,如图 5-1-1 所示。

图 5-1-1 行驶系统组成

一、车架

纯电动汽车都有作为整车骨架的车架,车架是整个汽车的基体。俗称"大梁",用以安装纯电动汽车的驱动电机、动力传递装置、动力蓄电池、电机控制器、驱动轴、车桥和车身等总成和部件。

其功用是使各总成保持正确的相对位置,并承受汽车内外的各种载荷。车架的功用如图 5-1-2 所示。

图 5-1-2 车架的功用

承载式车身功用

(一)车架结构形式的要求

车架的结构形式首先应满足汽车总布置的要求,汽车在复杂多变的行驶过程中,固定在车架上的各总成和部件之间不应发生干涉。当汽车在崎岖不平的道路上行驶时,车架在载荷作用下可产生扭转变形以及在纵向平面内的弯曲变形,当一边车轮遇到障碍时,还可能使整个车架扭曲成菱形,这些变形将会改变安装在车架上的各部件之间的相对位置,从而影响其正常工作。因此,车架还应具有足够的强度和适当的刚度。为了使整车轻量化,要求车架质量尽可能小。此外,降低车架高度,以使汽车质心位置降低,有利于提高汽车的行驶稳定性。

(二)车架类型

目前,根据车架纵梁、横梁结构特点,汽车车架的结构形式基本上有3种:边梁式车架、中梁式车架(或称脊梁式车架)和综合式车架。边梁式车架广泛应用于各种类型载货、载客汽车和少量轿车上;中梁式车架主要用于越野汽车和少量轿车上;轿车车架的形式复杂多样,其中主要以综合式车架和承载式车身为主。现代部分轿车和大型客车取消了车架,而以车身兼代车架的作用,即将所有部件固定在车身上,所有的力也由车身来承受,这种车身称为承载式车身,目前大多数纯电动轿车都是采用承载式车身,是指车架的功能由纯电动轿车车身或纯电动客车车身骨架承担,故称其为承载式车身。

承载式车身将底盘部件直接安装在车身上,车身以薄板结构为主。为了缓和底盘件安装部位的应力和确保车身刚度等,部分车辆将安装副车架。将底盘件一端安装在副车架上,或将其安装在车身上。

纯电动轿车承载式车身前端由两根前纵梁、前围板、两侧挡泥板、前围内侧板等形成一刚性较强的框架;车身中部是由左右侧围(包括车门上框、门槛梁和前、中、后立柱等)和地板、顶盖、前围板、前风窗框、行李舱围板、后窗框等构成的盒形结构;其后端则由与后纵梁相焊接的行李舱地板及后轮内、外轮罩构成,如图5-1-3所示。

承载式车身结构

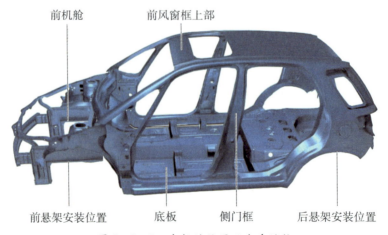

图5-1-3 车架的位置及车身结构

二、车桥

车桥通过悬架和车架（或承载式车身）相连，它的两端安装车轮，其功用是传递车架（或承载式车身）与车轮之间各方向的作用力及其力矩。

（一）车桥的类型

车桥根据不同的方式有不同的分类。

1. 按照悬架结构形式分类

根据悬架结构的不同，车桥分为整体式和断开式两种，如图5-1-4所示。当采用非独立悬架时，车桥中部是刚性的实心或空心梁，这种车桥即为整体式车桥；断开式车桥为活动关节式结构，与独立悬架配用。

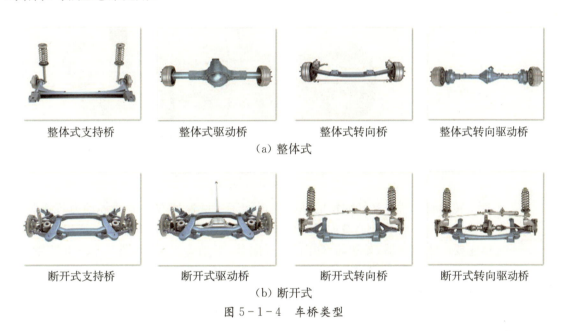

图 5-1-4 车桥类型

2. 按照用途分类

根据车桥上车轮的作用，车桥又可分为转向桥、驱动桥、转向驱动桥和支持桥四种类型。其中转向桥和支持桥与从动车轮相连，故也称为从动桥；驱动桥和转向驱动桥与驱动车轮相连，也称为主动桥。

转向桥是利用车桥中的转向节使车轮可以偏转一定角度以实现汽车的转向，它除承受垂直载荷外，还承受纵向力和侧向力及这些力造成的力矩，转向桥通常位于汽车前部，因此，也常称为前桥。

驱动桥是位于传动系统末端，能改变来自变速器的转速和转矩，并将它们传递给驱动轮的机构。

转向驱动桥应用在前轮驱动的轿车和全轮驱动的越野汽车上，前桥除作为转向桥外，还兼起驱动桥的作用，故称为转向驱动桥。这种类型的转向驱动桥多与麦弗逊式独立悬架配合使用，因其前轮内侧空间较大，便于布置，具有良好的接近性，维修方便。

支持桥既无转向功能又无驱动功能，只承受垂直载荷，并承受纵向力和侧向力以及这些力造成的力矩。

（二）纯电动汽车车桥组成

纯电动汽车大多数采用前轮驱动的布置形式，一般由转向驱动桥和支持桥组成。

1. 转向驱动桥

转向驱动桥是转向桥和驱动桥的集合体，其可以将汽车动力传递给驱动车轮实现动力传递，也可转动方向，使汽车按照驾驶员的操纵行驶，如图 5-1-5 所示。

转向驱动桥功用

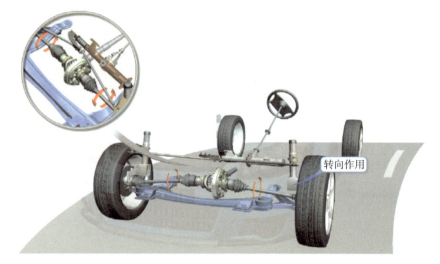

图 5-1-5　转向驱动桥功用

转向驱动桥是在转向桥的基础上增加了主减速器和差速器等动力传递装置，也是在驱动桥的基础上增加了转向节、主销和万向节等转向装置。所以转向驱动桥主要由主减速器、差速器、转向节、万向节、半轴等组成，如图 5-1-6 所示。半轴和万向节是重要的动力传动装置，它们与主减速器和差速器配合工作，实现动力传递，带动驱动轮旋转；转向节是车轮转向的铰链，它是一个叉形件，上叉件用来安装麦弗逊悬架，转向节轴颈用来安装车轮。

图 5-1-6　转向驱动桥组成

2. 支持桥

支持桥是既无转向功能又无驱动功能的车桥。主要由后桥焊接总成、橡胶-金属支承座、后车轮总成等元件组成,如图5-1-7所示。后桥焊接总成的前端通过橡胶-金属支承座与车身铰接,纵臂与后桥焊接总成焊接在一起,其后端与后轮轮毂及减振器相连。汽车行驶时,后轮和后桥焊接总成以橡胶金属支承座为支点相对车身转动。

支持桥结构

图5-1-7 支持桥组成

(三)转向轮定位参数

转向桥在保证汽车转向功能的同时,应使转向轮有自动回正作用,以保证汽车稳定直线行驶。即当转向轮在偶遇外力作用发生偏转时,一旦作用的外力消失后,应能立即自动回到原来直线行驶的位置。这种自动回正作用是由转向轮的定位参数来保证的,也就是转向轮主销和前轴之间的安装应具有一定的相对位置。转向轮的定位参数主要有主销后倾角、主销内倾角、前轮外倾角、前轮前束,如图5-1-8所示。

四轮定位参数

图5-1-8 四轮定位参数

1. 主销后倾角

设计转向桥时，使主销在汽车的纵向平面内，其上部有向后的一个倾角 γ，即主销轴线和地面垂直线在汽车纵向平面内。

主销后倾角能形成回正的稳定力矩。当汽车直线行驶时，若转向轮偶然受到外力作用而稍有偏转，将使汽车行驶方向向一侧偏离。这时，由于汽车本身离心力的作用，车轮与路面接触处，路面对车轮作用着一个侧向作用力，作用力对车轮形成绕主销轴线作用的力矩，其方向正好与车轮偏转方向相反。在此力矩作用下，将使车轮回到原来的中间位置，从而保证汽车稳定直线行驶，故此力矩称为稳定力矩，如图 5-1-9 所示。主销后倾角越大、车速越高，回正力矩越大，转向轮偏转后自动回正的能力也越强。

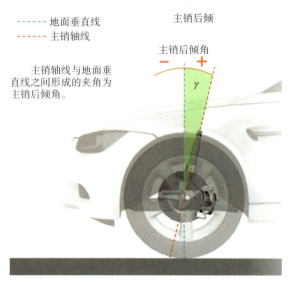

图 5-1-9 主销后倾角

2. 主销内倾角

在设计转向桥时，主销在汽车的横向平面内，其上部向内倾斜一个 β 角，称为主销内倾角。主销内倾角也有使车轮回正的作用，当转向轮在外力作用下由中间位置偏转一个角度时，车轮的最低点将陷入路面以下。但实际上车轮下边缘不可能陷入路面以下，而是将转向车轮连同整个汽车前部向上抬起一个相应的高度。一旦外力消失，转向轮就会在汽车前部重力作用下自动回正到原来中间位置：主销内倾角越大、转向轮偏转角越大，转向轮自动回正的作用越大。如图 5-1-10 所示。

3. 前轮外倾角

前轮外倾角也具有定位作用。α 是在汽车横向平面内，前轮中心线与地面垂线之间的夹角，如果空车时前轮的安装正好垂直于路面，则满载时，车桥将因承载变形而可能出现前轮内倾，这将加速汽车轮胎的偏磨损。另外，路面对前轮的垂直反作用力沿轮毂的轴向分力，将使轮毂压向轮毂外端的小轴承，加重了外端小轴承及轮毂紧固螺母的负荷，降低了它们的使用寿命。因此，为了使轮胎磨损均匀和减轻轮毂外轴承的负荷，安装前轮时先要使其有一定的外倾角，以防止前轮内倾。同时，前轮有了外倾角也可以与拱形路面相适应，如图 5-1-11 所示。

4. 前轮前束

前轮有了外倾角后，在滚动时就类似于滚锥，从而导致两侧前轮向外滚开。由于转向横拉杆和车桥的约束使前轮不可能向外滚开，前轮将在地面上出现边滚边滑的现象，从而增加了轮胎的磨损。为了消除前轮外倾带来的这种不良后果，在安装前轮时，使汽车两轮的中心面不平行，两轮前边缘距离小于后边缘距离，后边缘距离减去前边缘距离之差，称为前轮前束，用 $A-B$ 表示，对应的前轮中心面与车辆纵向的夹角称为前轮前束角，用 φ 表示。所以，前轮前束的作用是消除车轮外倾角造成的不良后果，保证车轮补向外滚动，防止车轮侧滑和减轻轮胎的磨损，如图 5-1-12 所示。

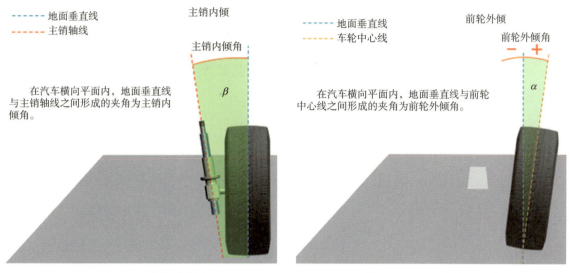

图 5-1-10 主销内倾角

图 5-1-11 前轮外倾角

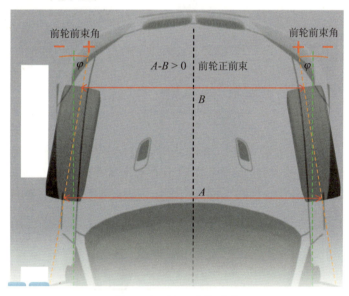

图 5-1-12 前轮前束

三、车轮和轮胎

车轮与轮胎是汽车行驶系统中的重要部件,其可以支撑整车、缓和由路面传来的冲击力;通过轮胎同路面的附着作用来产生驱动力和制动力,汽车转弯行驶时产生平衡离心力的侧抗力,在保证汽车正常转向行驶的同时,通过车轮产生的自动回正力矩,使汽车保持直线行驶方向,承担提高越障通过性的作用等。

车轮和轮胎有时又统称车轮总成,它主要由车轮和轮胎两大部件组成。

（一）车轮

车轮是介于轮胎和车轴之间承受负荷的旋转组件，通常由两个主要部件轮辋和轮辐组成。轮辋是在车轮上安装和支撑轮胎的部件；轮辐是在车轮上介于车轴和轮辋之间的支撑部件。

1. 车轮类型

车轮按照不同的标准可分为不同的类型，具体如下。

（1）按轮辐结构分类。

按轮辐结构特点，车轮可分为辐板式和辐条式两种，如图5-1-13所示。

车轮类型

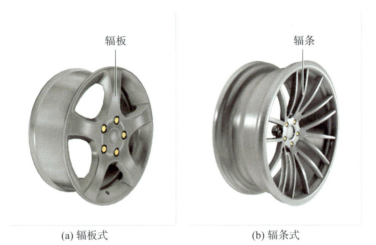

图5-1-13 车轮按轮辐结构分类

① 辐板式。车轮中的辐板主要用以连接轮辋和轮毂的圆盘。辐板大多是冲压制成的，也有铸造的，后者主要用于重型汽车。轿车的车轮辐板所用钢板较薄，常冲压成起伏多变的形状以提高刚度。辐板式车轮结构主要由轮毂、轮辋、辐板和螺栓组成，如图5-1-14所示。

辐板式车轮结构

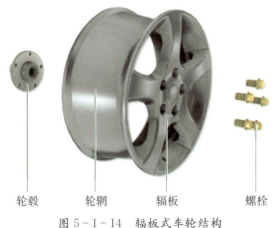

图5-1-14 辐板式车轮结构

② 辐条式。车轮的轮辐是钢丝辐条或者是与轮毂铸成一体的铸造辐条。钢丝辐条车轮由于价格昂贵，维修安装不便，故仅用于赛车和某些高级轿车上。铸造辐条式车轮用在装载质量较大的重型汽车上。

(2) 按轮辋结构分类

轮辋又称为钢圈，是装配和固定轮胎的基础。按照轮辋结构特点的不同，可分为深槽轮辋、平底轮辋和对开式（可拆式）轮辋三种形式，如图 5-1-15 所示。

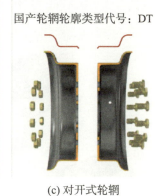

(a) 深槽轮辋　　(b) 平底轮辋　　(c) 对开式轮辋

图 5-1-15　车轮按轮辋结构分类

① 深槽轮辋。深槽轮辋的结构简单，刚度大，质量较小，对于小尺寸弹性较大的轮胎最适宜。但是尺寸较大、弹性较小的轮胎则很难装进这样的整体轮辋内。它主要用于轿车及轻型越野汽车。

② 平底轮辋。平底轮辋的结构形式很多。最明显的特点是，在安装轮胎时，先将轮胎套在轮辋上，而后套上挡圈，并将它向内推，直至越过轮辋上的环形槽，再将开口的弹性锁圈嵌入环形槽中。

③ 对开式轮辋。这种轮辋由内外两部分组成，其中内外轮辋的宽度可以相等，也可以不相等，二者用螺栓连成一体，拆装轮胎时，拆卸螺栓即可。

2. 车轮规格

车轮的规格表示如图 5-1-16 所示。除了轮辋宽度 B 和轮辋直径 d 外，还有螺栓孔的节圆直径 d_1，即车轮通常用若干个螺栓安装在轮毂上，各个螺栓孔中心分布圆形成的直径为节圆直径，单位用 mm 表示。车轮的另一个重要规格是偏置距 E，它表示了轮辋中心和车轮安装面之间的水平距离，是选择车轮轮距的重要参数，影响汽车操纵稳定性。此外，还有轮毂直径 d_2，螺栓孔直径 d_3。

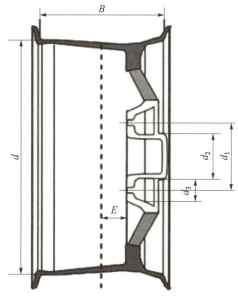

d—轮辋直径　B—轮辋宽度　E—偏置距
d_1—螺栓孔分布圆直径　d_2—轮毂直径
d_3—螺栓孔直径

图 5-1-16　车轮规格

（二）轮胎

轮胎安装在轮辋上，直接与路面接触，其作用是支承汽车总质量、与汽车悬架共同缓和汽车行驶时所受到的冲击、保证良好的乘坐舒适性和行驶平顺性、保证车轮与路面的良好附着，使汽车行驶平稳。

1. 轮胎类型

现代汽车几乎都采用充气轮胎。分类方法有很多种：

① 按其组成结构不同，可分为有内胎轮胎和无内胎轮胎两种，如图 5-1-17 所示。

充气轮胎类型-
按组成结构分类

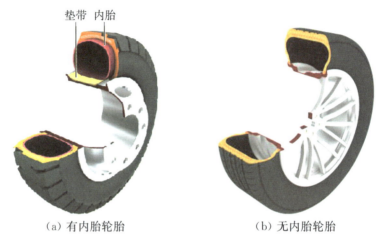

(a) 有内胎轮胎　　(b) 无内胎轮胎

图 5-1-17　轮胎按结构不同分类

a. 有内胎充气轮胎结构。这种轮胎一般由内胎、外胎和垫带组成，如图 5-1-18 所示。内胎中充满着压缩空气；外胎是用以保护内胎使其不受外来损害的强度高而富有弹性的外壳；垫带放在内胎与轮辋之间，防止内胎被轮辋及外胎的胎圈擦伤和磨损。

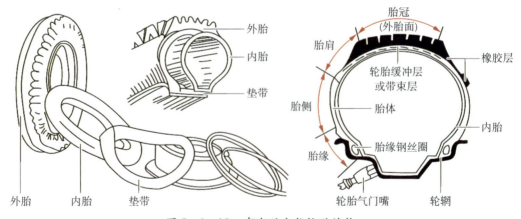

图 5-1-18　有内胎充气轮胎结构

b. 无内胎充气轮胎结构。主要由自粘层、橡胶密封层、轮辋和气门嘴组成，如图 5-1-19 所示。

② 按其胎面花纹的不同,可分为普通花纹轮胎、越野花纹轮胎和混合花纹轮胎,如图 5-1-20 所示。一般新车花纹深度为 6~7 mm,在用车 1.7 mm 以上。

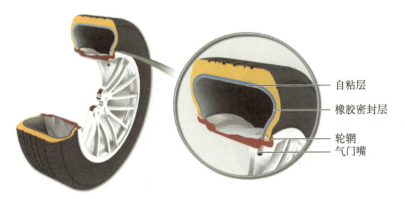

无内胎充气轮胎结构

图 5-1-19 无内胎充气轮胎结构

图 5-1-20 按胎面花纹不同分类

充气轮胎类型-按胎面花纹不同分类

③ 按其胎体内帘线排列的方向,可分为普通斜交轮胎和子午线轮胎。子午线轮胎的帘布层帘线排列方向与轮胎的断面一致(即与胎面中心线成 90°),这种排列使帘线的强度得到充分利用,故子午线轮胎的帘布层数比普通斜交轮胎减少约一半。普通斜交轮胎的帘布层帘线排列方向与轮胎的断面成 60°,如图 5-1-21 所示。子午线轮胎的优点是:质量小,弹性大、减振性能好,有良好的附着力,承载能力大、胎温低、耐穿刺、使用寿命长。

(a) 普通斜交轮胎　　(b) 子午线轮胎

图 5-1-21 按胎体内帘线排列方式分

充气轮胎类型-按胎体帘线排列方向不同分类

④ 按充气压力大小,可分为高压轮胎(0.5~0.7 MPa)、低压轮胎(0.15~0.45 MPa)和超低压轮胎(0.15 MPa以下),目前广泛采用低压轮胎。

2. 轮胎规格标记方法

充气轮胎尺寸的标记如图5-1-22所示。

轮胎规格标记方法

轮胎宽高比=$\dfrac{轮胎断面高度H}{轮胎断面宽度B}\times100\%$

D—轮胎外径
d—轮胎内径
H—轮胎断面高度
B—轮胎断面宽度

图5-1-22 轮胎规格标记方法

D为轮胎外径,d为轮胎内径,H为轮胎断面高度,B为轮胎断面宽度。轮胎断面高度H与轮胎断面宽度B之比称为轮胎的高宽比(以百分比表示),即(H/B)$\times100\%$,又称作轮胎的扁平率。通常高宽比有:80%、75%、70%、60%、55%等。轮胎的高宽比(扁平率)越小,说明轮胎的断面越宽,故高宽比小的轮胎称为宽断面轮胎。宽断面轮胎的优点是,因断面宽、接地比压小,磨损减小,滚动阻力也小,抗侧向稳定性强。因此,在相同的承载能力下,宽断面轮胎较普通轮胎的直径可以减小。扁平率为80%的宽断面轮胎较普遍轮胎的车轮中心下降了,从而降低了整车质心,提高了汽车的行驶稳定性,因此在高速轿车上得到广泛应用。

我国轿车轮胎是用轮胎规格标志、使用说明进行定义和表述的。依照ISO国际标准,汽车轮胎的规格标志按如下的排列表示定义为:[断面宽标号]/[扁平率标号][轮胎结构记号][适用轮辋直径标号][负荷指数][速度级别代号],如图5-1-23所示。

轿车轮胎规格表示方法

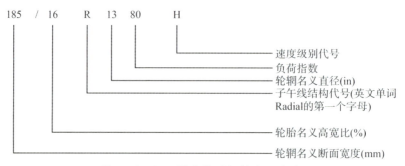

图5-1-23 轿车轮胎规格表示方法

上图所示轮胎规格各参数的含义为:185表示胎面宽度,单位是mm,一般轮胎的宽度在145~285 mm之间,间隔为10 mm;16是扁平比,即轮胎胎壁高度和胎面宽度的比例,70代表70%,一般轮胎的扁平率在30%~80%之间,正常情况下,普通轿车不应使用扁平率＞75%的轮胎,豪华轿车和高性能跑车推荐采用扁平率＜60%的轮胎;R 是英文 Radial 的缩写,表示轮胎为子午线轮胎;13 是轮辋的外径,单位是英寸(in);80 是负荷指数,它是把 1 条轮胎所能承受的最大负荷以代号的形式表示的,这个代号表示轮胎承受负荷的能力,不同的厂商有不同的规定,而且对应不同的最大负载;H 是速度等级,它表示此轮胎适用的安全车速是 210 km/h 以下,不同字母代表的速度等级不同。

四、悬架

悬架是车架(或承载式车身)与车桥(或车轮)之间的一切传力连接装置的总称,它的功用是把路面作用于车轮上的垂直反力(支撑力)、纵向反力(驱动力和制动力)和侧向反力以及这些反力所造成的力矩都要传递到车架(或承载式车身)上,以保证汽车的正常行驶,如图 5-1-24 所示。

① 车架(承载式车身)
② 悬架
③ 车轮

悬架功用

图 5-1-24 悬架的功用

(一) 悬架组成

纯电动汽车使用的悬架主要由弹性元件、减振器、导向机构等部分组成,如图 5-1-25 所示。

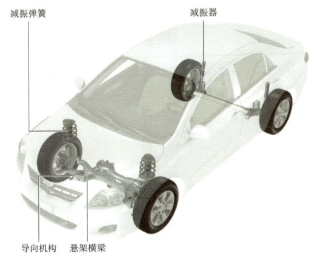

悬架组成

图 5-1-25 悬架组成

1. 弹性元件

弹性元件用来承受和传递垂直载荷，缓和并抑制不平路面所引起的冲击。

弹性元件主要是弹簧，根据其结构形式的不同可分为钢板弹簧、螺旋弹簧、扭杆弹簧和气体弹簧，其中以钢板弹簧和螺旋弹簧最为常见。

① 钢板弹簧：由若干片等宽但不等长的合金弹簧片组合而成的一根近似等强度的弹性梁。钢板弹簧本身有减振作用，并且可以承受垂直力以外的各种力和力矩。

② 螺旋弹簧：用弹簧钢棒料卷制而成，容易制作、价格低，常用于各种独立悬架。它的特点是没有减振和导向功能，只能承受垂直载荷，因此悬架中必须另装减振器和导向机构，前者起减振作用，后者用以传递垂直力以外的各种力和力矩，并起导向作用。

③ 扭杆弹簧：本身是一根由弹簧钢制成的杆，一端固定在车架上，另一端固定在悬架的摆臂上。摆臂与车轮相连，当车轮跳动时，摆臂便绕着扭杆轴线摆动，使扭杆产生扭转弹性变形，借以保证车轮与车架的弹性联系。

④ 气体弹簧：就是在一个密封的容器中充入压缩气体，利用气体的可压缩性来实现弹簧的作用。气体弹簧的特点是，作用在弹簧上的载荷增加时，容器中气压升高，弹簧刚度增大；当载荷减小时，气压下降，刚度减小。气体弹簧具有理想的变刚度特性。

2. 减振器

为加速车架与车身振动的衰减，以改善汽车的行驶平顺性，在大多数汽车的悬架系统内部装有减振器。减振器和弹性元件是并联安装的。

（1）减振器结构

现在大多数车上采用的是双向作用筒式减振器，双向作用筒式减振器一般具有四个阀，即压缩阀、伸张阀、流通阀和补偿阀，其结构主要由活塞杆、工作缸筒、活塞、伸张阀、储油缸筒、压缩阀、补偿阀、流通阀、导向座、防尘罩、油封等组成，如图5-1-26所示为减振器结构。

双向作用筒式减振器结构

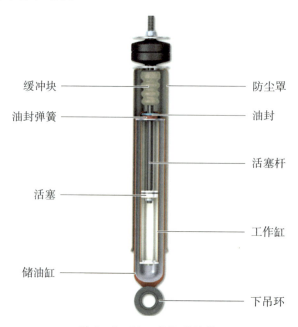

图 5-1-26 减振器结构

（2）减振器工作原理

流通阀和补偿阀是一般的单向阀，其弹簧弹性很弱。当阀上的油压作用力与弹簧力同向时，阀处于关闭状态，完全不通液流；而当油压作用力与弹簧力相反时，只有有很小的油压，阀便能开启；压缩阀和伸张阀是卸载阀，其弹簧弹性较强，预紧力较大，只有当油压升高到一定程度时，阀才能开启，而当油压降低到一定程度时，阀即自行关闭。

双向作用筒式减振器工作原理分压缩和伸张两个行程，如图5-1-27所示。

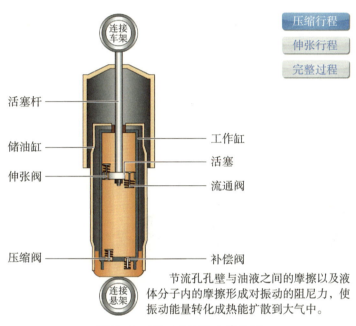

双向作用筒式减振器工作原理

图 5-1-27　减振器工作原理

压缩行程：当汽车车轮滚上凸起和滚出凹坑时，车轮移动靠近车架，减振器受压缩，减振器活塞下移。活塞下面的腔室容积减小，油压升高，油液经流通阀流到活塞上面的腔室。由于上腔被活塞杆占去一部分空间，上腔内增加的容积小于下腔减小的容积，故还有一部分油液推开压缩阀，流回储油缸筒。

伸张行程：当车轮滚进凹坑或滚离凸起时，车轮相对车身移开，减振器受拉伸。此时减振器活塞向上移动。活塞上腔油压升高，流通阀关闭。上腔内的油液便推开伸张阀流入下腔。同样，由于活塞杆的存在，自上腔流来的油液还不足以充满下腔所增加的容积，下腔内产生一定的真空度，这时储油缸筒中的油液便推开补偿阀流入下腔进行补充。

3. 导向机构

导向机构是在悬架系统中能够传递各种力和力矩，引导车轮按一定规律相对于车架（身）运动的机构。其作用是用来决定车轮相对车架（或车身）的运动关系，并传递纵向力、侧向力及其引起的力矩。导向机构由控制臂和推力杆组成。

（1）控制臂

根据控制臂在车上布置形式不同，可分为纵臂、横臂和斜臂3种。控制臂一般用钢板冲压焊接件、锻造、铸造或钢管焊接等制成。因控制臂要传递牵引力、制动力、侧向力和承受力矩,所以要求有较大的刚度,因此冲压焊接结构控制臂的断面做成箱形断面,而锻造和铸造的控制臂又常做成 H 形断面。

（2）推力杆

用来在车轮与车架之间传递力,并对车轮相对车架(身)的运动关系有影响。推力杆有横向推力杆与纵向推力杆之分。分别用来传递产生在车轮与车架之间的横向力和纵向力。推力杆由杆和套管组成。套管内压有橡胶衬套,套管焊接在杆部的两端。杆部可以是实心轴或空心管,也可以用锻成 H 形断面的杆件或钢板冲压件制成。推力杆的一端固定在车桥上,另一端则铰接在车身(架)上。

（二）悬架类型

汽车悬架可按多种形式划分,但主要按独立和非独立方式来划分,如图 5-1-28 所示。

悬架类型

(a) 非独立悬架　　　　　　(b) 独立悬架

图 5-1-28　悬架类型

1. 非独立悬架

非独立悬架一般为轿车后悬架,需加装导向装置与减振器。非独立悬架结构简单、制造方便,所以在载货汽车上被广泛应用。常见的非独立悬架有：钢板弹簧非独立悬架、螺旋弹簧非独立悬架和空气弹簧非独立悬架等。非独立悬架的结构特点是两侧车轮安装在一根整体式车桥上,车轮连同车桥一起通过弹性元件悬挂在车架(或车身)下面。当一侧车轮因路面不平等原因相对车架(或车身)的位置发生变化时(如一侧车轮因道路不平而发生跳动),另一侧车轮的位置也随之发生变化。

2. 独立悬架

独立悬架的结构特点是其车桥都是断开式的,每一侧的车轮可以单独地通过弹性悬架与车架(或车身)连接。当一侧车轮相对于车架(或车身)的位置发生变化时,对另一侧车轮几乎不产生影响。常见的独立悬架有：麦弗逊式独立悬架、多连杆式独立悬架和双叉臂式独立悬架等。

（三）典型悬架

麦弗逊式独立悬架和螺旋弹簧非独立悬架是近年来中级以下轿车和纯电动汽

车使用很广泛的两种悬架,本任务以这两种悬架为例进行讲解。

1. 麦弗逊式独立悬架

麦弗逊式独立悬架是车轮沿主销移动的悬架的一种,也称滑柱连杆式悬架。

(1)麦弗逊式独立悬架组成

麦弗逊式独立悬架主要由螺旋弹簧、减振器、横摆臂、横向稳定杆等组成,如图5-1-29所示。减振器与套在其外面的螺旋弹簧合为一体,构成悬架的弹性支柱。支柱的上端与车身挠性连接,支柱的下端与转向节刚性连接。

麦弗逊式悬架结构

图5-1-29 麦弗逊式独立悬架的组成

相对于多连杆式独立悬架和双叉臂式独立悬架来说,麦弗逊式悬架突出的优点是两前轮内侧的空间比较大,便于其他一些部件的布置;但由于减振器和螺旋弹簧都是对车辆上下的晃动起到支撑和缓冲,对于侧向反力没有提供足够的支撑力度,使得车辆转向侧倾以及制动点头现象比较明显,增加稳定杆以后有所缓解但无法从根本上解决问题,并且耐用性不高,减振器容易漏油,需要定期更换。

(2)麦弗逊式独立悬架工作原理

减振器上端支座中心与横摆臂外端下球节中心的连线称为主销轴线。麦弗逊式悬架没有传统的主销实体,当车辆在行驶中受到冲击,车轮上下跳动时,减振器的下支点随横摆臂摆动,主销轴线发生变化,车轮沿着摆动的主销轴线而运动。因此,当这种悬架变形时,车轮、主销的倾角和轮距都会有些变化,但合理的杆系布置和调整可以将这些变化控制在很小的范围内。

2. 螺旋弹簧非独立悬架

(1)螺旋弹簧非独立悬架组成

螺旋弹簧非独立悬架主要由螺旋弹簧、减振器、纵向推力杆和横向推力杆组成,一般用于汽车的后悬架,如图 5-1-30 所示。

螺旋弹簧非独立悬架结构

图 5-1-30 螺旋弹簧非独立悬架组成

（2）螺旋弹簧非独立悬架工作原理

当一侧车轮因道路不平发生跳动时,必然引起另一侧车轮在汽车横向平面内发生摆动。车轮跳动时,整个后轴在汽车纵向平面内绕左、右橡胶铰链中心连线摆动。与此同时,左、右车轮还绕横向推力杆与车身的铰链点在汽车的横向平面内摆动,如图 5-1-31 所示。

螺旋弹簧非独立悬架工作原理

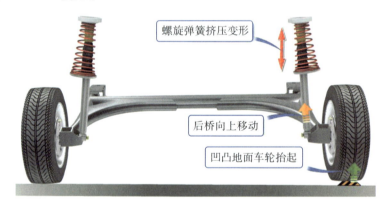

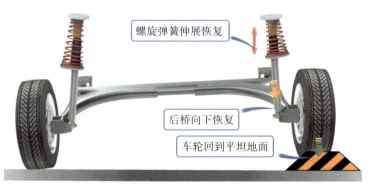

图 5-1-31 螺旋弹簧非独立悬架工作原理

实训1 比亚迪 E5 车轮拆装

◆ 实训准备

1. 安全操作规范

① 变速杆是否位于停车位置。
② 举升机的操作应符合使用规范。

2. 实操工具准备

（1）设备准备
实训整车、举升机。
（2）工具准备
① 常用工具：世达100件工具套装。
② 专用工具：气动（电动）拆装工具、指针式扭力扳手、定扭扳手、轮胎装饰盖拆卸夹。

◆ 实训步骤

1. 前期准备

（1）穿好防护装备
穿好工作服和工作手套。
（2）车辆防护
① 目测车辆正确停至工位。
② 进入车内安装车内防护三件套。
③ 放置举升机顶脚，并调整举升位置。
④ 拉起前机舱盖手柄，打开前机舱盖，安装车外防护三件套。

比亚迪 E5 车轮拆装-前期准备

2. 拆卸轮胎

（1）预松轮胎固定螺栓
① 选用轮胎装饰盖拆卸夹依次取下左前轮胎的5个螺栓装饰盖。
② 选用21 mm套筒、接杆和指针式扭力扳手，按照对角顺序多次预松轮胎固定螺栓。
（2）举升车辆
① 继续举升车辆至轮胎离地。
② 按压车辆车头位置和车尾位置，确认车辆举升牢靠，无晃动情况。

比亚迪 E5 车轮拆装-拆卸轮胎

③ 将车辆举升至合适的高度,使用举升机保险器限定车辆举升位置。
(3) 拆卸轮胎
① 选用 21 mm 套筒、接杆和棘轮扳手组合工具完全拧松轮胎固定螺栓。
② 依次取下固定螺栓,并妥善放置。

> **注意事项**
>
> 取下轮胎固定螺栓时,需用手固定轮胎,以免发生车轮坠落的情况。

③ 取下轮胎并妥善放置。

比亚迪 E5 车轮拆装-安装轮胎

3. 安装轮胎

(1) 安装轮胎
① 将轮胎正确放置到轮毂上。
② 选用 21 mm 套筒、接杆和棘轮扳手组合工具依次旋入轮胎固定螺栓。
(2) 降下车辆
① 举升车辆,脱开举升机保险器。
② 下降车辆至轮胎着地。
(3) 紧固轮胎固定螺栓
① 选用 21 mm 套筒、接杆和指针式扭力扳手,按照对角顺序依次将 5 颗固定螺母紧固至 110 N·m。
② 依次安装 5 个轮胎装饰盖。
(4) 取出举升臂
将举升臂降至最低,依次取出 4 个举升臂。

4. 整理归位

① 回收车内车外三件套。
② 关闭机舱盖,起动车辆检查车辆情况,将设备放回原位,实训作业完成。

比亚迪 E5 车轮拆装-整理归位

实训 2　比亚迪 E5 悬架拆装

◆ 实训准备

1. 安全操作规范

① 操作前需穿戴安全防护装备。
② 举升机使用的操作应符合使用规范。
③ 气动(电动)拆装工具的操作应符合使用规范。

2. 实操工具准备

(1) 设备准备
2018 款比亚迪 E5 纯电动汽车、举升机。

(2) 工具准备

① 常用工具：常用工具套件、橡胶锤。

② 专用工具：气动(电动)拆装工具、指针式扭力扳手、定扭扳手。

③ 防护用品：车外三件套、车内三件套。

◆ 实训步骤

1. 前期准备

(1) 穿好防护装备

穿好工作服和工作手套。

(2) 车辆防护

① 目测车辆正确停至工位。

② 进入车内安装车内防护三件套。

③ 放置举升机顶脚，并调整举升位置。

④ 拉起前机舱盖手柄，打开前机舱盖，安装车外防护三件套。

比亚迪 E5 悬架
拆装-前期准备

2. 拆卸悬架系统

(1) 拆卸刮水器及雨刮导液板

① 拆卸刮水器保护盖。

② 拆卸雨刮导液板。

a. 使用套筒、棘轮扳手拧松刮水器固定螺母，旋出固定螺母并取下，用同样方法拆卸另一侧刮水器固定螺母，如图 5-1-32 所示。

b. 用手取下两侧刮水器摇臂，如图 5-1-33 所示。

图 5-1-32　旋出固定螺母

图 5-1-33　取下刮水器摇臂

c. 用手取下雨刮导液板。

(2) 拆卸制动系统

① 举升车辆至轮胎离地。

② 拆卸左前侧车轮。

③ 拆卸左前轮制动弹簧片。

④ 拆卸左前轮制动卡钳。

⑤ 取下内外侧制动衬片，并妥善放置。

⑥ 使用螺丝刀定位制动盘,使用 32 mm 套筒、接杆、指针式扭力扳手,预松左侧半轴紧固螺母。使用 32 mm 套筒、接杆、棘轮扳手,拆卸左侧半轴紧固螺母。

⑦ 拆卸制动卡钳支架。

a. 拆卸制动卡钳支架固定螺栓。

b. 取下制动卡钳支架,并妥善放置。

⑧ 拆卸制动盘。

a. 拆卸制动盘固定螺栓。

b. 取下制动盘,并妥善放置。

(3) 拆卸左悬架组件

① 拆卸球头。

a. 使用 17 mm 套筒、接杆、指针式扭力扳手,预松平衡杆拉杆球头固定螺栓,如图 5-1-34 所示。

图 5-1-34 预松平衡杆拉杆球头固定螺栓

b. 使用 17 mm 套筒、接杆、棘轮扳手,拆卸平衡杆拉杆球头固定螺栓。

c. 使用橡胶锤轻击平衡杆拉杆球头至其松动后,脱出球头。

② 分离下摆臂球头销与下摆臂。

a. 使用 17 mm 套筒、接杆、指针式扭力扳手,预松前下摆臂与前下摆臂球头销的连接螺栓和螺母,如图 5-1-35 所示。

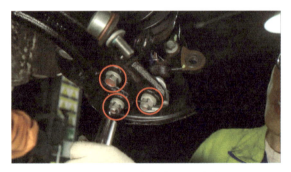

图 5-1-35 下摆臂与前下摆臂球头销的连接螺栓位置

b. 拧下下摆臂与前下摆臂球头销的连接螺栓和螺母。

c. 向下扳动下托臂,使前下摆臂球头销与下摆臂脱开。
③ 晃动转向节,至半轴松动后,半轴外端从转向节上轮毂中间分离开。
④ 分离外拉杆球头与转向节。
a. 使用小一字螺丝刀拆卸开口销。
b. 使用 17 mm 套筒、指针式扭力扳手预松转向拉杆外球头固定螺母。
c. 拧下转向拉杆外球头固定螺母,晃动外拉杆球头直至球头与转向节分离,如图 5-1-36 所示。

图 5-1-36 分离球头与转向节

⑤ 使用 10 mm 套筒、手柄、棘轮扳手,拆卸轮速传感器固定螺栓。取下轮速传感器。
⑥ 使用 13 mm 套筒、棘轮扳手,拆卸 2 颗制动软管支架固定螺栓。
⑦ 使用小一字螺丝刀,拆卸轮速传感器线束固定卡扣,取下轮速传感器线束。
⑧ 拆卸转向节。
a. 两人配合操作,一人使用 22 mm 扳手,固定转向节上部两颗固定螺栓;另一人使用 22 mm 套筒、指针式扭力扳手预松转向节上部两颗固定螺母,如图 5-1-37 所示。

图 5-1-37 固定转向节上部两颗固定螺栓位置

b. 拧下转向节上部两颗固定螺母,取下固定螺栓。
c. 取下转向节。
⑨ 拆卸下托臂。
a. 使用 21 mm 扳手预松下托臂内侧 2 颗固定螺栓。
b. 使用 21 mm 扳手、接杆、17 mm 套筒及指针式扭力扳手预松下托臂后部固定螺栓。
c. 使用 21 mm 扳手、接杆、17 mm 套筒、棘轮扳手拆卸下托臂后部固定螺栓。

比亚迪 E5 悬架拆装-拆卸悬架系统

d. 拧松并取下 2 颗下托臂内侧固定螺栓。

e. 抽出下托臂。

⑩ 拆卸减振器。

a. 两人配合操作，一人托住减振器，另一人使用 12 mm 扳手，拆卸减振器顶部 3 颗固定螺栓。

b. 待减振器固定螺栓拆卸后取下减振器。

操作时需注意两人配合，减振器固定螺栓松脱时，需用力将减振器向上托以避免坠落造成人员受伤。

注意放置减振器部件的工作台要保持清洁，避免减振器沾到灰尘。

（4）拆卸右侧悬架组件

以同样方法操作拆卸右侧悬架组件。

3. 安装悬架系统

（1）安装悬架组件

① 安装减振器。

两人配合操作，一人将减振器放置于安装位置，另一人使用 12 mm 扳手，安装减振器顶部 3 颗固定螺栓，并使用定扭扳手紧固螺栓至 (75 ± 5) N·m。

② 安装下托臂。

a. 安装下托臂，旋入 2 颗下托臂内侧固定螺栓，并使用 21 mm 扳手紧固固定螺栓。

b. 使用 21 mm 扳手、接杆、17 mm 套筒、棘轮扳手安装下托臂后部固定螺栓，并使用定扭扳手紧固螺母至 (120 ± 5) N·m。

③ 安装转向节。

a. 安装转向节至规定位置。

b. 安装转向节上部 2 颗固定螺栓及螺母。

c. 两人配合操作，一人使用 22 mm 扳手，固定转向节上部两颗固定螺栓；另一人使用 22 mm 套筒、棘轮扳手安装转向节上部两颗固定螺母，并使用定扭扳手紧固螺栓至 (230 ± 5) N·m。

④ 安装轮速传感器线束固定卡扣。

⑤ 使用 13 mm 套筒、棘轮扳手，安装 2 颗制动软管支架固定螺栓。

⑥ 安装轮速传感器，使用 10 mm 套筒、手柄、棘轮扳手，安装轮速传感器固定螺栓。

⑦ 将转向拉杆外球头安装至转向节上,使用 17 mm 套筒、棘轮扳手安装转向拉杆外球头固定螺母,并使用定扭扳手紧固螺栓至(50±5)N·m。安装新的开口销。

⑧ 安装半轴。

晃动转向节可帮助半轴到达安装位置,不可使用铁锤敲击转向节以免造成半轴损坏。向下扳动下托臂,安装摆臂球头销。

⑨ 旋入下摆臂与前下摆臂球头销的连接螺栓和螺母,使用 17 mm 套筒、接杆、棘轮扳手旋紧连接螺栓和螺母,并使用定扭扳手紧固螺母至(120±5)N·m。

⑩ 安装平衡杆拉杆球头,使用 17 mm 套筒、接杆、棘轮扳手,安装平衡杆拉杆球头固定螺栓,并使用定扭扳手紧固螺母至 80 N·m。

(2) 安装制动系统

① 安装制动盘,安装制动盘固定螺栓。

② 安装制动卡钳支架,安装制动卡钳支架固定螺栓。

③ 用螺丝刀定位制动盘,旋入左侧半轴紧固螺母,使用 32 mm 套筒、接杆、棘轮扳手旋紧固定螺母,并使用定扭扳手紧固螺母至(230±5)N·m。

④ 安装内外侧制动衬片,安装左前轮制动卡钳。

⑤ 安装左前侧车轮。

⑥ 以相同方法安装右侧悬架。

⑦ 操作举升机降下车辆,直至车轮完全着地。

⑧ 使用定扭扳手紧固两侧轮胎固定螺栓至(110±5)N·m。

(3) 安装刮水器及雨刮导液板

① 安装雨刮导液板。

② 安装两侧刮水器摇臂。

③ 安装两侧刮水臂固定螺母,并紧固。

④ 安装两侧刮水器保护盖。

4. 整理归位

① 取下车内三件套。

② 回收车外三件套。

③ 关闭机舱盖,起动车辆检查车辆情况,将设备放回原位,实训作业完成。

比亚迪 E5 悬架拆装-安装悬架系统

比亚迪 E5 悬架拆装-整理归位

本任务介绍了行驶系统组成及各部件的特点、结构、功能和原理,最后提取出轮胎的拆卸和安装、悬架的拆卸和安装、转向驱动桥的拆卸和安装三个典型任务进行技能练习。

汽车行驶系统由车架、车桥、车轮和悬架组成。

车架功用是使各总成保持正确的相对位置,并承受汽车内外的各种载荷。现代许多纯电动轿车和客车上没有车架,其车架的功能由纯电动轿车车身或纯电动客车车身骨架承担,故称其为承载式车身。

车桥通过悬架和车架(或承载式车身)相连,它的两端安装车轮,其功用是传递车架(或承载式车身)与车轮之间各方向的作用力及其力矩。纯电动汽车大多数采用前轮驱动方式,一般包含转向驱动桥和支持桥。

车轮和轮胎有时又统称车轮总成,它主要由车轮和轮胎两大部件组成。车轮是介于轮胎和车轴之间承受负荷的旋转组件,它通常由两个主要部件轮辋和轮辐组成。轮辋是在车轮上安装和支撑轮胎的部件;轮辐是在车轮上介于车轴和轮辋之间的支撑部件。轮胎安装在轮辋上,直接与路面接触,其作用是支承汽车总质量、与汽车悬架共同缓和汽车行驶时所受到的冲击、保证良好的乘坐舒适性和行驶平顺性、保证车轮与路面的良好附着,使汽车行驶平稳。

悬架是车架(或承载式车身)与车桥(或车轮)之间的一切传力连接装置的总称,它的功用是把路面作用于车轮上的垂直反力(支撑力)、纵向反力(驱动力和制动力)和侧向反力以及这些反力所造成的力矩都要传递到车架(或承载式车身)上,以保证汽车的正常行驶。主要由弹性元件、减振器、横向稳定杆等部分组成。

汽车悬架可分为两大类:非独立悬架和独立悬架。目前常用的典型非独立悬架是螺旋弹簧式非独立悬架,典型的独立悬架是麦弗逊式独立悬架。

轮胎的拆卸与安装是从前期准备、从实车上拆装的步骤及表面检查等方面讲述轮胎的拆卸与安装方法和步骤。

一、判断题

1. 车架主要承受拉、压应力。( )
2. 悬架的作用是使各总成保持正确的相对位置,并承受汽车内外的各种载荷。( )
3. 车轮一般由轮辋、轮毂,以及连接这两者的辐板组成。( )
4. 前后车桥由前后车轮分别支承着,车桥通过弹性悬架与车架相连接。( )
5. 行驶系统一般由车架、车桥、车轮和悬架等部分组成。( )

二、选择题

1. 汽车用减振器广泛采用的是(　　)。【单选题】
   A. 单向作用筒式　　　　　　　　B. 双向作用筒式
   C. 摆臂式　　　　　　　　　　　D. 阻力可调式
2. 外胎结构中,起承受负荷作用的是(　　)。【单选题】
   A. 胎面　　　　　　　　　　　　B. 胎圈
   C. 帘布层　　　　　　　　　　　D. 缓冲层

3. 以下不是行驶系统功用的是（　　）。【单选题】
   A．承受汽车总质量
   B．借助驱动轮与路面的附着作用，将传动系统传来的转矩转化为汽车行驶的驱动力
   C．传递并承受路面作用于车轮上的各种力和力矩
   D．根据车辆行驶需要，按照驾驶员的意图适时改变汽车的行驶方向
4. 下面（　　）属于轮辋的类型。【多选题】
   A．深槽轮辋　　　　　　　　　B．平底轮辋
   C．凸式轮辋　　　　　　　　　D．对开式轮辋

三、简答题

1. 请说出行驶系统组成及各组成作用。

2. 请说出悬架的工作原理。

任务 2 　转向系统构造与检修

1. 了解转向系统类型。
2. 掌握电动助力转向系统的组成及各组成的作用。
3. 掌握比亚迪 E5 电动助力转向系统的组成及各组成的作用。
4. 理解电动助力转向系统的工作原理。
5. 理解比亚迪 E5 电动助力转向系统的工作原理。
6. 能按照操作规范进行比亚迪 E5 电动助力转向机构检修。

任务导入

一辆牌照尾号为 1234 的纯电动汽车进入 4S 店进行维修，车主反映该车行驶时转向沉重，且仪表板有故障灯点亮。维修接待人员试车发现车辆 EPS 故障指示灯点亮、仪表显示请检查转向系统；路试发现汽车行驶时确实存在转向沉重，但行驶过程中无异响情况。经高级维修技师诊断，故障原因指向车辆转向系统，需要针对此故障进行维修。现车间调度将任务工单派发至你手中，请学习相关知识，安全规范地完成分派的检修任务。

新能源汽车转向系统故障检修-情景导入

 知识储备

汽车在行驶过程中,需按驾驶员的意志经常改变汽车的行驶方向,即所谓汽车转向。就轮式汽车而言,实现汽车转向的方法是:驾驶员通过一套专设的机构,使汽车转向桥(一般是前桥)上的车轮(即转向轮)相对于汽车纵轴线偏转一定角度。在汽车直线行驶时,转向轮也会受到路面侧向干扰力的作用,自动偏转而改变行驶方向。此时,驾驶员也可以利用这套机构使转向轮向相反的方向偏转,从而使汽车恢复原来的行驶方向。这一套用来改变或恢复汽车行驶方向的专设机构,称为汽车转向系统。因此,汽车转向系统的功用是保证汽车能按驾驶员的意志而进行转向行驶。其功用如图 5-2-1 所示。

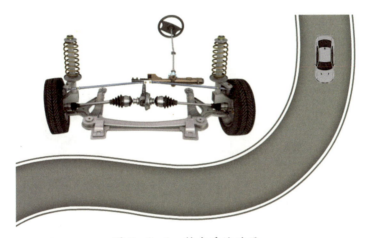

图 5-2-1 转向系统功用

转向系统功用

一、转向系统类型

汽车转向系统根据转向能源的不同,可分为机械转向系统和动力转向系统两大类型,如图 5-2-2 所示。机械转向系统是将驾驶员作用在转向盘上的力,通过

(a) 机械转向系统　　　　(b) 动力转向系统

图 5-2-2 转向系统分类

转向系统类型

机械传给转向轮，使转向轮发生偏转，实现汽车的转向。动力转向系统是通过具有一定压力的液流或电动机，帮助驾驶员克服转向阻力矩，使转向轻便。

（一）机械转向系统

机械转向系统以驾驶员的体力作为转向能源，其中所有传力件都是机械的。机械转向系统由转向操纵机构、转向器、转向传动机构等组成，如图5-2-3所示。转向操纵机构由转向盘、转向轴、转向传动轴、万向节组成。而转向传动机构由转向横拉杆、转向直拉杆、左右转向梯形臂和转向节臂等组成。

机械转向系统组成

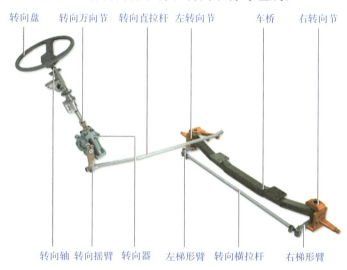

图5-2-3 汽车机械转向系统示意图

机械转向系统根据转向器的结构不同分为齿轮齿条式转向系统、循环球式转向系统及蜗杆曲柄指销式转向系统，如图5-2-4所示。

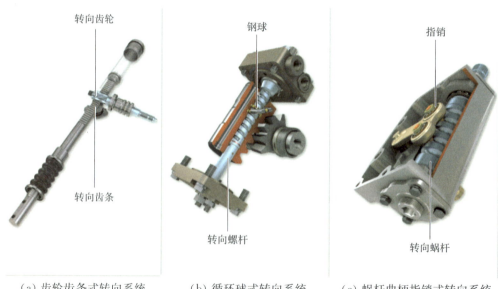

(a) 齿轮齿条式转向系统　(b) 循环球式转向系统　(c) 蜗杆曲柄指销式转向系统

图5-2-4 按转向器结构分类的转向系统类型

齿轮齿条式转向系统具有结构简单、紧凑、质量小、刚性大、转向灵敏、制作容易、成本低、正、逆效率都高以及便于布置等优点，而且特别适合与麦弗逊悬架配用。主要由转向齿条、转向齿轮组成。

循环球式转向系统主要由螺杆、螺母、转向器壳体以及许多小钢球等部件组成。所谓的循环球指的就是这些小钢球，它们被放置于螺母与螺杆之间的密闭管路内，起到将螺母螺杆之间的滑动摩擦转变为阻力较小的滚动摩擦的作用，当与转向盘转向管柱固定到一起的螺杆转动起来后，螺杆推动螺母上下运动，螺母再通过齿轮来驱动转向摇臂往复摇动从而实现转向。在这个过程中，那些小钢球就在密闭的管路内循环往复地滚动，所以这种转向器就被称为循环球式转向器。

蜗杆曲柄销式转向系统，是以蜗杆为主动件、指销为从动件的转向器。蜗杆具有梯形螺纹，手指状的锥形指销用轴承支承在曲柄上，曲柄与转向摇臂轴制成一体。转向时，通过转向盘转动蜗杆，嵌于蜗杆螺旋槽中的锥形指销一边自转，一边绕转向摇臂轴做圆弧运动，从而带动曲柄和转向垂臂摆动，再通过转向传动机构使转向轮偏转。这种转向器通常用于转向力较大的载货汽车上。

现在不管是纯电动汽车还是新能源汽车大都使用齿轮齿条式转向系统。

汽车转向行驶时，驾驶员根据汽车所需改变的行驶方向转动转向盘，通过转向轴转动转向器的主动件（小齿轮等）转动并带动从动件（齿条等）移动，使与其固定的转向摇臂转一个角度，带动转向摇臂摆动一个相应的角度，通过转向直拉杆和左转向节臂带动左转向节偏转，经右梯形臂和转向横拉杆带动右转向节同方向偏转。因转向轮用轴承安装在转向节上，故转向节偏转时带动转向轮偏转，实现汽车转向。

（二）动力转向系统

动力转向系统是兼用驾驶员体力和发动机或电动机的动力作为转向能源的转向系统。在正常情况下，汽车转向所需的能量只有一小部分由驾驶员提供，而大部分能量由发动机（或电动机）通过转向加力装置提供。因此，动力转向系统是在机械转向系统的基础上加设一套转向加力装置而形成的。

动力转向系统由转向操纵机构、机械转向器、转向助力装置、转向传动机构组成。根据助力能源形式的不同可以分为液压助力和电动机助力两种类型，如图5-2-5所示。

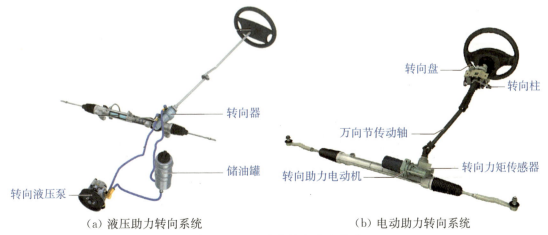

(a) 液压助力转向系统　　　　　(b) 电动助力转向系统

图 5-2-5　动力转向系统类型

液压助力转向系统的工作压力可高达 10 MPa 以上,故其部件尺寸很小。液压系统工作时无噪声,工作滞后时间短,而且能吸收来自不平路面的冲击。因此,液压助力转向系统已在各类各级汽车上获得广泛应用。

电动助力转向系统是利用汽车上的直流电源驱动电动机对转向系统实施助力的。目前纯电动汽车上使用的就是电动助力转向系统,因此本任务着重讲解电动助力转向系统的特点、组成及原理。

二、电动助力转向系统

电动助力转向系统又叫电动机械式助力转向系统(Electric Power Steering,缩写 EPS)。这种转向系统没有液压助力系统的液压泵、液压管路、转向管柱阀体等结构,是指利用 EPS 电动机提供转向助力,利用减速器以纯机械方式将电动机产生的助力传递到转向系统上,辅助驾驶员进行转向操作的系统。

(一) 电动助力转向系统组成

电动助力转向系统主要由转向操纵机构、机械转向装置和电动助力装置三大机构组成,如图 5-2-6 所示。其中机械转向装置中包括机械转向器、转向传动机构。

1. 转向操纵机构

汽车转向操纵机构是驾驶员操纵车辆实现转向工作的装置。转向操纵机构是指从转向盘开始至转向器之间的部件,主要由转向盘、转向柱锁、转向轴和转向柱管及其吸能装置组成,如图 5-2-7 所示。它的作用是将驾驶员转动转向盘的操纵力传给转向器。

(1) 转向盘

转向盘是操纵行驶方向的轮状装置,转向盘一般通过花键与转向轴相连。驾驶员通过控制转向盘,使汽车按照驾驶员的意图保持或者改变运动方向。

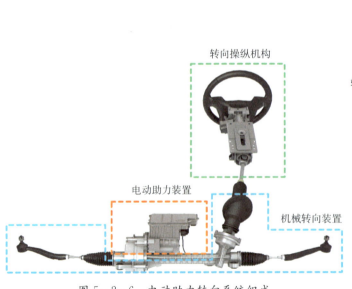

图 5-2-6 电动助力转向系统组成

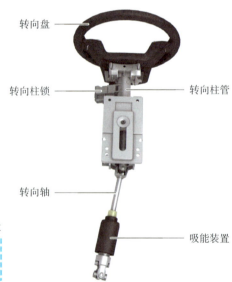

图 5-2-7 转向操纵结构组成

① 转向盘组成。

转向盘由轮缘、轮辐和轮毂组成,如图5-2-8所示。轮辐一般为三根辐条或四根辐条,也有用两根辐条的。转向盘轮毂孔具有细牙内花键,借此与转向轴连接。转向盘内部是由成型的金属骨架构成,骨架外面一般包有柔软的合成橡胶或树脂,也有包皮革的,这样可有良好的手感,而且还可防止手心出汗时握转向盘打滑。

图5-2-8 转向盘结构

转向盘结构

当汽车发生碰撞时,从安全性考虑,不仅要求转向盘应具有柔软的外表皮,以起到缓冲作用,而且还要求转向盘在撞车时,其骨架能产生变形,以吸收冲击能量,减轻驾驶员的受伤程度。

转向盘上都装有喇叭按钮,有些轿车的转向盘上还装有车速控制开关和撞车时保护驾驶员的安全气囊装置。

② 转向盘自由行程。

转向盘空转阶段是指克服转向系内部的摩擦,使各传动件运动到其间的间隙完全消除这一阶段。

转向盘的自由行程是指转向盘在空转阶段的角行程,这主要是由于转向系统各传动件之间的装配间隙和弹性变形所引起的,如图5-2-9所示。由于转向系统各传动件之间都存在着装配间隙,而且这些间隙将随零件的磨损而增大,因此,在一定的范围内转动转向盘时,转向节并不马上同步转动,而是在消除这些间隙并克服传动件的弹性变形后,才作相应的转动,即转向盘有一空转过程。

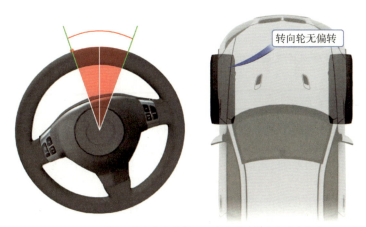

转向盘的自由行程

转向轮不发生偏转,转向盘所能转过的角度称为转向盘自由行程。转向盘自由行程的大小反应了转向系统间隙的大小。

图5-2-9 转向盘自由行程

转向盘自由行程对于缓和路面冲击及避免使驾驶员过度紧张是有利的,但不宜过大,以免过分影响灵敏性。一般说来,转向盘从相应于汽车直线行驶的中间位置向任一方向的自由行程最好不超过0°~5°。当零件磨损严重到使转向盘自由行程超过25°~30°时,必须进行调整。

(2) 转向柱锁

转向锁主要由锁杆、凸轮轴、锁止器挡块、开锁杠杆和开锁按钮等组成。当驾驶员从钥匙筒拔出钥匙后,转向柱便被锁杆锁住。这样,即使偷窃者不用点火开关钥匙而把车辆起动了,但汽车不可以转向,无法行驶。

(3) 转向轴和转向柱管及其吸能装置

转向轴是连接转向盘和转向器的传动件,用以传递它们之间的转矩。转向柱管安装在车身上,支撑着转向盘。转向轴从转向柱管中穿过,支撑在柱管内的轴承和衬套上。

近年来,由于公路的改善和汽车车速的提高,许多国家都制定了严格的安全法规。对于轿车除要求装有吸能式转向盘外,还要求转向柱管必须装备能够缓和冲击的吸能装置。

转向轴和转向柱管的吸能装置有多种形式,其基本结构原理是:当转向轴受到巨大冲击而产生轴向位移时,使支架或某些支撑件产生塑性变形,从而吸收冲击能量,如图5-2-10所示。

转向柱管吸能装置结构3D结构展示

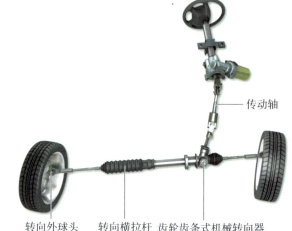

图5-2-10 转向柱管吸能装置结构　　图5-2-11 机械转向装置

2. 机械转向装置

机械转向装置是转向系统中的减速传动装置,一般可以实现1~2级的减速,包括机械转向器、转向传动机构。其中机械转向器由转向齿条、转向齿轮构成;转向传动机构由转向传动轴、转向横拉杆、转向外球头构成,如图5-2-11所示。

(1) 转向齿轮

转向齿轮由轮体及轮齿圈构成,是指轮缘上有齿轮连续啮合传递运动和动力的机械元件。它位于转向系统的转向器中,能将一根轴上的动力传递给另一根轴,同时起到改变另一根轴的转速及旋向的作用。转向齿轮不是简单的直齿轮,而是特殊的螺旋形状,这可改善转向时的柔顺感。

（2）转向齿条

转向齿条是与齿轮相配的一种条形零件。一边均匀分布着许多齿，与转向齿轮相啮合，将转动变为移动，或将移动变为转动。齿条是长条形，一侧有齿，可认为是一个直径无穷大的齿轮上的一段。在齿轮齿条式转向系统中与齿轮配合使用，在转动转向盘时，可带动小齿轮转动，这个小齿轮与一条齿条相吻合，带动齿条左右直线运动，并推动转向轮左右摆动，从而实现转向功能，如图 5-2-12 所示。

图 5-2-12　转向齿轮和转向齿条的啮合方式

（3）转向传动轴

转向传动轴是将驾驶员作用于转向盘的转向力矩传递给转向器的关键部件之一，它的上部与转向轴上的万向节相连，下部与齿轮齿条式转向器的转向齿轮相连。

（4）转向横拉杆

转向横拉杆是汽车转向机构中的重要零件，它直接影响汽车操纵的稳定性、运行的安全性和轮胎的使用寿命。转向横拉杆位于转向桥上，与左右转向梯形臂和前轴组成转向梯形。其作用是传递转向器齿条和转向节之间的力及调正前束。

（5）转向球头

转向球头包括外球头（外球笼）、内球头（内球笼），连接前桥和转向节。球头只有球头和钢碗，钢碗分内钢碗和外钢碗。内球笼固定在前桥上，外球笼套在内球笼上并可前后转动。外球笼上装有轮毂，当转向拉杆拉动转向球头前后转动，车就可实现转弯。

3. 电动助力装置

电动助力装置主要由车速传感器、转矩传感器、助力电动机、电子控制单元构成，如图 5-2-13 所示。它可以根据车速信息和驾驶员操作信息控制为转向系统提供的转向助力。

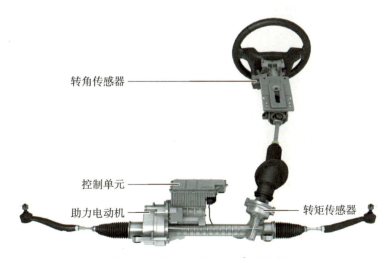

图 5-2-13　电动助力装置结构

（1）轮速传感器

轮速传感器是电动助力转向系统与 ABS 系统共用的重要的传感器之一，安装在四个车轮轮毂内，用于检测车轮的转速。转向控制单元接收 4 个轮速信号，并换算成当前车速。根据车速情况，提供适合的转向助力，当车速较低时，提供较大的转向助力；当车速较高时，提供较小的转速助力。

轮速传感器按照原理可以分为：电磁感应式轮速传感器、霍尔式轮速传感器、光电式轮速传感器。目前纯电动车里应用较多的是电磁感应式轮速传感器。

① 电磁感应式轮速传感器安装部位。电磁感应式轮速传感器通常安装在车轮处，但在有些车型上则设置在主减速器或变速器中。

② 电磁感应式轮速传感器组成。电磁感应式轮速传感器一般由磁感应传感头和齿圈组成。齿圈是一个运动部件，一般安装在轮毂上或轮轴上与车轮一起旋转。传感头磁极与齿圈在端面有一定间隙，一般在 1 mm 左右。传感头是一个静止部件，根据极轴的结构形式不同有：凿式极轴轮速传感头和柱式极轴轮速传感头。

③ 电磁感应式轮速传感器工作原理。

当齿圈的齿隙与传感器的铁心端部相对时，铁心端部与齿圈之间的空气间隙最大，传感器永磁铁心所产生的磁力线就不容易通过齿圈，感应线圈周围的磁场较弱。

当齿圈的齿顶与传感器的铁心端部相对时，铁心端部与齿圈之间的空气间隙最小，传感器永磁铁心所产生的磁力线就容易通过齿圈，感应线圈周围的磁场就较强。

当齿圈随同车轮转动时，齿圈的齿顶和齿隙就交替地与传感器铁心端部相对，传感器感应线圈周围的磁场随之发生强弱交替变化，在感应线圈中就会产生交变电压。交变电压的频率与齿圈数和转速成正比，如图 5-2-14 所示。

④ 电磁感应式轮速传感器特点。电磁感应式轮速传感器结构简单、成本低。但是也有频率响应不高、抗电磁波干扰能力差等缺点。

电磁式轮速传感器工作原理

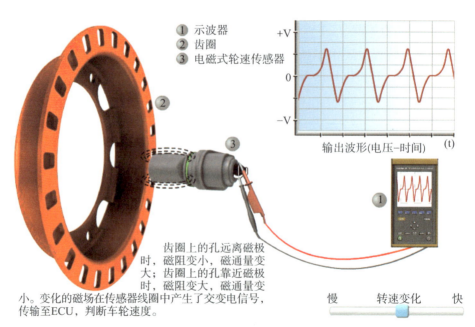

图 5-2-14 电磁感应式轮速传感器工作原理

（2）转矩传感器

转矩传感器用来检测转向盘转矩的大小和方向，以及转向盘转角的大小和方向，它是 EPS 的控制信号之一，具有精确、可靠、低成本等优势。转矩传感器主要有接触式和非接触式两种。目前纯电动车里应用较多的是非接触式转矩传感器。

① 非接触式转矩传感器结构。

非接触式转矩传感器由输入主轴、信号挡圈、输出主轴、磁感线圈组成，如图 5-2-15 所示。

② 非接触式转矩传感器原理。

输入轴和输出轴由扭杆连接起来，输入轴上有花键，输出轴上有键

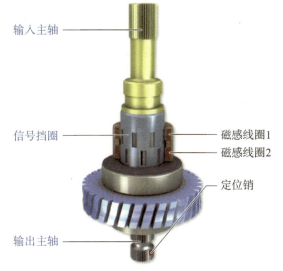

图 5-2-15 非接触式转矩传感器结构

非接触式转矩传感器结构

槽。当扭杆受转向盘的转动力矩作用发生扭转时，输入轴上的花键和输出轴上键槽之间的相对位置就被改变了。花键和键槽的相对位移改变量等于扭杆的扭转量，使得花键上的磁感强度改变，磁感强度的变化通过线圈转化为电压信号。信号的高频部分有检测电路滤波，仅有力矩信号部分被放大，如图 5-2-16 所示。

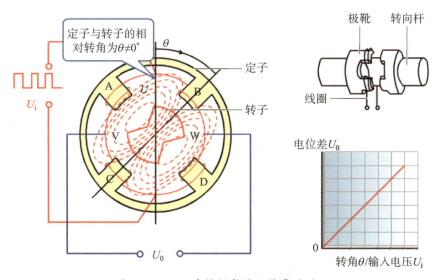

转矩传感器工作原理

图 5-2-16 非接触式转矩传感器原理

③ 非接触式转矩传感器特点。

非接触式转矩传感器由于采用的是非接触的工作方式，因而寿命长、可靠性高，不易受到磨损，有更小的延时，受轴的偏转和轴向偏移的影响更小，现在已经广泛用于轿车和轻型车中，是 EPS 传感器的主流产品。

(3) 助力电动机

助力电动机根据 ECU 的指令输出适宜的转矩。电动机是 EPS 的关键部件之一，对 EPS 的性能有很大的影响。由于控制系统需要根据不同的工况产生不同的助力转矩，具有良好的动态特性并容易控制，这些都要求助力电动机具有线性的机械特性和调速特性。此外，还要求助力电动机低转速大转矩、波动小、转动惯量小、尺寸小、重量轻、可靠性高、抗干扰能力强。纯电动汽车的转向系统中的助力电动机由电动机、电磁离合器、减速机构三部分组成。

① 电动机。助力电动机一般采用无刷永磁电动机，无刷永磁电动机具有无励磁损耗、效率较高、体积较小等特点。

工作中，电动机电流随转向盘的转动和车速的变化频繁地改变，而且电动机电枢是非线性元件，存在感生电流和反向电动势，因此工作环境比较恶劣，故障情况也比较复杂。如工作时易出现发热，其运行后温升的大小直接影响其工作性能，特别是在电动机堵转，即车辆长时间原地转向时，电动机电流很大，而且又不对外做功，电动机消耗的电能全部消耗在电阻发热上，短时间内就会出现很大的热量，严重时会烧坏电动机。此外，对于双向运转的电动机，在突然反转时产生很大的电流，电枢反应瞬时变得很大，严重时会造成电动机的永久性退磁，且会导致其无法工作，因此必须要对运行时可能出现的最大电流进行限制，一般最大电流可规定为额定电流的 3～5 倍。

② 电磁离合器。电磁离合器装在减速机构与电动机之间，其作用是保证电动助力转向系统只在设定的行驶车速范围内起作用。当车速、电流超过限定的最大值或转向系统发生故障时，离合器便自动切断助力电动机的电源，恢复手动控制转向。此外，在不助力的情况下，离合器还能消除电动机的惯性对转向的影响。为了减少与不加转向助力时驾驶车辆感觉的差别，离合器不仅具有滞后输出特性，同时还具有半离合器状态区域。

电磁离合器的工作情况比较简单，使用中可能出现的故障主要是离合器与 ECU 间的接线的断路或短路。试验证明，在不转向时，只需要提供 0.3 A 的电流就可以保证离合器正常的接合；传递最大助力转矩时，需要 0.82 A。而在线路出现短路或断路时，离合器线路电流将远远超过 0.82 A 或接近 0 A。因此，可以通过实时监测离合器线路的电流来判断其是否正常。

③ 减速机构。电动助力转向系统的减速机构与电动机相连，起降速增矩作用，现在应用较多的是有双行星齿轮减速机构和蜗轮蜗杆减速机构两种形式。蜗轮蜗杆减速机构一般应用在转向轴助力式电动助力转向系统上，而行星齿轮减速机构则被应用在齿条助力式电动助力转向系统上。由于减速机构对系统工作性能的影响较大，因此在降低噪声、提高效率和左右转向操作的对称性方面对其提出了较高的要求。

(4) 电子控制单元（ECU）

电子控制单元（ECU）的功能是，根据转矩传感器和车速传感器信号进行逻辑分析与计算后发出指令，控制电动机和电磁离合器的动作。主要由硬件电路和软件程序组成。

此外，ECU 还有安全保护和自我诊断功能。通过采集电动机的电流、电源系统电压等信号，判断其系统工作状况是否正常。一旦系统工作异常，将自动取消助力作用，同时还将进行故障诊断分析。控制系统应有很强的抗干扰能力，以适应汽车多变的行驶环境。控制算法应快速、正确，满足实时控制的要求，并能有效地实现理想的助力规律与特性。

（二）电动助力转向系统的工作原理

电动助力转向系统在不同车上的结构部件尽管不完全一样，但是基本原理是一致的。当转向轴转动时,转矩传感器、转角传感器和车速传感器分别测出驾驶员施加在转向盘上的操纵力矩、转向角度和当前行驶速度信号,并将检测到的信号转化为电信号送至 ECU,ECU 接收转矩、车速等信号,根据内置的控制策略和算法,计算出此时需要的理想助力力矩,再换算为相应的电流,驱动助力电动机按该电流运行;助力电动机产生的助力力矩再经过蜗轮蜗杆减速机构减速增矩后传送到机械式转向系统上,与驾驶员的操纵力矩叠加在一起去克服转向阻力矩,实现车辆的最终转向。当汽车点火开关闭合时,ECU 开始对电动助力转向系统进行自检,自检通过后,闭合继电器和离合器,电动助力转向系统便开始工作,当转向盘转动时,位于转向轴上的转角传感器和转矩传感器把测得转向盘上的角位移和作用于其上的力矩传递给 ECU,ECU 根据这两个信号并结合车速等信息,控制助力电动机产生相应的助力,实现在全速范围内的最佳控制。在低速行驶时,减轻转向力,保证汽车转向灵活、轻便;在高速行驶时,适当增加阻尼控制,保证转向盘操作稳重、可靠。

三、纯电动汽车电动助力转向系统

纯电动汽车转向系统与内燃机车转向系统基本相同,本节以比亚迪 E5 为例介绍纯电动汽车电动助力转向系统组成和原理。

(一) 纯电动汽车电动助力转向系统组成

纯电动汽车电动助力转向系统由转矩传感器、转角传感器、蜗轮蜗杆减速机构、助力电动机、转向器、EPS 控制单元组成,如图 5-2-17 所示。其中,这个系统工作过程中需要的车速信号、点火信号等是通过 CAN 总线从网关获取的。

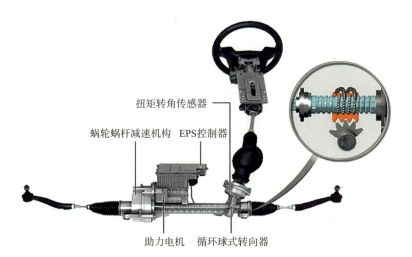

图 5-2-17 纯电动汽车电动助力转向系统组成

纯电动汽车电动助力转向系统组成

1. 转矩传感器

转矩传感器的作用是检测电动助力转向系统控制单元需要的转向盘操纵力矩信号,并以电压值的形式送给 EPS 控制单元,作为控制转向助力大小的重要信息。转矩传感器由两个带孔圆环、线圈、线圈盒及电路板组成。它获得转向盘上操作力的大小和方向信号,并把它们转换为电信号,传递到 EPS 控制器。

两个带孔圆环一个安装在输出轴上,一个安装在输入轴上。当输入轴相对输出轴转动时,电路板计算出输入轴相对于输出轴的旋转方向和旋转量。当转动转向盘时,转矩被传递到扭力杆,输入轴和输出轴之间出现角度偏差,电路板检测出角度偏差及方向,通过计算得到转矩大小和方向并转换为电压信号传递给 EPS 控制器。

当转向盘置于中间位置时,转矩传感器两路电压分别为 2.5 V 和 $-$2.5 V,往右打转向盘时,两路输出电压同时升高;往左打转向盘时两路信号电压同时下降,如图 5-2-18 所示。当车辆行驶时,驾驶员转动转向盘所使用的力矩较小,转矩传感器的信号幅值变化也较小。

图 5-2-18 纯电动汽车转矩传感器作用示意图

2. 助力电动机

纯电动汽车的助力电动机由一个蜗轮蜗杆机构和助力电动机组成,如图 5-2-19 所示。当蜗杆与安装在转向器输出轴上的蜗轮啮合时,它降低助力电动机速度并把助力电动机输出力矩传递到输出轴。

蜗轮蜗杆减速机构原理

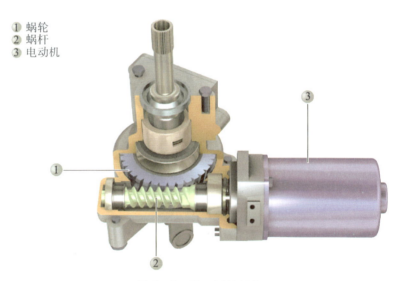

① 蜗轮
② 蜗杆
③ 电动机

图 5-2-19 蜗轮蜗杆

3. EPS 控制单元

EPS 控制单元是电动转向系统的控制核心,其主要由壳体、盖、控制电路板和铝基板等组成。它的作用是接受转矩传感器、车速传感器、转角传感器以及车辆点火信号,并进行分析处理,控制提供给助力电动机的转向电流,从而控制提供给转向系统的转向助力的大小。

（二）纯电动汽车电动助力转向系统工作原理

点火开关置于 ON 位置，EPS 控制器收到点火信号，可以开始工作。EPS 正常工作时，EPS 控制单元根据接收来自 VCU 的车速信号、唤醒信号及来自转矩传感器的转矩信号和 EPS 助力电动机的位置、转速、转子位置、电流、电压信号等进行综合分析计算，判断出助力电动机需要进行的动作。ESP 控制单元发出指令控制助力电动机的转矩、转速和方向，如图 5-2-20 所示。

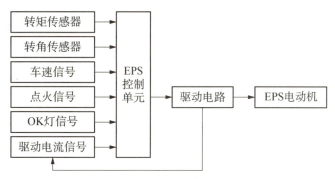

图 5-2-20　纯电动汽车电动助力转向系统工作原理

四、纯电动汽车转向系统检修

纯电动汽车的转向系统的功能就是按照驾驶员的意愿控制汽车的行驶方向，转向系统对汽车的行驶安全至关重要，因此汽车转向系统的零件都称为安全件。纯电动汽车转向系统要遵循由易到难、由外到内、由电气部件到机械部件的原则进行，并且一般是利用设备进行的不解体优先。本节主要介绍转向操纵机构、转向器、转向传动机构和转向助力系统的检测。

（一）检查转向操纵机构

1. 转向操纵机构的基本检查

① 用手握住转向盘上下推拉，不应有间隙感觉，否则，应检查紧固转向盘与转向柱的紧固螺栓、转向套管的固定螺栓。

② 缓慢或迅速转动转向盘，查看是否有卡滞或锁止情况。

2. 转向盘自由行程检测

① 停车且使两轮处于直线行驶位置。

② 缓慢或迅速转动转向盘，检查两种情况下转向盘的操作力有无明显差别，并检查转向盘能否回到中间位置。

③ 向左或向右转动转向盘至感到有阻力时，记下指针所指的位置，再向右或向左转动转向盘至感到有阻力时为止，此时指针在刻度盘上所划过的角度就是转向盘自由行程，转向盘最大自由行程不大于 30 mm 或 10°~15°。

（二）检查转向器

1. 转向器基本检查

① 目视检查转向器壳体上是否有裂纹。

② 目视检查轴承、衬套、防尘罩的龟裂、磨损、损坏或损伤。若有龟裂或者损伤，更换新的

齿条波纹防尘罩及卡箍。

2. 转向器机械检测

① 检查转向小齿轮与齿条有无磨损与损坏。

② 用扭力扳手等工具空载转动转向器元件,检查转向器空载力矩是否有卡滞等异常现象。如果转向器空载力矩有卡滞等异常现象,换上新的转向器总成。

（三）检查转向传动机构

1. 检查转向横拉杆

（1）转向横拉杆基本检查

举升起车辆后,目视检查转向横拉杆和车轮间隙,应无间隙。

（2）转向横拉杆机械检测

拆下横拉杆进行检查;检查横拉杆是否弯曲,不严重时可校正,严重时要更换。检查转向横拉杆直线度,横拉杆直线度公差小于 2 mm。

（3）检查锁紧螺母

用手锤敲击检查锁紧螺母是否松动,若松动应锁紧。

2. 检查防尘罩

检查万向节、转向横拉杆防尘罩是否有漏油或裂纹等损坏或老化,如有应及时更换。

3. 检查转向横拉杆球头

（1）基本检查

用手指用力压防尘罩,检查在防尘罩上是否有龟裂或者损伤。如果防尘罩上有龟裂或者损伤,则要更换转向横拉杆外部接头。

（2）机械检测

① 检测横拉杆球头销内外球头的力,并检查球头销圆弧及颈部磨损的情况,要求球头销圆弧及颈部沟槽深度不大于 0.5 mm,否则,应进行修理或更换。

② 将外拉杆接头分总成固定在台虎钳上。用扭力扳手等工具以 3~5 s 一圈的速度连续转动球节,并检查转动过程中是否有卡滞等异常现象。若转动过程中有卡滞等异常现象,换上新的横拉杆外部接头总成。

（四）检查助力系统

1. 转向助力系统基本检查

① 检查助力电动机的机械部件有无漏油,若有则需要更换全部 O 形圈及密封垫。

② 检查助力系统中转向助力电动机、转矩传感器、车速传感器等装置的插接器是否存在退针、损坏、脱落等破损现象,若有应及时进行处理,主要是修复或更换。

2. 转向助力系统初步诊断

连接诊断仪读取转向助力系统的数据信息,根据数据流分析其具体工况,主要需要读取的数据有包括：力矩信号占空比、力矩辅助信号占空比、转向值、P 值、S 值等数据。

3. 电气检测

（1）转向电动机检测

① 连接跨接器,检测转向电动机的供电电压,查看其是否正常,转向电动机的供电电压约为 10~16 V 之间,若不正常应进行下一步检修。

② 断开转向助力电动机的插接器,用万用表测助力电动机的电阻,看其是否在正常范围以内,若不正常应及时检修。

(2) 转矩传感器检测

① 连接跨接器,检测转矩传感器的供电电压,查看其是否正常,转矩传感器的供电电压约为 5 V 左右,若不正常应进行下一步检修。

② 若转矩传感器供电正常则检测其信号,需断开转矩传感器的插接器,用万用表检测转矩传感器的信号线电阻,正常应小于 0.5 Ω。

③ 若信号线正常应检查传感器是否损坏,常用替换法进行,若存在故障及时进行检修。

(3) 转向系统控制模块总线工作电压

连接跨接器,用万用表检测转向系统控制模块 CANH 工作电压和 CANL 工作电压,正常电压 CANH 为 2.5~3.5 V;CANL 为 1.5~2.5 V。

若转向系统相关部件的检测数值不在规定的范围内,请进一步检测确认故障,并根据故障点进行维修,具体检测标准见表 5-2-1。

表 5-2-1 比亚迪 E5 转向系统标准检测数据

检修内容	标准值范围
转向横拉杆锁紧螺母	40 N·m
转向盘自由行程	10°~15°或者最大 30 mm
电动机位置传感器供电检测	12 V 左右
转矩传感器供电检测	5 V 左右
转向电动机供电检测	10~16 V
转向系统控制模块 CANH 电压检测	2.5~3.5 V
转向系统控制模块 CANL 电压检测	1.5~2.5 V

实训　比亚迪 E5 电动助力转向机构检修

◆ 实训准备

1. 安全操作规范

① 实训操作前需穿戴工作服和手套等个人防护装备。
② 电动助力机构和电动助力电动机检测时需使用检测工具。
③ 举升机的操作应符合使用规范。

2. 实操工具准备

(1) 设备准备

2018款比亚迪E5实训车辆、维修工位。

(2) 工具准备

① 检测工具：数字万用表、比亚迪VDS2000专用诊断仪套件。

② 防护用品：车内三件套、车外三件套。

◆ 实训步骤

1. 前期准备

① 安装车内防护三件套。

② 打开前机舱盖。

③ 安装车外防护三件套。

④ 检查车辆冷却液是否符合标准，检查制动液是否符合标准，检查低压蓄电池接线柱是否连接可靠，检查低压蓄电池电压是否在12 V的规定范围内。

比亚迪E5电动转向机构检修-前期准备

2. 电动助力机构在线检测

① 取出比亚迪VDS2000专用诊断仪套件。

② 连接诊断仪相关线束，连接VCDI无线诊断接口。

③ 打开比亚迪专用诊断仪电源开关，待电源开启后，进入比亚迪E5诊断系统，并读取车辆VIN码。

④ 读取故障码。

a. 选择读取整车数据，等待车辆通信完成之后，点击转向助力模块，进入模块数据读取页面。

b. 读取转向助力模块故障码，记录后清除故障码，然后重新读取故障码。

⑤ 读取数据流。

读取电动助力转向相关数据流，判断电动助力机构工作状态。

⑥ 关闭诊断仪。

a. 退出诊断系统，关闭诊断仪。

b. 拔下VCDI无线诊断接口，关闭车辆点火开关。

比亚迪E5电动转向机构检修-电动助力机构在线检测

3. 助力电动机检测

(1) 举升车辆

① 放置举升机顶脚，并调整举升位置。

② 举升车辆至合适位置。

(2) 将设备置于车辆底部

将工具车和检测设备放置于车辆底部。

(3) 助力电动机外观检查

① 检查助力电动机外观良好，无外伤及腐蚀情况。

② 按压助力电动机插接器锁舌，拔下插接器，如图5-2-21所示，插接器端子无异常。

(4)助力电动机电气检测

① 拆卸电动助力电动机电缆插接器。

② 选用万用表,校表确认万用表情况良好,如图 5-2-22 所示。

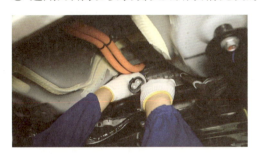

图 5-2-21 拔下插接器检查

图 5-2-22 校表确认万用表情况良好

③ 选择 200Ω 测试挡,使用红黑表笔分别连接助力电动机两个端子,如图 5-2-23 所示,测量助力电动机绕组阻值。

④ 观察并记录测量数值,如图 5-2-24 所示,根据数值判断助力电动机工作情况。

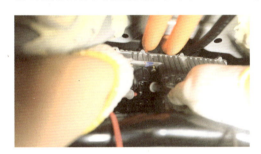

图 5-2-23 红黑表笔分别连接助力电动机两个端子

图 5-2-24 观察并记录测量数值

注意事项

标准数值应为 1Ω 左右,若电阻值低于 0.5Ω,则说明助力电动机存在短路故障,若电阻过大,甚至于是无穷大时则说明电动机存在断路故障。

⑤ 装复助力电动机电缆插接器,如图 5-2-25 所示。

图 5-2-25 装复助力电动机电缆插接器

比亚迪 E5 电动转向机构检修-电动助力电机检测

比亚迪 E5 电动转向机构检修-整理归位

（5）推出工具车

推出工具车。

（6）取出举升机顶脚

降低车辆至轮胎着地，取出举升机顶脚。

4. 整理归位

① 取下车内三件套。

② 回收车外三件套。

③ 按照 7S 管理标准，整理工具和场地。

本任务介绍了转向系统的组成、类型和工作原理，并以比亚迪 E5 为例介绍了纯电动汽车转向系统检修内容和方法。

汽车转向系统的功用是保证汽车能按驾驶员的意志进行转向行驶。按照不同标准，转向系统可以分为不同的类型。汽车转向系统根据转向能源的不同，可分为机械转向系统和动力转向系统两大类型。动力转向系统按照能源形式的不同可以分为液压助力、气压助力和电动机助力三种类型。目前，广泛应用的为电动助力转向。

电动助力转向系统主要由转向操纵机构和机械转向装置、电动助力装置三大机构组成。其中机械转向装置中包括机械转向器、转向传动机构。转向操纵机构的作用是将驾驶员转动转向盘的操纵力传给转向器。机械转向装置是转向系统中的减速传动装置，一般可以实现 1～2 级的减速，包括机械转向器、转向传动机构。电动助力装置可以根据车速信息和驾驶员操作信息控制转向系统提供的转向助力，其主要由车速传感器、转角传感器、转矩传感器、助力电动机、电子控制单元构成。电动助力转向系统根据车速、转角和转矩等信号控制助力电动机提供的转向助力，辅助驾驶员进行转向操作。

纯电动汽车电动助力转向系统由转矩传感器、转角传感器、蜗轮蜗杆减速机构、助力电动机、齿轮齿条转向器、EPS 控制单元组成。其工作原理与传统内燃机车工作原理基本相同，只是在控制时需要考虑点火信号和 OK 灯信号。

一、判断题

1. 机械式转向操作系统可以通过机械传给转向轮，使转向轮发生偏转，实现汽车的转向。（　　）
2. 气压助力转向系统主要应用于各类轿车。（　　）
3. 转向系统中的输入轴作用是传递转向器和转向节之间的力及调正前束。

（　　）

4. 转矩传感器在纯电动汽车助力转向系统中的作用是 EPS 控制单元在参照车速的基础上通过转矩信号的电压变化改变助力电动机的助力大小。（   ）
5. 纯电动汽车中转向器上的助力电动机由蜗轮蜗杆和助力电动机组成。（   ）

二、选择题

1. 比亚迪 E5 采用哪种形式的转向器?（   ）。【单选题】
   A．蜗杆曲柄指销式
   B．循环球式
   C．齿轮齿条式
   D．齿轮式
2. 转向器中的助力电动机一般是哪种电动机?（   ）。【单选题】
   A．永磁同步电动机
   B．交流异步电动机
   C．开关磁阻电动机
   D．交直流两用电动机
3. 纯电动车里应用较多的是哪种形式的转矩传感器?（   ）。【单选题】
   A．非接触式　　　　　　　　　　B．接触式
   C．扭杆式　　　　　　　　　　　D．感应式
4. 转向系统按照转向能源可分为（   ）。【多选题】
   A．机械转向系统
   B．动力转向系统
   C．液压转向系统
   D．电压转向系统

三、简答题

1. 请说出电动助力转向系统组成及各组成作用。

2. 请说出纯电动汽车的转向系统组成及工作原理。

任务 3　制动系统结构与检修

1. 了解制动系统功用、组成及类型。
2. 掌握行车制动系统和驻车制动系统组成及工作原理。
3. 理解电控制动系统组成和工作原理。
4. 掌握纯电动汽车制动系统主要部件的检修方法。
5. 能按照操作规范完成制动器和电动真空泵的检修。

任务导入

一辆牌照尾号为 1234 的纯电动汽车进入 4S 店进行维修，车主反映车辆有故障灯点亮现象，但未感受到车辆有明显异常。维修接待人员试车发现车辆仪表板 ABS 故障指示灯点亮，且仪表显示请检查制动系统；路试确认车辆制动良好无明显异常。经高级维修技师诊断，故障原因指向车辆制动系统，需要针对此故障进行维修。现车间调度将任务工单派发至你手中，请学习相关知识，安全规范地完成分派的检修任务。

新能源汽车制动系统故障检修—情景导入

知识储备

汽车的制动系统是纯电动汽车底盘的三大系统之一,是影响行车安全的关键系统,如图5-3-1所示。制动系统可以使行驶中的汽车减速、停车,使下坡行驶的汽车的速度保持稳定及已停止行驶的汽车保持不动,从而保证汽车按照驾驶员的操纵进行制动、减速和停车。本任务主要介绍纯电动汽车制动系统的功用、组成、原理及类型。

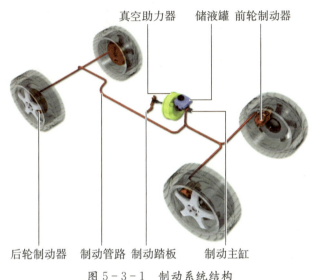

图 5-3-1 制动系统结构

一、制动系统基础知识

制动系统是汽车安全系统,为了实现汽车的制动功能,需要在汽车上安装一系列专门装置,以便驾驶员能根据道路和交通等情况,迫使路面在汽车车轮上施加一定的与汽车行驶方向相反的外力,并对汽车进行一定程度的强制制动,使行驶中的汽车按照驾驶员的意愿进行减速甚至停车。这种可控制的对汽车进行制动的外力即称为制动力,用于产生制动力的一系列专门装置即称为制动系统。

(一)制动系统功用

汽车制动系统不仅能够保证行驶中的汽车按照驾驶员的要求强制减速甚至停车,使已停驶的汽车在各种道路条件下(包括在坡道上)稳定驻车,车辆可靠停放,还能使下坡行驶的汽车速度保持稳定,保障汽车和驾驶员的安全,如图5-3-2所示。

(二)制动系统组成

汽车制动系统主要由供能装置、控制装置、传动装置和制动执行装置等部分组成,较为完善的制动系统还包括制动力调节装置以及报警装置和压力保护装置。

制动系统功用

图 5-3-2 制动系统功用

1. 供能装置

供能装置是指供给、调节制动所需能量以及改善传能介质状态的各种部件,是制动系统的能源供给和产生装置,制动系统常用的供能装置可以是人工的,也可以是助力(空气助力、液压助力、空液助力)的。

2. 控制装置

控制装置是指产生制动动作和控制制动效果的各种部件,如制动踏板、驻车制动器(也有人工和电子之分)、制动阀、手控制动阀、快放阀与继动阀、双向阀等。

3. 传动装置

传动装置将驾驶员或其他动力源的作用力传递到制动器,同时控制制动器工作,从而获得所需的制动力矩,如制动主缸和制动轮缸等。制动主缸又称制动总泵,它处于制动踏板与管路之间,其功用是将制动踏板输入的机械力转换成液压力。主缸有单腔主缸和双腔主缸,现代轿车最常用的是串联双腔制动主缸,即两个单腔制动主缸串联在一起,形成双回路制动系统,当一个回路失效时,制动主缸必须保证另一个回路仍能工作。制动轮缸主要用来排除制动管路中混入的空气,并驱动制动器有单活塞式制动轮缸和双活塞式制动轮缸,单活塞式制动轮缸多用于单向助势平衡式车轮制动器,目前趋于淘汰。

4. 制动执行装置

制动执行装置是指产生阻碍车辆运动或运动趋势力的装置,即产生制动力的制动器。汽车上常用的制动器都是利用固定元件与旋转元件工作表面的摩擦而产生制动力矩,因此,又称为摩擦式制动器。

(三) 制动系统类型

汽车制动系统按照不同的标准可分为不同类型,常见的分类方式如下。

1. 按照制动系统功用分类

制动系统主要分为行车制动系统、驻车制动系统、第二制动系统和辅助制动系统三种类型。

行车制动系统是使行驶中的汽车降低速度甚至停车的一套专门装置，它是在行车过程中经常使用的；驻车制动系统是使已经停驶的汽车驻留在原地不动的一套装置；第二制动系统是在行车制动系统失效的情况下保证汽车仍能实现减速或停车的一套装置，许多国家的制动法规中规定，第二制动系统是汽车必须具备的；辅助制动系统是在汽车下长坡时用以稳定车速的一套装置，例如，经常行驶在山区的汽车，若单靠行车制动系统来达到下长坡时稳定车速的目的，则可能导致行车制动系统的制动器过热而降低制动效能，甚至完全失效。因此，山区用汽车还应具备起缓速作用的辅助制动系统。

现实生活中，制动力矩和制动力的大小是驾驶员可以控制的。我们把一定范围内逐渐变化的制动称为渐进制动。以上四种制动系统类型中，行车制动系统和第二制动系统必须能实现渐进制动，驻车制动系统则无此必要。

2. 按照制动系统的制动能源分类

制动系统主要分为人力制动系统、动力制动系统和伺服制动系统三种类型。

人力制动系统是以驾驶员的肌体作为唯一制动源的制动系统。动力制动系统是完全靠由发动机的动力转化而成的气压或液压形式的势能进行制动的制动系统。伺服制动系统是兼用人力（人力制动系统）和发动机动力（动力制动系统）进行制动的制动系统。在正常情况下，制动能量大部分由动力伺服系统供给，而在动力伺服系统失效时，还可以完全依靠驾驶员提供动力。

3. 按照制动能量传输方式分类

制动系统分为机械式制动系统、液压式制动系统、气压式制动系统和电磁式制动系统等类型。同时采用这四种制动系统中两种以上传能方式的制动系统可称为组合式制动系统。

传动装置采用单一的气压或液压回路的制动系统称为单回路制动系统，这种制动系统只要有一处损坏而漏气（油），整个系统即失效，目前汽车上基本不采用。而传动装置采用两条气压或液压回路的制动系统称为双回路制动系统，目前所有汽车都采用双回路制动系统，如轿车的左前轮和右后轮共用一条制动回路，右前轮和左后轮共用另一条制动回路，当一个回路失效时，另一个回路仍能工作，这样有效提高了汽车的行车安全性。

二、驻车制动系统组成与原理

驻车制动系统的作用就是在停车时，给汽车一个阻力，使已经停驶的汽车驻留在原地不动。驻车制动系统按照操纵方式的不同，分为机械式驻车制动系统和电子式驻车制动系统。机械式驻车制动系统是用手或者脚等人的肌体直接操纵的驻车机构，电子式驻车制动系统是利用电子控制方式实现驻车操纵的系统。

（一）机械式驻车制动系统组成及原理

人力制动系统的制动能源仅仅是驾驶人的肌体，按其传动装置的结构形式，人力制动系统有机械式和液压式两种。而现代驻车制动系统常用的是电子驻车制动系统。

1. 机械式驻车制动系统组成

机械式驻车制动系统主要由控制装置、传动装置和制动器组成,其中控制装置是指操纵手柄或者按钮;传动装置则是指操纵拉索、杠杆、拉杆、轴、摇臂等机械部件,所以机械式驻车制动系统主要由操纵手柄、操纵拉索和制动器等组成,如图5-3-3所示。驻车制动器可以是与行车制动器共用的制动器,也可以是独立制动器。与行车制动系统共用制动器的驻车制动系统,一般是在后轮制动器上增加一套机械操纵机构,用制动手柄控制。独立的驻车制动器,一般布置在变速器之后,万向传动装置之前,是专设的中央制动器,盘式制动器和鼓式制动器都可以用作驻车制动器,但是这种采用中央制动器的驻车制动系统不宜用于应急制动,因为其制动力矩是作用在传动轴上的,在汽车行驶中紧急制动时,极易造成传动轴和驱动桥严重超载,还可能因差速器壳被抱死而发生左右两驱动轮的旋转方向相反,致使汽车制动时跑偏甚至掉头。

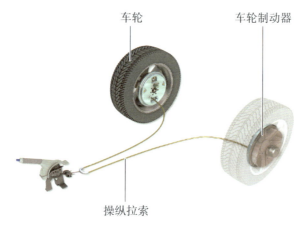

图5-3-3 机械式驻车制动系统组成

驻车制动系统必须可靠地保证汽车在原地停驻并在任何情况下不能自动滑行,这一点只有用机械锁止方法才能实现,这便是驻车制动系统多用机械式传动装置的主要原因。

2. 机械式驻车制动系统原理

实施驻车制动时,驾驶人将驻车制动操纵杆向上扳起,并通过调整拉杆、平衡杠杆,将驻车制动操纵拉索拉紧,从而促动两后轮制动器进行驻车制动。此时,由于棘爪的单向作用,棘爪与棘爪齿板啮合,操纵杆不能反转,因此整个驻车机械制动杆能可靠地被锁定在制动位置,欲解除制动,须先将操纵杆扳起少许,再压下操纵杆端头的压杆按钮,通过棘爪压杆,使棘爪离开棘爪齿板,然后将操纵杆向下推到解除制动位置,此时拉索放松,驻车制动解除,随后应立即放松操纵杆端按钮,使棘爪得以将整个驻车机械制动杆锁止在解除制动位置。

(二)电子式驻车制动系统组成及原理

电子式驻车制动系统(EPB, Electrical Park Brake)是由电子控制方式实现驻车制动的,它是将行车过程中的临时性制动和停车后的长时性制动功能整合在一起形成的。目前在汽车上应用的电子驻车制动技术主要有两种形式,一种是拉索式电子驻车制动系统,另一种是卡钳集成式电子驻车制动系统。目前在汽车上应用最多的是卡钳集成式电子驻车制动系统。

1. 电子式驻车制动系统的组成

电子式驻车制动系统主用电子按钮、电动机组件替代了机械式驻车操纵手柄、机械杠杆和拉索等控制装置,所以电子式驻车制动系统主要由电子按钮、电动机、电子控制单元等组成。

2. 电子式驻车制动系统的工作原理

电子式驻车制动系统的工作原理与机械式驻车制动系统相同,均是通过制动盘与制动片产生的摩擦力来实现驻车制动,只不过控制方式由电子按扭和电动机动作来替代原来手动操作和机械连动,电子控制单元(ECU)和电动机组件直接通过电气线束进行连接。驻车时,当驾驶员操作电子按钮后,电子控制单元将控制集成在左右制动卡钳中的电动机动作,并带动制动卡钳活塞移动产生机械夹紧力从而完成驻车制动,故该系统全称为电子控制式机械驻车制动系统。

3. 电子式驻车制动系统的优点

与传统的手动机械驻车制动系统相比,电子式驻车制动系统具有以下优点:

① 车厢内取消了驻车制动手柄,为整车内饰造型的设计提供了更大的发挥空间。

② 驻车制动由一个按键替代了驾驶员的用力拉驻车制动手柄,简单省力,降低了驾驶员尤其是女性驾驶员的操作强度。

③ 随着汽车电子驻车控制技术的不断发展,该系统不仅能够实现静态驻车、静态释放、自动释放等基本功能,还增加了自动驻车和动态驻车等辅助功能。自动驻车技术的运用,使得驾驶员在车辆停下时不需要长时间踩制动踏板,以及启动自动电子驻车制动的情况下,能够避免车辆不必要的滑行。

三、行车制动系统组成与原理

行车制动系统可以实现行驶中的汽车减速和停驶的目的。早期汽车的制动系统采用的是液压式制动系统,但是汽车高速化后,要求制动液压力升高,液压制动系统是难以实现的,所以后期应用较多的制动系统是在普通液压制动系统中,加装了真空加力装置,可以减轻驾驶员施加于制动踏板上的力,增加车轮的制动力,达到操纵轻便、制动可靠的目的,也就形成了伺服制动系统。本节主要介绍伺服制动系统类型、组成及原理。

(一)伺服制动系统类型

1. 按照伺服制动系统操纵方式不同

伺服制动系统可分为助力式伺服系统和增压式伺服系统,助力式伺服系统的控制装置用制动踏板机构直接操纵,也称为直接式伺服系统,它产生的助力与人力一起作用于液压主缸,以提高制动力。增压式伺服系统的控制装置是用制动踏板机构通过主缸输出的液压操纵,也称为间接操纵式伺服系统,它产生的助力与主缸液压共同作用于一个中间传动液缸(辅助缸),从而使输出到轮缸的压力远高于主缸液压,提高制动效率。

2. 按照伺服能量的类型不同

伺服制动系统按照能量的类型不同,可分为真空助力伺服制动系统、气压伺服制动系统和液压伺服制动系统。其中,真空助力伺服制动系统是在当前轿车和纯电动汽车上应用最广泛的一种伺服制动系统,本节主要介绍真空伺服制动系统组成和原理。

（二）真空助力伺服制动系统组成及原理

为了提高汽车的制动效能,减轻驾驶员的劳动强度,采用液压制动传动机构的汽车多数装有制动助力装置。根据制动助力装置的力源不同,制动助力装置可分为真空助力器和液压助力器两种。

1. 真空助力伺服制动系统组成

以下列一款车为例,本车采用的是对角线布置的双回路液压制动系统,即左前轮缸与右后轮缸为一液压回路,右前轮缸与左后轮缸为另一液压回路。其真空助力伺服制动系统主要由制动踏板、储液罐、制动主缸、制动轮缸、制动器、真空管路、真空助力器、制动液等组成,如图5-3-4所示。制动踏板是制动系统中的控制装置;储液罐是制动系统储能装置;制动主缸和制动轮缸是将制动能量传输到制动器的传动装置;制动器是制动执行装置;真空管路就是输送真空能(负气压能)的通道;真空助力器是制动系统的供能装置。

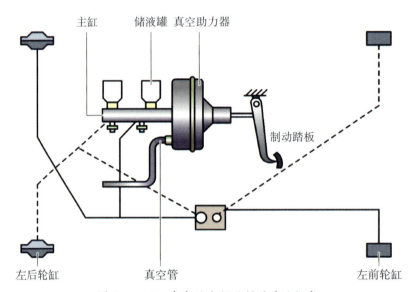

图5-3-4 真空助力伺服制动系统组成

（1）制动主缸

制动主缸是制动系统的传动装置,它是单向作用活塞式液压缸,其作用是将踏板输入的机械能转换成液压能,并通过制动管路传输给各缸的制动轮缸。

① 制动主缸的类型。制动主缸按照工作腔的数目分为单腔和双腔两种,分别作用于单回路和双回路制动系统。按交通法规的要求,现代汽车的行车制动系统都必须采用双回路制动系统,因此液压制动系统都采用串联双腔制动主缸。

② 串联双腔制动主缸的结构。串联双腔制动主缸由第一活塞(前缸活塞)、第二活塞(后缸活塞)、皮碗、星形垫片、密封圈、卡环、回位弹簧、推杆弹簧、限位螺钉和主缸缸体组成,如图5-3-5所示。主缸缸体上有两个进油孔和两个出油孔。第一活塞(前缸活塞)、第二活塞(后缸活塞)各用密封圈密封,并用挡圈定位。两个储液筒分别与前腔B、后腔A相通,通过各自的出油孔与前后制动轮缸相通,前缸活塞靠后缸活塞的液力推动,而后缸活塞直接由推杆推动。

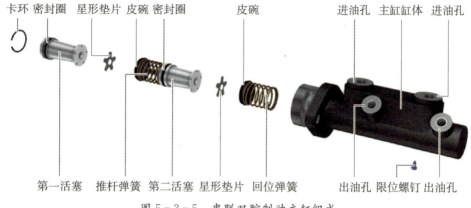

图 5-3-5 串联双腔制动主缸组成

③ 串联双腔制动主缸的工作过程。串联双腔制动主缸在不工作时,前后腔内的活塞头部与皮碗正好位于各自的旁通孔和补偿孔之间。第一活塞回位弹簧的弹力大于第二活塞回位弹簧的弹力,以保证两个活塞不工作时都处于正确的位置。

制动时,驾驶员踩下制动踏板,踏板压力通过传动机构传给推杆,并推动第二活塞向前移动,皮碗盖住旁通孔后,后腔压力升高。在后腔液压和回位弹簧力的作用下,第一活塞向前移动,第一腔压力也随之提高。当继续向下踩制动踏板时,前后腔的液压继续提高传入前后制动器,使前后制动器产生制动,如图 5-3-6 所示。

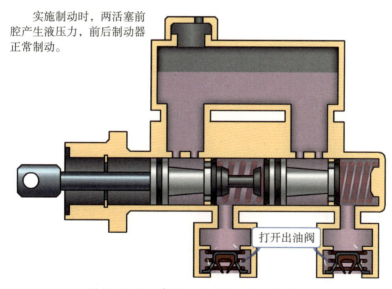

图 5-3-6 串联双腔制动主缸工作原理

解除制动时,驾驶员松开制动踏板,在两活塞弹簧的作用下,制动主缸中的活塞和推杆回到初始位置,管路中的油液推开回油阀流回制动主缸,从而制动作用消失。

(2) 制动轮缸

制动轮缸的作用是把从制动主缸输入的油液压力转变为轮缸活塞的推力,推动制动蹄压靠在制动鼓上,使制动器进入工作状态,产生制动作用。

①制动轮缸的类型。制动轮缸分为两类：单活塞式制动轮缸和双活塞式制动轮缸，如图5-3-7所示。

②制动轮缸的结构。单活塞式制动轮缸由活塞、皮碗、弹簧、轮缸缸体、放气螺钉、油管接头、调整螺栓等组成。双活塞式制动轮缸由活塞（两个）、皮碗（两个）、推杆（两个）、弹簧、轮缸缸体、放气螺钉、油管接头、防尘套组成，如图5-3-8所示。

图5-3-7 制动轮缸类型

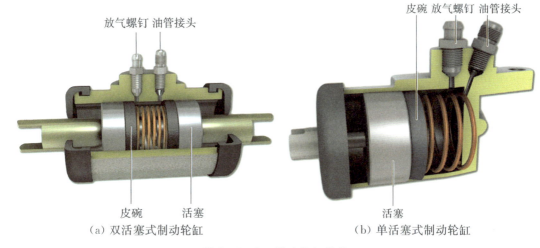

(a) 双活塞式制动轮缸　　　　(b) 单活塞式制动轮缸

图5-3-8 制动轮缸结构

③制动轮缸的工作过程。制动轮缸实施制动时，轮缸活塞在液压力作用下外移，推动制动蹄压紧制动鼓，产生制动作用，如图5-3-9所示。解除制动时，制动液流回制动主缸，制动蹄在回位弹簧作用下回位。

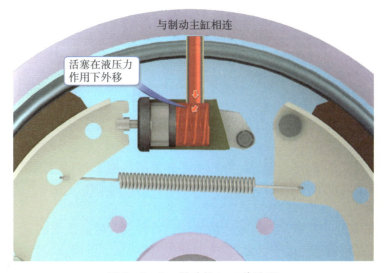

图5-3-9 制动轮缸工作过程

(3) 真空助力器

① 真空助力器的组成。真空助力器是利用真空能（负气压能）对制动踏板进行助力的装置，由踏板机构直接操控，真空助力器主要由真空伺服气室、控制阀、膜片、回位弹簧、推杆等部分组成，如图5-3-10所示。

其中，真空伺服气室由前、后壳体组成，其间夹装有伺服

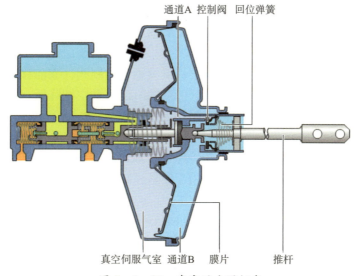

图5-3-10 真空助力器组成

气室膜片，将伺服气室分成前、后两腔。前腔经真空单向阀通向发动机进气歧管或者真空罐（即真空源），后腔膜片座的毂筒中装有控制阀。控制阀主要是真空阀，它与控制阀推杆固定装在一起，控制阀推杆借调整叉与制动踏板机构连接。外界空气经过滤环和毛毡过滤环滤清后进入伺服气室后腔。伺服气室膜片座上有通道A和B，通道A用于连通伺服气室前腔和控制阀，通道B用来连通伺服气室后腔和控制阀。

② 真空助力器工作过程。真空助力器不工作时，弹簧将推杆连同控制阀柱塞推到后极限位置（即真空阀开启），橡胶阀门则被弹簧压紧在空气阀座上（即空气阀关闭），伺服气室前、后腔经通道A、控制阀腔和通道B互相连通，并与空气隔绝，如图5-3-11所示。

真空助力器工作原理

图5-3-11 真空助力器工作过程

在发动机开始工作且真空单向阀被吸开后,伺服气室左右两腔内都产生一定的真空度。当制动踏板踩下时,起初气室膜片座固定不动,来自踏板机构的操纵力推动控制阀推杆和控制阀柱塞相对于膜片座前移。

真空助力器充分工作时,控制阀推杆继续推动控制阀柱塞前移,到其上的空气阀座离开橡胶阀门一定距离。外界空气充入伺服气室后腔,使其真空度降低。在此过程中,膜片与阀座也不断前移,直到阀门重新与空气阀座接触为止。

因此,在任何一个平衡状态下,伺服气室后腔中的稳定真空度与踏板行程呈递增函数关系,因为橡胶反作用盘具有液体那样传递压力的作用,与橡胶反作用盘接触的面积相比,制动主缸推杆比控制阀柱塞的大,所以作用于制动主缸推杆的力比作用于控制阀柱塞的大。

(4)制动器

制动器是具有使运动部件或运动机械减速、停止或保持停止状态等功能的装置,是使机械中的运动件停止或减速的机械零件。汽车上常用的制动器都是利用固定元件与旋转元件工作表面的摩擦而产生制动力矩,因此,制动器又称摩擦式制动器。目前各类汽车所用的摩擦式制动器按照结构特点可分为鼓式和盘式两大类,如图5-3-12所示。

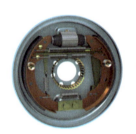 

(a)鼓式制动器　　　　　　　(b)盘式制动器

图5-3-12　制动器类型

鼓式制动器的旋转元件是制动鼓,固定元件是制动蹄,制动时制动蹄在促动装置作用下向外旋转,外表面的摩擦片压靠到制动鼓的内圆柱面上,对制动鼓产生制动摩擦力矩;盘式制动器摩擦副中的旋转元件是以端面工作的金属圆盘,称为制动盘。

鼓式制动器中凡对制动蹄端加力使制动蹄转动的装置统称为制动蹄促动装置,制动蹄促动装置有轮缸、凸轮和楔。按照制动蹄促动装置的不同,鼓式制动器可分为轮缸式制动器、凸轮式制动器和楔式制动器三种类型,如图5-3-13所示。盘式制动器按摩擦副中固定元件的

(a)轮缸式制动器　　　(b)凸轮式制动器　　　(c)楔式制动器

图5-3-13　鼓式制动器类型

结构不同,盘式制动器可分为钳盘式和全盘式两大类。本节主要介绍盘式制动器的两种类型。

① 钳盘式制动器。钳盘式制动器是由旋转元件(制动盘)和固定元件(制动钳)组成,制动盘是摩擦副中的旋转件,它是以端面工作的金属圆盘;制动钳是由装在横跨制动盘两侧的夹钳形支架中的制动块和促动装置组成,制动块是由工作面积不大的摩擦块和金属背板组成,每个制动器中一般有2~4个制动块。

钳盘式制动器主要有定钳盘式制动器和浮钳盘式制动器两种,如图5-3-14所示。

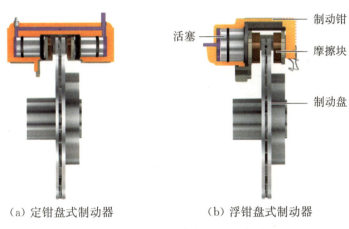

(a) 定钳盘式制动器　　(b) 浮钳盘式制动器

图 5-3-14　钳盘式制动器类型

a. 定钳盘式制动器。定钳盘式制动器的制动钳安装在车桥上,它既不能旋转,也不能沿制动盘轴线方向移动,因而必须在制动盘两侧的钳体中都装设制动块促动装置,以便分别将两侧的制动块压向制动盘。

◇ 定钳盘式制动器组成。定钳盘式制动器主要由制动盘支架、摩擦片、制动盘、轮缸活塞、活塞防尘罩、油管接口和密封圈等组成,如图5-3-15所示。

图 5-3-15　定钳盘式制动器结构

盘式制动器基本结构

◇ 定钳盘式制动器的工作原理。制动时,制动液被压入内外两侧油缸中,两活塞在液压作用下移向制动盘,并通过垫圈和压圈将制动块压靠到制动盘上,在活塞移动过程中,橡胶密封圈的刃边在摩擦作用下随活塞移动,使密封圈产生弹性变形,相当于极限摩擦力的密封圈极限变形量,应等于制动器间隙为设定值时的完全制动所需活塞行程。解除制动时,活塞连同垫圈和压圈在密封圈的弹力作用下退回,直到密封圈变形完全消失为止。此时摩擦块与制动盘之间的间隙(制动器间隙)即为设定间隙,若制动器存在过量间隙,则制动时活塞密封圈变形量达到极限值以后,活塞仍可在液压作用下克服密封圈的摩擦力而继续移动,直到实现完全制动为止,但解除制动后,制动器间隙即恢复到设定值,因活塞密封圈将活塞拉回的距离仍然等于密封圈极限变形量,如图 5-3-16 所示。

定钳盘式制动器的工作原理

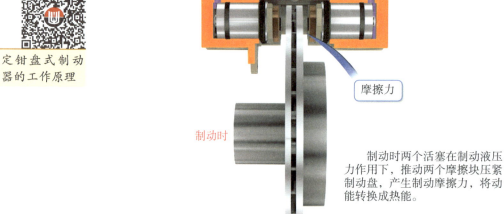

制动时两个活塞在制动液压力作用下,推动两个摩擦块压紧制动盘,产生制动摩擦力,将动能转换成热能。

图 5-3-16 定钳盘式制动器工作原理

由此可见,活塞密封圈能兼起活塞复位弹簧和一次调准式间隙自调装置的作用,油缸活塞与制动块之间通过消声片、压圈和粉末冶金垫圈来传力,可以减小制动时发生的噪声。

b. 浮钳盘式制动器。浮钳盘式制动器的制动钳一般可以相对制动盘轴向滑动或摆动。它只在制动盘的内侧设置液压缸,外侧的制动块附装在钳体上。按制动钳的运动方式不同,浮钳盘式制动器又可分为滑动钳盘式制动器和摆动钳盘式制动器。滑动钳盘式制动器的制动钳可以相对制动盘作轴向滑动,其中只在制动盘的内侧设置油缸,而外侧的制动块则附装在钳体上。摆动钳盘式制动器也是单侧设置油缸,其制动钳体与固定在车轴上的支座铰接,故不能滑动,而是在与制动盘垂直的平面内摆动以实现制动,为使制动块磨损均匀,常将摩擦块预先做成楔形(摩擦面相对背板平面的倾斜角约 6°)。

◇ 浮钳盘式制动器组成。由于滑动钳盘式制动器结构简单紧凑,且便于安装,得到了广泛的应用。本书中提到的浮钳盘式制动器即为滑动钳式的浮钳盘式制动器,其主要由制动盘、摩擦块、制动钳支架、制动钳、制动钳壳体、导向螺栓、活塞、油封、活塞防尘罩、保持弹簧和橡胶衬套等组成,如图5-3-17所示。

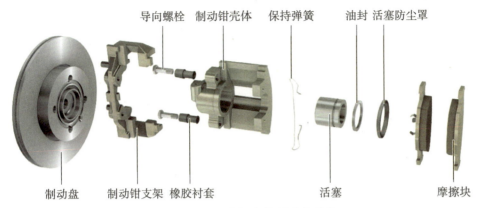

图5-3-17 浮钳盘式制动器结构

◇ 浮钳盘式制动器工作原理。制动钳支架固定在转向节上,制动钳体可沿导向螺栓相对支架轴向滑动,制动时,活塞在液压力作用下将活动制动块推向制动盘,与此同时,作用在制动钳体上的反作用力推动制动钳体沿导向螺栓向右移动,使固定在制动钳体上的制动块压靠到制动盘上,于是制动盘两侧的摩擦块在液压力和反作用力下,夹紧制动盘,使之在制动盘上产生与运动方向相反的制动力矩,促使汽车制动,如图5-3-18所示。

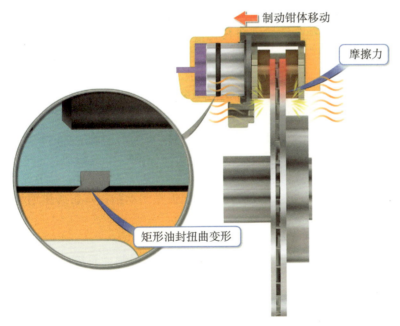

浮钳盘式制动器工作原理

图5-3-18 浮钳盘式制动器工作原理

与定钳盘式制动器相比,浮钳盘式制动器的单侧油缸结构不需要跨越制动盘的油道,故不仅轴向和径向尺寸较小,有可能布置得更接近车轮轮毂,而且制动液受热汽化的机会较少。

浮钳盘式制动器按照结构特点的不同,又可分为实心型(中实型)和风冷型(通风型)两大类。其中,实心盘多为灰铸铁材料,散热快,重量轻,构造简单,调整方便,特别是高负载时耐高温性能好,制动效果稳定,而且不怕泥水侵袭,多用于轿车后轮,价格比较便宜。而通风盘的材料选择多样化,有碳纤维强化材料、铝基复合材料、陶瓷等摩擦材料,而且结构非常简单,质量小,在制动过程中可以减少热量的产生以增加其使用寿命;通风盘中间有均布径向的散热孔,有的盘面还开有槽或孔,用来加速通风散热,提高制动效率。通风盘多用于前轮,价格较贵,之前提到的实心盘式制动器的车辆都用于后轮,其前轮就是通风盘式。一些豪华车,譬如宝马5系、保时捷、奥迪A8等,车辆前后都采用了通风盘式制动器。

② 全盘式制动器。全盘式制动器摩擦副的固定元件和旋转元件都是完整的圆盘,分别称为固定盘和旋转盘。制动时,油缸活塞连同套筒在液压作用下压缩复位弹簧,将所有的固定盘和旋转盘都推向外侧壳体,各盘互相压紧而实现完全制动时,油缸中的间隙消失,解除制动时,复位弹簧使活塞和套筒复位。在制动器有过量间隙的情况下制动时,间隙一旦消失,套筒即停止移动,但活塞仍能在液压作用下克服密封圈与套筒间的摩擦阻力而相对于套筒继续移动到完全制动为止。解除制动时,套筒在弹簧作用下回复原位,而活塞与套筒的相对位移却不可逆转,于是制动器过量间隙不复存在。

全盘式制动器很早就已应用于轿车,但由于早期的全盘式制动器没有解决兼作驻车制动机构的问题,除了在一些高性能轿车上用于全部车轮以外,大都只用作前轮制动器,而与后轮的鼓式制动器配合,以期获得汽车在较高车速下制动时的方向稳定性。目前,随着驻车制动机构的全盘式制动器日趋成熟,全盘式制动器获得了越来越广泛的应用,许多中级甚至紧凑型轿车也已采用前后均为盘式制动器的布置形式。

(5) 储液罐

储液罐是储存制动液并为制动系统提供和补充足够能量的制动液,保证汽车在行驶制动过程中的可靠性。储液罐的下壳体出口处与制动主缸连接,开体与驾驶室的液面报警装置相接。其结构主要由下壳体、上壳体旋盖、浮子磁铁、舌簧管、开关体等零件组成。当储液罐里的液面上升或下降时,浮子带动磁铁随着液面同时上升或下降,当浮子上升到MAX的位置时,磁铁远离舌簧管开关接点,接点断开,报警装置处在非工作状态;浮子下降到MIN的位置时,磁铁接近舌簧管开关接点,接点接通,报警装置处在工作状态;提醒驾驶员该向储液罐内添加制动液。

(6) 制动踏板

制动踏板是制动系统的控制装置,其在驾驶室底板上,手动档汽车为三个踏板的,中间踏板就是行车制动踏板(自动档汽车为两个踏板,左侧的踏板是制动踏板),它的作用是使汽车减速或停车,踏下去车辆减速,直至停车。

(7) 制动液

制动液也是液压制动系统的重要组成部分,其质量的好坏对制动系统的工作可靠性有很大影响。为此,对制动液有如下要求:

① 高温下不易汽化,否则将在管路中产生气阻现象,使制动系统失效。
② 低温下有良好的流动性。
③ 不会使与之经常接触的金属(铸铁、钢、铝或铜)件腐蚀,也不会使橡胶件发生膨胀、变硬和损坏。

2. 真空助力伺服制动系统工作过程

当汽车制动时,制动踏板工作带动制动助力器,助力器将驾驶员输入的力促使推杆移动,移向主缸或离开主缸。主缸活塞通过压缩制动液将机械运动转换成液压运动,并通过制动管路将制动力传递到车轮制动部分。主缸和车轮之间的各种阀体控制流入轮缸的制动液的压力和流量。阀体不能控制制动力,但可以将制动力分配到前轮和后轮。在车轮上,液压压力被转换成机械运动,机械运动一直持续到制动机械装置的最后一个部分。在鼓式制动器中,制动是由轮缸、制动蹄和制动鼓完成的。盘式制动器的制动操作是由卡钳、制动衬垫和制动盘完成的。

四、汽车电控制动系统

为了提高汽车制动系统的响应速度、制动效果以及制动稳定性,电控系统普遍应用于汽车制动系统。现在,比较成熟的电控制动系统主要有汽车制动防抱死系统(ABS)、电子制动力分配系统(EBD)、汽车驱动防滑系统(ASR)和汽车稳定性控制系统(ESP)。

(一) 制动防抱死系统(ABS)

ABS 在制动过程中通过调节制动轮缸(或制动气室)中的压力来控制作用在车轮上的制动力矩,从而使车轮上的滑移率控制在较理想的范围之内,以此提高汽车的制动性能。

1. 制动防抱死系统(ABS)组成

制动防抱死系统(ABS)主要由轮速传感器、制动压力调节器和电子控制器(ECU)三大部分组成。如图 5-3-19 所示。轮速传感器主要用于检测车轮速度,给 ECU 提供轮速信号;电子控制单元(ECU)主要用于接收传感器信号,将信号加以分析、判别、放大,输出控制指令,控制调节器工作;压力调节器则主要用于接收 ECU 的指令,通过电磁阀的动作,控制制动系统压力的增加、保持或降低。

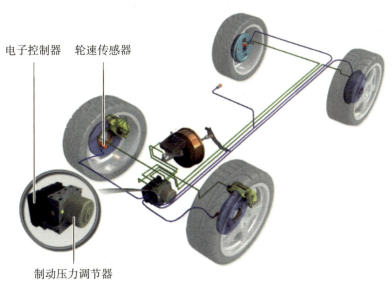

图 5-3-19 制动防抱死装置组成

2. 制动防抱死系统(ABS)工作原理

汽车制动时,首先由轮速传感器测出与制动车轮转速成正比的交流电压信号,并将该电压信号送入电子控制器(ECU),由电子控制器(ECU)中的运算单元计算出车轮速度、滑移率及车轮的加、减速度,然后再由电子控制器(ECU)中的控制单元对这些信号加以分析比较后,向压力调节器发出制动压力控制指令,使压力调节器中的电磁阀(若为液压制动系统时还有液压泵、驱动电动机)直接或间接地控制制动压力的增减,以调节制动器的制动力矩,使之与地面附着状况相适应,防止制动车轮被抱死,如图 5-3-20 所示。

制动防抱死系统 ABS 工作原理

① 主缸
② 车轮
③ 制动压力调节器
④ 踏板
⑤ 轮速传感器
⑥ 轮缸
⑦ 电子控制器

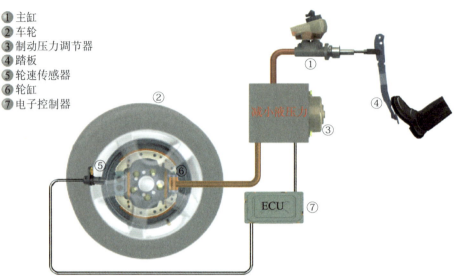

ECU通过控制制动液压力大小,将车轮滑移率保持在稳定区域内,充分发挥制动系统的制动力并且使车轮不完全抱死,保证制动时汽车的安全性。

图 5-3-20 制动防抱死系统工作原理

电子控制器中还有故障诊断单元,其作用是对制动防抱死系统(ABS)的其他部件的功能进行监测,当这些部件发生异常时,由指示灯或蜂鸣器向驾驶员报警,使整个系统停止工作,恢复常规制动方式。

(二) 电子制动力分配系统(EBD)

ABS虽然可以防止车轮不发生抱死,但并不能保证车轮制动力矩的分配达到最佳,而电子制动力分配系统(EBD)则可以实现各种工况下车辆前后制动力分配都达到最优,从而最大限度地利用路面附着条件。

1. 电子制动力分配系统(EBD)组成

EBD 系统由转速传感器、电子控制器和液压执行器三部分组成。转速传感器安装在 4 个车轮上,用来检测车轮转速。电子控制器接收转速信号,根据这些信号计算车辆的参考速度及滑移率,当识别出后轮有抱死趋势,即滑移率大于某一个值时,控制器向液压执行器中的电磁阀发出信号,使后轮制动力降低,以保证后轮不会抱死。液压执行器主要用于接收 ECU 指令,通过电磁阀的动作控制车轮制动轮缸的制动压力。

2. 电子制动力分配系统(EBD)工作原理

电子制动力分配系统(EBD)的工作控制包括:前/后轮制动力分配和右/左轮制动力分配(转弯制动期间)。

(1) 前/后轮制动力分配

如果在车辆直线向前行驶时进行制动,则道路的变化将降低后轮上所受到的负荷。防滑控制 ECU 通过来自车轮速度传感器的信号来确定此情况,制动执行器调节后轮制动力的分配以实现最佳控制。例如,无论车辆是否携带负荷,后轮在制动期间所承受的制动力都将出现变化。后轮所承受的制动力同样根据减速程度将出现变化。因此在这些状态下,应最佳地控制后轮制动力的分配,以有效地利用后轮的制动力。防滑控制 ECU 通过来自车轮速度传感器的信号来确定此情况,制动执行器调节制动力以便最佳地控制内轮和外轮上制动力的分配,如图 5-3-21 所示。

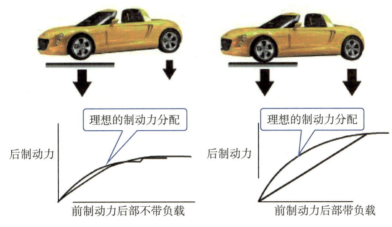

图 5-3-21 前后轮制动力分配

(2) 右/左轮制动力分配(转弯制动期间)

如果在车辆转弯时进行制动,则内轮上所受的负荷将减少,而外轮上的负荷将增加。防滑控制 ECU 通过来自车轮速度传感器的信号来确定此情况,制动执行器调节制动力以便最佳控制内轮和外轮上制动力的分配,如图 5-3-22 所示。

图 5-3-22 右/左轮制动力分配

(三) 驱动防滑系统(ASR)

目前,驱动防滑系统(ASR)多采用发动机输出转矩调节与驱动轮主动制动控制相结合的方式,对作用在驱动车轮上的驱动力矩进行调节,从而将驱动车轮的滑转率控制在较为理想的范围内。

1. 驱动防滑系统（ASR）组成

驱动防滑系统（ASR）和制动防抱死系统（ABS）一样，主要由电子控制器、轮速传感器、液压执行器三大部分组成。各组成部件的功用与其他系统的相同部件作用相同，此处不再赘述。

2. 驱动防滑系统（ASR）工作原理

当驱动轮发生滑转时，轮速传感器将车轮转速转变为电信号传输给 ASR 电子控制器（ECU），ECU 则根据车轮转速计算驱动车轮的滑转率，如果滑转率超出了目标范围，ECU 再综合参考节气门开度信号、发动机转速信号以及转向信号（有的车没有）等确定其控制方式，并向相应执行机构发出指令使其动作，将驱动车轮的滑转率控制在目标范围之内。

（四）汽车稳定性控制系统（ESP）

ABS 和 ASR 系统都是直接控制纵向附着力，从而间接保证车辆侧向性能，对高速极限转向工况下的汽车失稳无能为力，ESP 系统可以抑制汽车在极限转向工况下过度的过多转向和不足转向，提高汽车的操纵稳定性，大大降低严重交通事故的发生率。

1. 汽车稳定性控制系统（ESP）组成

ESP 系统由车轮轮速传感器、转向盘转角传感器、横摆角速度传感器、侧向加速度传感器、制动主缸压力传感器、液压调节器、ESP 指示灯、ESP 开关、ESP 电子控制单元、驻车制动开关、制动液位开关、数据总线等组成。

① 车轮速度传感器。车轮速度传感器用于检测轮速信号。

② 转向盘转角传感器。转向盘转角传感器用以测量转向盘的转角。

③ 横摆角速度及侧向加速度传感器。横摆角速度传感器主要测量车辆绕质心垂直轴的角速度，记录垂直轴周围车辆所有的横摆运动。侧向加速度传感器用以测量汽车侧向加速度。

④ 制动主缸压力传感器。制动主缸压力传感器用于测量制动压力。

⑤ 液压调节器。它是汽车稳定性控制系统的执行元件，它将 ECU 的指令付诸实施，并且通过电磁阀调节各个车轮制动轮缸的压力。

⑥ ESP 指示灯。它用于仪表板上指示 ESP 的工作状态。

⑦ ESP 开关。它用以检测指示灯的功能是否正常，当系统发生故障时 ESP 关闭指示灯会始终保持点亮状态。

⑧ ESP 电子控制单元。电子控制单元（ECU）是汽车稳定性控制系统的核心，用于处理来自各传感器的信息，驱动各执行器工作，同时它还是控制逻辑的载体。

⑨ 驻车制动开关。DSC 关闭开关安装在仪表板上，驾驶员通过按下 ESP 关闭开关来实行制动功能。

⑩ 制动液位开关。制动液位开关识别出在制动液储液罐中必要的制动液面高度过低（最小），由 ESP 控制单元将该信号通过总线系统发送至组合仪表。组合仪表输出一个检查控制信息。

⑪ 数据总线。ESP 控制装置与整车控制模块之间通过数据总线进行通信，由此可在驾驶人加速过猛的情况下，能够减小发动机的输出转矩。

2. 汽车稳定性控制系统（ESP）工作原理

当车辆在较湿滑的路面上高速行驶，遇到躲避障碍物或连续急转弯的工况时，轮胎很容易进入非稳定区而发生失稳。

当汽车在转向时出现不足转向趋势，此时通过前轮提供给车辆的侧向力不足，汽车将冲出车道,无法顺利实现转向,ESP 系统通过对两个内侧车轮施加制动,可以产生与汽车转向方向相同的正的补充横摆力矩,减小汽车的不足转向的趋势,保证车辆实现转向。

当汽车在转向时出现过多转向趋势,此时通过后轮提供给车辆的侧向力不足,汽车将发生甩尾,ESP 系统通过在车辆外侧车轮施加制动,产生与汽车转向方向相反的主动横摆力矩,纠正车辆的甩尾趋势,保证车辆实现转向。

五、电子真空助力伺服制动系统组成及原理

纯电动汽车的制动系统采用的是电子真空助力伺服制动系统,它与内燃机汽车的真空助力伺服制动系统相比,纯电动汽车没有发动机,无法产生真空源,需要加装产生真空和控制真空度的装置。

(一)电子真空助力伺服制动系统组成

电子真空助力伺服制动系统是在内燃机汽车的真空助力伺服制动系统的基础上增加产生真空的真空泵、控制真空度的控制系统,所以其主要由制动踏板、真空助力器、制动主缸、制动轮缸、制动器、真空泵、真空罐和控制单元等组成,如图 5-3-23 所示。

图 5-3-23 电子真空助力伺服制动系统

1. 真空泵

真空泵为制动系统的供能装置,其作用是供给、调节制动所需能量以及改善传能介质状态的各种部件。真空泵常见结构形式有三种:隔膜式真空泵、叶片式真空泵和摇摆式活塞泵。纯电动汽车的电控制动系统的真空泵采用的是摇摆式活塞泵,其真空罐上有真空压力传感器。摇摆式活塞泵的工作过程是由车身控制模块或主控制器根据真空压力传感器的压力信号控制的,如北汽 EV160。本节主要介绍摇摆式活塞泵结构、特点及工作原理。

(1)摇摆式活塞真空泵结构

摇摆式活塞泵外部主要有电动机、气缸和曲轴箱等,内部结构主要由顶盖、阀板、气缸、壳体、活塞、连杆机构和风扇等组成,如图 5-3-24 所示,其中进气阀与真空罐连接。

(2)摇摆式活塞泵特点

① 摩擦低,温升速度尚可。

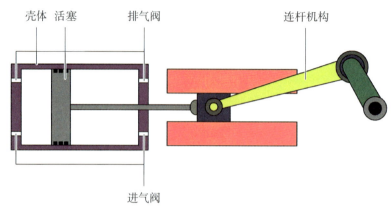

图 5-3-24 摇摆式活塞真空泵组成

② 噪声、成本和连续工作时长较为均衡,既可作为辅助真空源,也可应用于中低档车的独立真空源。

(3) 摇摆式活塞泵工作原理

摇摆式活塞泵工作时曲柄旋转,通过连杆带动活塞做往复运动,从真空罐吸入口吸入空气,在排气过程中将吸入的气体通过排气口排出,如此往复循环运动,不断地抽吸空气,达到产生真空的作用。

2. 真空罐

真空罐是电子真空助力伺服制动系统的储能装置,其作用是储存真空泵产生的真空负压,并通过真空阀给真空助力器提供恰当的真空压力。一般,真空罐上装有传感器,即真空压力传感器,这个传感器实时检测真空罐内的真空压力并将信息送给控制单元,作为控制真空泵工作的主要信息。

3. 控制单元

电子真空助力伺服制动系统的控制单元是真空度控制的核心部件,其主要作用是根据真空压力传感器和制动系统状态信号,控制制动真空泵的工作,从而使真空助力系统有足够的负压,保证真空助力伺服制动系统提供适当的制动助力。一般,控制单元不单独设置,将其融入车身控制模块或者主控制器内。

(二) 电子真空助力伺服制动系统工作原理

当踩下制动踏板使汽车制动时,真空助力器连通真空罐,消耗罐内真空压力。真空助力泵根据真空罐压力和制动踏板的位置信号产生相应真空助力送至真空助力器,真空助力器通过推杆将真空助力传至制动主缸,制动主缸再传给四轮的轮缸,在轮缸上产生相应的制动力,使车轮制动,从而达到减速、停车或制动的目的。

在电子真空助力伺服制动系统工作过程中,真空伺服助力产生的过程如下:当车辆电源接通后,车身控制器或主控制器内的控制单元开始对制动系统各部件进行自检,此时通过真空罐内部真空压力传感器监测真空罐内的真空度。若真空罐内真空度小于设定值,则控制制动助力真空泵开始工作。当检测到真空度达到设定值之后,车身控制器会切断真空泵供电,真空泵停止工作,直至制动消耗后,控制单元再次检测到真空罐内真空压力低于限值,电动真空泵将再次工作,如此循环。

（三）纯电动汽车制动能量回收系统

纯电动汽车制动系统有制动能量回收的功能，也就形成了制动能量回收系统，其可以回收车辆在制动或惯性滑行中释放出的多余能量，并通过发电机将其转化为电能，再储存在蓄电池中，用于之后的行驶，从而提高汽车的续驶里程。

1. 制动能量回收系统组成

纯电动汽车的制动能量回收系统主要由驱动电机、电机控制器、动力蓄电池、制动蓄能器（模拟器）以及可以监测动力蓄电池电量的智能蓄电池管理系统等组成。驱动电机和机械减速装置以机械方式连接，当汽车制动时，驱动轮通过机械减速装置带动驱动电机逆转而发电，其中发电量的多少与车轮产生的阻力（再生制动力）有关，再生制动力越大，发电量越多。电机控制器控制产生的再生制动力的大小。动力蓄电池是再生能量的储存器，其根据动力蓄电池管理系统检测到的动力蓄电池的电量来决定是否回收能量。制动蓄能器（模拟器）位于制动液压执行器上，其与泵电动机和 ABS 控制单元制成一体，如图 5-3-25 所示。

图 5-3-25 摇摆式活塞真空泵组成

2. 制动能量回收系统工作原理

再生制动控制不单靠液压系统产生驾驶员所需的制动力，而且是和电机控制系统一起联合控制提供再生制动和液压制动的总制动力，这样的控制能够最大限度地减少正常液压制动的动能损失，并把这些动能转化为电能。制动能量回收系统能将汽车在制动或减速过程中的动能，通过发电机转化为电能并以化学能的形式储存在动力蓄电池中；当汽车再次起动或加速时，再将动力蓄电池中的化学能通过驱动电机转化为汽车行驶的动能，如图 5-3-26 所示是一种用于前轮驱动纯电动汽车的电化学储能式制动能量回收原理。

图 5-3-26 电化学储能工作原理

纯电动汽车能量回收原理如图 5-3-27 所示，当纯电动汽车以恒定速度或加速度行驶时，动力蓄电池供电通过驱动电机将电能转换为机械能。汽车在制动或滑行过程中，根据驾驶员的意图，由制动控制器计算得到汽车需要的总制动力。再根据一定的制动力分配控制策略得到驱动电机应该提供的再生制动力。电机控制器计算需要的电机电枢中的制动电流,通过一定的控制方法使电机跟踪需要的制动电流,从而准确地提供再生制动力矩,在电机的电枢中产生的电流经高压配电装置反充至动力蓄电池中储存起来。当汽车再次起动时,动力蓄电池的化学能被转换成机械能用来提高汽车的续驶里程。一般认为,在车辆非紧急制动的普通制动场合,约 1/5 的能量可以通过制动回收。

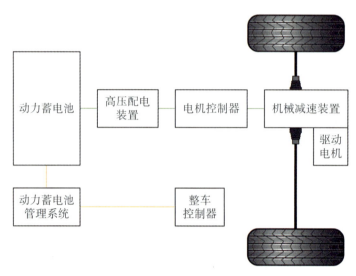

图 5-3-27　纯电动汽车能量回收原理

六、纯电动汽车制动系统检修

纯电动汽车的制动系统检修要遵循由易到难、由外到内、由电气部件到机械部件的原则进行,并且一般是利用设备进行的不解体优先。本节主要介绍制动器、制动管、制动主缸和制动真空助力系统的检测。

(一)制动器检修

1. 制动钳基本检查

① 目视检查制动活塞有无渗漏,以确定活塞的密封性。
② 目视检查制动活塞防尘套有无破损,以确定制动软管扁接头的正常与否。
③ 目视检查制动管路是否有渗漏,以确认制动管路的正常与否。
④ 查看制动钳销是否卡滞或粘结,以确定制动钳销的正常与否。

2. 检修制动片

(1)基本检查
目视检查制动片是否磨损均匀,有无擦痕和裂纹。
(2)检测制动片厚度
① 用抹布清洁制动片。
② 清洁检查游标卡尺,并校准。
③ 使用游标卡尺分别测量内外侧制动片厚度,若制动片厚度小于维修极限厚度,则需要更换。

3. 检查前盘式制动器片安装架

检查盘式制动器片安装架，应该有足够的弹性，没有变形、裂纹或磨损，并清除所有的锈迹和污垢。如有必要，更换盘式制动器片安装架。

4. 检修制动盘

（1）基本检查

目视检查制动盘有无擦痕和裂纹。

（2）测量制动盘厚度

① 清洁并检查外径千分尺，并校准。
② 使用外径千分尺在距离制动盘外缘 10 mm 处，间隔大约 45°位置选取 8 个检测点。
③ 检测制动盘厚度，若制动盘厚度小于维修极限厚度，则需要更换制动盘。

（3）检测制动盘径向圆跳动

① 按压百分表表头，检查其是否有卡滞。
② 选择合适的位置把百分表固定在制动盘上方悬架处，并校表。
③ 转动制动盘，读出数值。

5. 检查制动轮缸和活塞

检查缸孔和活塞是否生锈或有划痕。如有必要，更换盘式制动器制动轮缸和活塞。

（二）制动主缸基本检查

① 检查制动主缸是否有变形或者漏油现象。
② 检查制动主缸和管路之间的接头是否连接正常或者有破损。

（三）制动软管基本检查

① 检查管路接头和与制动器连接端扁接头是否损坏。
② 检查管路和软管是否有扭曲、漏油、鼓起等损坏现象。

（四）制动真空助力系统检修

纯电动汽车的制动真空助力系统融入 ABS 和 EBD 的制动系统中，其主要部件有制动真空泵、轮速传感器和制动压力调节器，这里主要介绍带 ABS 和 EBD 的制动真空系统初步诊断和部件检修。

1. 制动真空助力系统电路基本检查

① 检查制动系统的机械部件有无漏油，若有则需要及时进行维修。
② 检查制动系统中制动压力调节器、轮速传感器等的插接器是否存在退针、损坏、脱落等破损现象，若有应及时进行处理，主要是修复或更换。

2. 制动系统初步诊断

连接诊断仪读取制动系统的故障码和数据信息，根据数据流分析其具体工况，主要需要读取的数据包括：真空泵状态、真空压力值、真空压力报警、真空泵工作时间等数据。

3. 制动系统部件检测

（1）制动真空泵检测

① 制动真空泵基本检查。

a. 检查电动真空泵是否有裂纹、破损等现象。

b. 检查管路密封性：检查真空泵与真空管路之间的接头是否连接正常或者有破损,若有,则管路密封性不好,必要时更换。

c. 检查电动机插接头：检查中若发现连接线折断或插头连接处脱焊,应更换连接线。

② 制动真空泵电气检测。

a. 检查制动真空泵电动机电阻,用万用表检测真空泵电动机电阻是否在正常范围以内,正常为 2～15 Ω 之间,若异常则需要及时更换。

b. 检查制动真空泵工作电压,用万用表检测真空泵电机工作电压,正常应该在 10～16 V 之间,若异常则需要及时更换。

(2) 轮速传感器检测

① 基本检查。目视检查轮速传感器是否正确安装到位。正常情况下螺栓正确紧固,传感器与座间无间隙,并以 30 r/min 的转动前轮,用万用表或示波器测量输出电压。

② 轮速传感器电气检测。

a. 采用连接跨接器,检测轮速传感器的供电电压,查看其是否正常,转矩传感器的供电电压约为 5 V 左右,若不正常应进行下一步检测。

b. 若转矩传感器供电正常则检测其信号,需断开转矩传感器的插接器,用万用表检测转矩传感器的信号线电阻,正常应小于 1 Ω。

c. 检查轮速传感器是否损坏,可以用替换法或测量传感器电阻,每种轮速传感器内阻不同,需要参考相关维修手册。

③ 轮速传感器机械检测。

a. 检查轮速传感器与齿圈气隙。用塞尺或其他工具检查轮速传感器与齿圈气隙正确与否,正常前轮传感器间隙：最大 1.2 mm；而后轮传感器间隙：最大 0.9 mm。

b. 检查齿圈状态。检查轮速传感器齿圈状态是否有损坏、缺齿和异物,如果夹有异物,不正常,应清理后装回,并检查其输出波形是否正常。

(3) 制动压力调节器基本检查

检查液压调节器和制动管路及连接器是否有泄漏。

若制动系统相关部件的检测数值不在规定的范围内,请进一步检测确认故障,并根据故障点进行维修,具体检测标准见表 5-3-1。

表 5-3-1 比亚迪 E5 制动系统标准检测数据

检修内容	标准值范围
制动盘厚度	标准值为 27.9～28.1 mm；最大维修极限为 26 mm
径向圆跳动	最大为：0.05 mm
制动摩擦片厚度	标准值为 18～18.5 mm；最大维修极限为：8.5 mm
真空泵电动机电阻	0.3 Ω
制动衬块厚度	标准厚度是 12.0 mm；最小厚度 1.0 mm
齿圈齿数	48
轮速传感器内阻	3～5 MΩ
轮速传感器与齿圈气隙	前轮 0.1～0.9 mm；后轮 0.2～0.7 mm

 技能训练

实训 1　比亚迪 E5 盘式制动器拆装

◆ **实训准备**

1. 安全操作规范

① 操作前需穿戴高压安全防护装备。
② 拆卸高压控制系统部件时需要使用绝缘工具。
③ 升降平台的承重选用需符合车辆部件承重要求。
④ 举升机和升降平台的操作应符合使用规范。

2. 实操工具准备

（1）设备准备
2018 款比亚迪 E5 纯电动汽车、举升机。
（2）工具准备
① 常用工具：世达 100 件工具套装。
② 专用工具：指针式扭力扳手、轮胎装饰盖拆卸夹。
③ 防护用品：车外三件套、车内三件套。

◆ **实训步骤**

1. 前期准备

（1）车辆防护
① 将车辆停驶到举升机的合适位置。
② 打开车门，安装车内防护三件套。
（2）举升车辆
① 放置举升机四个举升臂，并调整至合适位置。
② 举升起车辆至车轮离地。
③ 分别按压车辆车头位置和车尾位置，确认车辆举升牢靠，无晃动情况。
④ 继续举升车辆至合适高度后，使用举升机保险器限定车辆举升位置。

2. 拆卸左前轮制动器

（1）拆卸左前车轮
① 使用 21 mm 套筒、接杆和棘轮扳手组合工具，拆卸车辆左前轮固定螺栓。
② 取下左前轮并妥善放置。

比亚迪 E5 盘式制动器拆装-前期准备

（2）拆卸制动卡钳

① 拆卸制动卡钳固定弹簧片。

拆卸制动弹簧片时应用手操作拆卸，禁止采用螺丝刀撬取以避免弹簧片弹出造成人员损伤。

② 转动转向节以便于进行下一步拆解。
③ 拆卸2个制动卡钳固定螺栓防尘盖，如图5-3-28所示。
④ 使用7 mm六角套筒、棘轮扳手组合工具，拧松2颗卡钳固定螺栓并取下，如图5-3-29所示。

图5-3-28 拆卸制动卡钳固定螺栓防尘盖

图5-3-29 拧松卡钳固定螺栓

由于卡钳固定螺栓螺纹较深，当螺栓旋出一定距离后即可用手拔出固定螺栓。

⑤ 取下制动卡钳。

（3）拆卸制动摩擦片

① 取出左前轮外部制动摩擦片。
② 从制动卡钳内部取下左前轮内部制动摩擦片。

（4）固定卡钳

使用钢丝固定制动卡钳。

需注意固定过程中制动管路不可压折，以免造成制动管路损坏。

（5）拆卸制动卡钳支架

① 使用18 mm套筒、指针式扭力扳手组合工具预松制动卡钳支架固定螺栓，如图5-3-30所示。

图 5-3-30　预松制动卡钳支架固定螺栓

② 使用 18 mm 套筒、棘轮扳手组合工具拆卸制动卡钳支架固定螺栓。

③ 取下制动卡钳支架。

（6）拆卸左前轮制动盘

① 使用十字梅花套筒、手柄、棘轮扳手拆卸 2 颗制动盘固定螺栓，如图 5-3-31 所示。

② 取下左前轮制动盘并妥善放置。

图 5-3-31　拆卸制动盘固定螺栓

（7）拆卸右前轮制动器

以相同方法拆卸右前轮制动器。

3. 安装左前轮制动器

（1）安装左前轮制动盘

① 将左前轮制动盘放置到安装位置。

② 使用十字梅花套筒、手柄、棘轮扳手安装 2 颗制动盘固定螺栓。

（2）安装制动卡钳支架

① 将制动卡钳支架放置于合适位置。

② 安装制动卡钳支架固定螺栓，使用 18 mm 套筒、棘轮扳手组合工具拧紧固定螺栓，并使用定扭扳手紧固螺栓至 120 N·m。

（3）取走钢丝

取下制动卡钳，取走固定钢丝。

（4）安装制动摩擦片

① 安装左前轮外部制动摩擦片至卡钳支架上，如图 5-3-32 所示。

② 安装左前轮内部制动摩擦片至左前轮制动卡钳上，如图 5-3-33 所示。

图 5-3-32 安装外部制动摩擦片　　　图 5-3-33 安装内部制动摩擦片

（5）安装制动卡钳

① 将左前轮制动卡钳安装至卡钳支架上。

安装时需注意内部制动摩擦片应正确定位于卡钳支架上的滑槽内。

② 安装 2 颗卡钳固定螺栓，并使用 7 mm 六角套筒、棘轮扳手组合工具拧紧固定螺栓，并使用定扭扳手紧固螺栓至 45 N·m。

③ 安装 2 个制动卡钳固定螺栓防尘盖。

④ 将转向节转动复原。

⑤ 安装制动卡钳固定弹簧片。

　　安装应直接使用手操作，不得使用螺丝刀等工具辅助安装，以避免造成弹簧片变形。

　　安装后需及时检查弹簧片是否安装到位，以免弹出造成伤害。

（6）安装右前轮制动器

以相同方法安装右前轮制动器。

4. 拆卸左后轮制动器

（1）拆卸左后车轮

① 使用 21 mm 套筒、接杆和棘轮扳手组合工具，拆卸车辆左后轮固定螺栓。

② 取下左后轮并妥善放置。

（2）拆卸驻车制动电动机

① 按压左后轮驻车制动电动机插接器锁舌，断开插接器。

② 使用 T20 套筒、手柄和棘轮扳手组合工具，拆卸左后轮驻车制动电动机固定螺栓，如图 5-3-34 所示。

③ 取下驻车制动电动机。

(3) 拆卸制动卡钳

① 使用 10 mm 套筒、棘轮扳手组合工具，拆卸左后轮制动卡钳固定螺栓，如图 5-3-35 所示。

② 取下左后轮制动卡钳。

图 5-3-34 拆卸电动机固定螺栓

图 5-3-35 拆卸制动卡钳固定螺栓

(4) 固定卡钳

使用钢丝固定制动卡钳。

(5) 拆卸摩擦片

拆卸左后轮内部制动摩擦片和外部制动摩擦片。

(6) 拆卸卡钳支架

① 使用 13 mm 套筒、指针式扭力扳手组合工具，预松左后轮卡钳支架固定螺栓。

② 使用 13 mm 套筒、棘轮扳手组合工具，拆卸左后轮卡钳支架固定螺栓。

③ 取下左后轮卡钳支架。

(7) 拆卸左后轮制动盘

① 使用十字梅花套筒、手柄、棘轮扳手拆卸 2 颗制动盘固定螺栓。

② 取下左后轮制动盘并妥善放置。

(8) 拆卸右后轮制动器

以相同方法拆卸右后轮制动器。

5. 安装左后轮制动器

(1) 安装左后轮制动盘

① 将左后轮制动盘放到安装位置。

② 使用十字梅花套筒、手柄、棘轮扳手安装 2 颗制动盘固定螺栓。

(2) 安装卡钳支架

① 将左后轮卡钳支架放置于安装位置。

② 安装左后轮卡钳支架固定螺栓，使用 13 mm 套筒、棘轮扳手组合工具拧紧固定螺栓。

③ 使用定扭扳手紧固卡钳支架固定螺栓至 90 N·m。

(3) 安装制动摩擦片

安装左后轮外部制动摩擦片和内部制动摩擦片，并确保制动摩擦片正确安装于制动卡钳支架的滑轨内。

> **注意事项**
>
> 后轮内外制动摩擦片外观较为相似,需注意安装时不可安装错误。

(4) 取走钢丝

取下制动卡钳,取走钢丝。

(5) 安装左后轮制动卡钳

① 安装左后轮制动卡钳。

② 装制动卡钳固定螺栓,使用 10 mm 套筒、棘轮扳手组合工具,拧紧制动卡钳固定螺栓。

③ 使用定扭扳手紧固卡钳固定螺栓至 40 N·m。

(6) 安装驻车制动电动机

① 将驻车制动电动机放到正确位置。

② 使用 T20 套筒安装左后轮驻车制动电动机固定螺栓,如图 5-3-36 所示。

图 5-3-36　安装驻车制动电动机固定螺栓

③ 安装左后轮驻车制动电动机插接器,检查是否连接牢靠,如图 5-3-37 所示。

图 5-3-37　安装驻车制动电动机插接器

(7) 安装右后轮制动器

以同样方法安装右后轮制动器。

6. 整理归位

① 安装车辆前后车轮。

比亚迪 E5 盘式制动器拆装-复位工作

② 降下车辆，取出举升机顶脚。
③ 取下车内防护三件套。
④ 将设备放回原位，实训作业完成。

实训 2　比亚迪 E5 盘式制动器检修

◆ 实训准备

1. 安全操作规范
① 操作前需穿戴安全防护装备。
② 举升机的操作应符合使用规范。
③ 游标卡尺、百分表等测量工具的使用应符合操作规范。

2. 实操工具准备
（1）设备准备
2018 款比亚迪 E5 纯电动汽车、举升机。
（2）工具准备
① 常用工具：常用工具套件。
② 专用工具：指针式扭力扳手，定扭扳手、轮胎装饰盖拆卸夹。
③ 测量工具：游标卡尺、外径千分尺、百分表、磁性百分表座。
④ 防护用品：车内三件套、车外三件套。

◆ 实训步骤

1. 前期准备
（1）穿好防护装备
穿好工作服、工作手套和安全鞋。
（2）车辆防护
① 目测车辆正确停至工位。
② 安装车轮挡块。
③ 目测车辆外观无异常。
④ 将车辆开关置于 OFF 档，并确认变速杆位于 P 位。
⑤ 依次安装车内三件套。
⑥ 打开前机舱盖并安装车外三件套。

比亚迪 E5 盘式制动器检修-前期准备

2. 盘式制动器基本检测
① 拆卸前轮及后轮制动摩擦片，放置桌面。
② 目视检查制动轮缸活塞有无渗漏。
③ 目视检查制动活塞防尘套有无破损。
④ 目视检查制动管路是否有渗漏。

比亚迪 E5 盘式制动器检修-盘式制动器基本检测

3. 检测制动摩擦片厚度

（1）校准游标卡尺

① 打开工具盒，取出电子游标卡尺。

② 清洁游标卡尺外径测量面和深度测量面。

③ 按下电源开关，打开电子游标卡尺，对游标卡尺进行校零操作。若游标卡尺调整至最小位置，电子表读数不到"0"时，可按下黄色"ZERO"按钮将读数归零。

（2）检测车辆后制动摩擦片厚度

① 使用抹布清洁车辆前后轮制动摩擦片外表面。

制动摩擦片表面积聚的颗粒物质易对人体呼吸道造成危害，因此只可使用抹布清洁，并注意操作轻柔避免扬尘。

② 使用游标卡尺深度测量尺部分测量后部外侧制动摩擦片厚度，并记录，如图 5-3-38 所示。

测量时需要选取制动摩擦片外缘不同方位的 3 个点进行测量，测量值应选用数值中的最小值作为制动摩擦片的测量厚度。

③ 使用游标卡尺测量后部内侧制动摩擦片厚度，并记录，判断是否需要更换制动摩擦片，如图 5-3-39 所示。

制动摩擦片厚度应大于 2 mm，若内侧或外侧制动摩擦片其中之一厚度低于标准数值需统一更换后轮制动摩擦片。

图 5-3-38　测量后外侧制动摩擦片厚度

图 5-3-39　测量后内侧制动摩擦片厚度

（3）测量摩擦片厚度

测量车辆前制动摩擦片厚度。

以相同方法测量前内侧和外侧制动摩擦片厚度，并记录，判断是否需要更换制动摩擦片。

比亚迪 E5 盘式制动器检修-检测制动摩擦片厚度

若内外侧制动摩擦片磨损量差距较为明显，则需进一步检测制动器制动情况是否良好。

（4）复位工具

清洁游标卡尺测量端，将工具复位。

4. 检测制动盘厚度

（1）清洁表面

使用抹布清洁制动盘表面。

（2）标记位置

使用记号笔在制动盘上标记出 8 个测量位置。

（3）校准外径千分尺

① 使用抹布清洁外径千分尺。

② 将外径千分尺进行校零，并检查测量仪器是否能正常使用，如图 5-3-40 所示。

（4）检测制动盘厚度

① 再次清洁外径千分尺。

② 选择一处标记位置，放置外径千分尺测砧，如图 5-3-41 所示。

图 5-3-40 校准外径千分尺

图 5-3-41 放置外径千分尺测砧

千分尺测砧应放在距离制动盘边缘 10 mm 处。

③ 首先旋转外径千分尺螺杆至测砧贴近制动盘，然后旋转微调测力旋钮至其

发出三声响声后停止转动。

转动微调测力旋钮时需要缓慢操作,以免超过标准测试拧紧力。

④ 紧固外径千分尺锁紧装置,读取数据并记录测量值。

⑤ 按照此方法测试其余 7 处测量点,综合分析并判断制动盘厚度,如图 5-3-42 所示。制动盘厚度标准值为 11.9～12.1 mm,最大维修极限为 8 mm,若制动盘厚度小于维修极限厚度,请进行更换。

比亚迪 E5 盘式制动器检修-检测制动盘厚度

图 5-3-42 测量制动盘

5. 检测制动盘端面圆跳动

(1) 安装百分表

① 取出百分表磁力表座。

② 组装磁力表座,如图 5-3-43 所示。

③ 取出百分表,检查百分表外观是否良好,按压百分表测头,检查其活动是否存在卡滞,表针运动是否正常,如图 5-3-44 所示。

图 5-3-43 组装磁力表座

图 5-3-44 检查百分表测头

④ 将百分表安装至磁力表座固定夹上,检查是否能正常固定。

(2) 测量制动盘端面圆跳动

① 安装 1 颗轮胎固定螺栓至轮毂上。

② 清洁制动盘表面。

③ 将磁力表座固定到减振器底部，清洁百分表测头。

④ 将百分表安装到磁力表座上，控制百分表测头距离制动盘边缘 10 mm 位置，调整磁力表座，使百分表小指针读数跳转 1 格以上。

⑤ 调整百分表刻度盘，使其"0"刻度对准长表针，如图 5-3-45 所示。

图 5-3-45 调整百分表

⑥ 使用 21 mm 套筒、棘轮扳手组合工具转动轮胎固定螺栓，观察并记录百分表指针跳动量，最终判断制动盘工作情况，如图 5-3-46 所示。制动盘端面圆跳动极限应小于 0.05 mm，若大于此数值则需更换制动盘。

图 5-3-46 测量制动盘跳动量

百分表指针运动的最大值减去最小值就是制动盘的端面圆跳动。

比亚迪 E5 盘式制动器检修-检测制动盘跳动量

（3）拆卸百分表
① 取下百分表。
② 取下磁力表座。
③ 将百分表放回仪表盒中。
④ 分解磁力表座。

6. 整理归位
① 安装车辆前后车轮。
② 降下车辆，取出举升机顶脚。

比亚迪 E5 盘式制动器检修-整理归位

③ 取下车内三件套。
④ 起动车辆检查车辆情况,将设备放回原位,实训作业完成。

实训 3　比亚迪 E5 电动真空泵检修

◆ 实训准备

1. 安全操作规范

① 操作前需穿戴安全防护装备。
② 举升机的操作应符合使用规范。
③ 专用电脑诊断仪和数字式万用表的使用应符合操作规范。

2. 实操工具准备

（1）设备准备
2018 款比亚迪 E5 纯电动汽车、举升机。
（2）工具准备
① 常用工具：常用工具套件。
② 测量工具：数字式万用表、比亚迪 E5 专用诊断仪。
③ 防护用品：车内三件套、车外三件套。

◆ 实训步骤

1. 前期准备

（1）穿好防护装备
穿好工作服、工作手套和安全鞋。
（2）车辆防护
① 目测车辆正确停至工位。
② 安装车轮挡块。
③ 目测车辆外观无异常。
④ 将车辆开关置于 OFF 挡,并确认变速杆位于 P 位。
⑤ 依次安装车内三件套。
⑥ 打开前机舱盖并安装车外三件套。
（3）基本检查
① 检查车辆冷却液、制动液液位是否符合标准。
② 检查低压蓄电池接线柱是否连接牢靠。
③ 检查低压蓄电池电压是否正常,正常应该在 11.5~13.5 V 之间。

2. 电动真空泵在线检测

① 取出比亚迪 VDS2000 专用诊断仪套件。
② 连接诊断仪相关线束,连接 VCDI 无线诊断接口。

比亚迪 E5 电动真空泵检修-前期准备

比亚迪 E5 电动真空泵检修-电动真空泵在线检测

③ 打开比亚迪专用诊断仪电源开关,待电源开启后,进入比亚迪 E5 诊断系统,并读取车辆 VIN 码。

④ 读取故障码。

a. 选择读取整车数据,等待车辆通信完成之后,点击主控制器模块,进入模块数据读取页面。

b. 读取主控制器故障码,记录后清除故障码,然后重新读取故障码,如图 5-3-47 和图 5-3-48 所示。

图 5-3-47　清除故障码

图 5-3-48　读取故障码

⑤ 读取主控制器相关数据流,判断电动真空泵工作状态,如图 5-3-49 所示。

图 5-3-49　读取主控制器数据流

⑥ 关闭诊断仪。

a. 退出诊断系统,关闭诊断仪。

b. 拔下 VCDI 无线诊断接口,关闭车辆点火开关。

⑦ 车辆下电。

3. 电动真空泵熔丝检测

① 查阅电路图,确认电动真空泵相关熔丝为 F1/18 和 F1/20。

② 断开低压蓄电池负极电缆。

③ 打开机舱主熔丝盒盖,对照熔丝盒盖内部示意图,找出 F1/18 和 F1/20 熔丝位置,并找出相应的熔丝,如图 5-3-50 所示。

④ 测量熔丝 F1/18。

a. 选用万用表并进行校表,确认万用表情况良好。

b. 使用尖嘴钳取下 F1/18 熔丝。

比亚迪 E5 电动真空泵检修-检测电动真空泵保险丝

图 5-3-50 找出熔丝位置

图 5-3-51 测量 F1/18 熔丝

c. 调节万用表至 200 Ω 电阻测试挡,将红黑表笔连接 F1/18 熔丝两端,测量熔丝电阻值。测量值应小于 0.5 Ω,若阻值过大则说明熔丝已经熔断损坏,需要更换,如图 5-3-51 所示。

⑤ 测量熔丝 F1/20。

a. 选用万用表并进行校表,确认万用表情况良好。

b. 使用尖嘴钳取下 F1/20 熔丝。

c. 调节万用表至 200 Ω 电阻测试挡,将红黑表笔连接 F1/20 熔丝两端,测量熔丝电阻值。测量值应小于 0.5 Ω,若阻值过大则说明熔丝已经熔断损坏,需要更换。

⑥ 关闭万用表,装复机舱熔丝盒。

4. 电动真空泵检测

(1) 举升车辆

① 放置举升机顶脚,并调整举升位置。

② 举升车辆至车轮离地,按压车辆前后侧,确认车辆举升可靠,无晃动情况。

③ 举升车辆至合适位置,将举升机保险锁止,再次检查确认车辆举升可靠。

(2) 检测电动真空泵

① 将工具车和检测工具推至车辆下部。

② 按压电动真空泵线束插接器锁舌,断开电动真空泵线束插接器,如图 5-3-52 所示。

比亚迪 E5 电动真空泵检修-检测电动真空泵

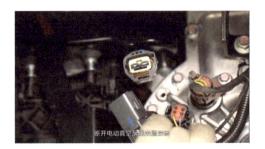

图 5-3-52 断开电动真空泵线束插接器

③ 选用万用表,调节至 200 Ω 测试挡。

④ 将红黑表笔分别连接电动真空泵插接器两端子,检测电动真空泵电阻值,

判断电动真空泵情况,如图 5-3-53 和图 5-3-54 所示。测量值应为 1Ω 左右,若电阻过低则说明电动真空泵存在短路故障;若电阻过高则说明电动真空泵存在断路故障。

图 5-3-53　红黑表笔连接电动真空泵插接器两端子

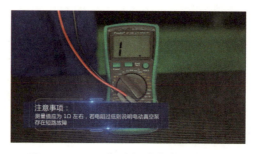

图 5-3-54　检测电动真空泵电阻值

（3）将工具车移出车底

装复电动真空泵线束插接器,将工具车移出车底。

（4）取出举升机顶脚

举升车辆,松开举升机保险,下降车辆至轮胎着地,取出举升机顶脚。

5. 复检工作

① 连接蓄电池负极电缆。
② 使用 VDS2000 专用诊断仪清除整车故障码。
③ 取下 VCDI 无线诊断接口。

6. 整理归位

① 取下车内三件套。
② 回收车外三件套。
③ 关闭机舱盖,起动车辆检查车辆情况。
④ 将设备放回原位,实训作业完成。

比亚迪 E5 电动真空泵检修-复检工作

比亚迪 E5 电动真空泵检修-整理归位

任务小结

本任务主要介绍了制动系统组成、工作原理和检修。

汽车制动系统主要由供能装置、控制装置、传动装置和制动执行装置等部分组成,较为完善的制动系统还包括动力调节装置以及报警装置和压力保护装置。供能装置指供给、调节制动所需能量以及改善传能介质状态的各种部件。控制装置指产生制动动作和控制制动效果的各种部件,如制动踏板、制动阀等。传动装置指将制动能量传输到制动器的各个部件,如制动主缸和制动轮缸等。制动执行装置指产生阻碍车辆运动或运动趋势的力的各个部件,即制动器。

汽车制动系统按照不同的标准可分为不同类型。按照制动系统功用分类,制动系统主要分为行车制动系统、驻车制动系统、第二制动系统和辅助制动系统等类型。

驻车制动系统的作用就是在停车时,给汽车一个阻力,使已经停驶的汽车驻留在原地不动。驻车制动系统按照操纵方式的不同,分为机械式驻车制动系统和电子式驻车制动系统。机械式驻车制动系统主要有操纵手柄、操纵拉索和制动器等组成;而电子式驻车制动系统主要由电子按钮、电动机、电子控制单元等组成。

行车制动系统可以实现行驶中的汽车减速和停驶的目的。纯电动汽车的制动系统采用的是电子真空助力伺服制动系统,其主要由制动踏板、真空助力器、制动主缸、制动轮缸、制动器、真空泵、真空罐和控制单元等组成。电子真空助力伺服制动系统通过控制真空罐内的真空压力来控制给真空助力器提供的真空助力的大小。

一、判断题

1. 制动主缸是将制动踏板输入的机械力转换成液压力,有单腔主缸和双腔主缸,现代轿车最常用的是并联双腔制动主缸。( )
2. 制动轮缸有单活塞式制动轮缸和双活塞式制动轮缸两种。( )
3. 电子真空助力伺服制动系统控制真空压力的为真空泵。( )
4. 浮钳盘式制动器按照结构特点的不同,又可分为实心型和风冷型两大类。( )
5. 驻车制动器都是独立制动器,与行车制动器不共用。( )

二、选择题

1. 汽车制动系统主要由( )组成。【多选题】
   A. 供能装置　　　　　　　　　B. 传动装置
   C. 控制装置　　　　　　　　　D. 制动器
2. 机械式驻车制动系统主要由( )组成。【多选题】
   A. 操纵手柄　　　　　　　　　B. 操纵拉索
   C. 制动器　　　　　　　　　　D. 电动机
3. 按照制动蹄促动装置的不同,鼓式制动器可分为( )三种。【单选题】
   A. 轮缸式制动器　　　　　　　B. 凸轮式制动器
   C. 楔式制动器　　　　　　　　D. 气压式
4. 以下哪些属于真空助力伺服制动系统的组成部件?( )。【多选题】
   A. 制动主缸　　　　　　　　　B. 制动轮缸
   C. 储液罐　　　　　　　　　　D. 气压罐

三、简答题

1. 请简述盘式制动器的特点。

2. 请简要说出电子真空助力伺服制动系统的组成及工作原理。

项目六 纯电动汽车车身及辅助电器构造与检修

项目概述

　　作为汽车的基本构造之一,汽车车身是驾驶员的工作场所,也是载客和载货的场所,能够为车内乘员提供舒适的乘坐环境。对于轿车而言,汽车车身和车门、车窗、安全防护装置等能够保证汽车行驶时的乘员安全及行车安全,减小意外事故的发生概率并减轻伤害强度。

　　本项目先对汽车车身相关的理论知识进行讲解,之后针对不同车型分任务介绍结构、原理、检测方法及检修技能操作。

任务 1　纯电动汽车车身结构认知

 任务目标

1. 了解纯电动汽车车身、车门及车窗、座椅及安全带的功用。
2. 了解纯电动汽车车门及车窗的分类。
3. 掌握纯电动汽车车身、车门及车窗、座椅及安全带的构造。

任务导入

小明和小强是某一职业院校新能源汽车技术专业的学生,两个人在学习中初步了解了纯电动汽车和传统汽车的结构和特点,现两个人对纯电动汽车的车身结构有争议。小明认为,纯电动汽车与传统内燃机车的车身结构基本一样,只需要考虑将动力蓄电池和驱动电机等部件布置在恰当的位置;小强认为,纯电动汽车与传统内燃机车相比,由于多了动力蓄电池和驱动电机,少了发动机,所以其车身结构差异会有较大变化。请学习纯电动汽车车身结构相关知识,并对他们的观点进行判定。

纯电动汽车车身结构认知-情境导入

现代电动汽车车身主要由车身本体、车门及车窗、座椅及安全带组成。不同的组成构件其各自结构及功用不同,本任务主要讲解现代纯电动汽车的车身结构相关知识,如图6-1-1所示。

图6-1-1 汽车车身

一、纯电动汽车车身

纯电动汽车是轿车的一种,其车身一般由车身本体、内外装饰件、车身附件以及车身电器和电子设备组成。车身能够为驾驶员提供良好的操作条件,还能够隔离汽车行驶时的噪声、废气、振动以及恶劣天气,保证完好无损地运载货物且装卸方便。合理的车身外部形状能够有效地引导周围的气流,提高汽车的动力性、燃料经济性和行驶稳定性,并改善发动机的冷却条件和室内通风。车身应具有合理的外部形状,以便汽车行驶时能有效地引导周围的气流,提高汽车的动力性、燃料经济性和行驶稳定性,并改善发动机的冷却条件和室内通风。

(一) 车身本体

车身本体(白车身)是汽车承载的主体,也是一切车身部件的安装基础,一般由车身壳体(纵梁、横梁、立柱、加强板等)及车身板制零件(发动机舱盖、翼子板、车门、行李舱盖等)组成,如图6-1-2所示。

1. 车身壳体

车身壳体是一切车身部件的安装基础,通常指纵梁、横梁和立柱等主要承力元件以及与它们相连接的板件共同组成的空间结构,还包括在其上敷设的隔声、隔热、防振、防腐、密封等材料及涂层。

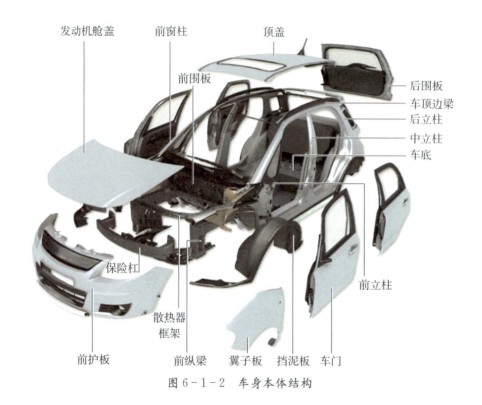

图 6-1-2 车身本体结构

(1) 车身壳体的分类

车身壳体按受力程度不同,可分为非承载式车身、半承载式车身、承载式车身(全承载式车身)。

① 非承载式车身。这种车身的结构特点是车身通过橡胶软垫或弹簧与车架作柔性连接,车架支撑全车,承受着在其上所安装的各个总成的各种载荷,在车架设计时不考虑车身对车架承载所起的辅助作用,车身只承受所装载的人员和货物的重量及惯性力。

② 半承载式车身。这种车身的结构特点是车身通过焊接、铆接或螺纹连接与车架刚性连接,车架仍然承受各个总成的载荷,但车身在一定程度上有助于加固车架、分担车架所承受的一部分载荷。

③ 承载式车身(全承载式车身)。这种车身的结构特点是汽车没有车架,车身就作为发动机和底盘各总成的安装基体,兼有车架的作用并承受全部载荷。

为了省去笨重的车架,使汽车轻量化,绝大多数轿车车身都采用承载式车身结构。

(2) 车身壳体总体结构

根据车身结构空间布局特点,纯电动汽车车身壳体主要由承力构件焊合而成。如图 6-1-3 所示。

承力构件主要由纵向承力构件、横向承力构件和垂直承力构件组成。纵向承力构件主要有:前纵梁、车顶边梁、门槛、地板通道、后纵梁和前挡泥板加强撑。横向承力构件主要有:前座椅横梁、地板后横梁、前风窗框上横梁、前风窗框下横梁、后风窗框上横梁、后窗台板和后围板。垂直承力构件主要有:前立柱(A柱)、中立柱(B柱)、后立柱(C柱)等。

(3) 纯电动汽车车身部件作用及要求

根据车身结构位置不同,纯电动汽车车身壳体总体结构主要由车身下部部件、左右侧围、

图 6-1-3 车身壳体总体结构

前围、后围和顶盖组成。各组成的功用及要求如下。

① 车身下部部件。承载式车身地板总成是主要的承载构件,除了要承受行驶中的各种静、动载荷外,还要作为其他总成、零部件的定位基础。一般轿车地板总成由前地板总成和后地板总成组成。

a. 前地板总成。

前地板总成由单件钢板冲压成形,中间设有通道,以便布置排气管,在地板和通道上焊接左/右纵梁、通道加强件和左/右座椅横梁连接加强件,以提高地板的刚度和强度,提高乘客舱抵御碰撞的能力,如图 6-1-4 所示。

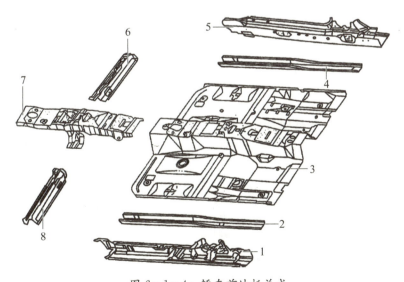

图 6-1-4 轿车前地板总成

1-左门槛 2-前地板左纵梁 3-前地板 4-前地板右纵梁 5-右门槛 6-右座椅下横梁 7-前地板通道加强件总成 8-左座椅下横梁

b. 后地板总成。

后地板总成由单块钢板冲压成形,形状比较复杂,设有容纳备胎的空间,地板的结构充分考虑了碰撞安全性的要求,如图 6-1-5 所示。

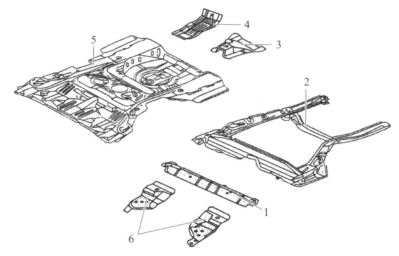

图 6-1-5 轿车后地板总成

1—后座椅下横梁 2—后地板骨架分总成 3—备胎加强件 4—千斤顶举升加强件 5—后地板 6—安全带加强件

前地板以及后地板的前部做了充分的加强,以保证乘客舱具有良好的刚性,后地板的后部则具有适当的柔性,在受到较大撞击时可以变形,以吸收大部分冲击能量,保护乘客。

② 左右侧围。侧围是指车体侧面由前支撑板、前立柱、中立柱、后立柱、后风窗支柱、顶盖侧梁、门槛外板以及后翼子板等组合而成的焊接框架,如图 6-1-6 所示。装配时作为独立的

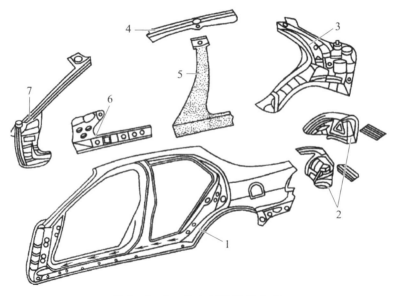

图 6-1-6 轿车侧围焊接总成

1—外侧围 2—后灯座 3—后侧围衬里总成 4—门楣分总成 5—中门柱衬里分总成 6—前门柱衬里/纵梁腹板 7—前门柱加强件

大总成与地板、前后围等焊接成一个整体。侧围总成下部与地板焊接,上部与车顶总成焊接,前部与前端骨架焊接,后部与后围板焊接,同时也是后悬架弹簧和减振器的安装点、车门和车门限位器的固定点。

轿车外侧围由整块钢板冲压成形,尺寸精度高,便于控制车门与周边零件的间隙,减少车门装配时的调整,为了满足造型、装配和强度的要求,外侧围形状复杂,设有不少翻边和加强筋,具有较好的刚度和强度。

③ 前围。轿车前围前部两侧通过翼形连接板与前轮罩焊接固定,两侧的下边缘与前地板焊接,与倾斜的前地板(或中间隔板)一起形成发动机舱,并使发动机舱与驾驶室隔开,如图6-1-7所示。它防止气味进入驾驶室,起隔声、隔热、隔振动的作用,雨水收集器为凹槽形结构,供安装暖风机、蓄电池,也是为敷设发动机、底盘、电气设备等各个系统的线束,转向器轴承支架起固定转向装置的作用。

④ 后围。后围焊接总成包括后围上连接板、后围下连接板、后围加强板、锁销加强板和后围托架等零件,如图6-1-8所示。后围板为尾灯及后保险杠提供安装配合面及相应的安装孔,是车身骨架中承受横向载荷的主要部件。

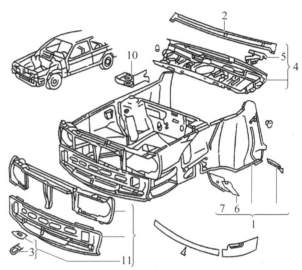

图6-1-7 车身前围零件
1-前围总成 2-前风窗下板 3-牵引钩 4-雨水收集器 5-转向器轴承支架 6-前围下板 7、8、9-前裙总成、下部、上部 10-蓄电池支架 11-垫圈

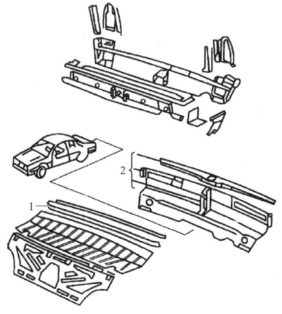

图6-1-8 轿车后围焊接总成
1-封闭板 2-后围板总成

⑤ 顶盖。顶盖是车厢顶部的盖板,其作用除了避雨,还能在汽车翻转时保护乘员安全。一般在顶盖下增加一定数量的加强梁,对于轿车车身的总体刚度而言,顶盖不是很重要的零件,因此允许在车顶盖上开天窗,顶盖应该和前、后窗框及支柱交接点平顺过渡,以求最好的视觉感和最小的空气阻力,顶盖内层敷设绝热衬垫材料,以阻止外界温度的传导,减少振动时噪声的传递。

2. 车身板制零件

车身板制零件主要由散热器面罩、发动机舱盖、前翼子板、后翼子板、行李舱盖或后舱背门等组成。其中前挡泥板、前地板、后地板、前围板、顶盖、后轮罩和后翼子板等也属于车身板板制零件。这些构件和板件利用搭接、翻边等连接方式按先后顺序点焊组装成后地板总成、左右侧围总成、前地板与前围总成、顶盖等,最后拼装焊合成整个车身壳体。

(1) 散热器面罩

散热器面罩是装在散热器外部的防护零件,如图 6-1-9 所示。其功用是保护散热器不受冲击,为散热器和空调冷凝器提供足够的通风冷却面积,同时,散热器面罩应与整车造型协调一致,起重要的装饰作用。

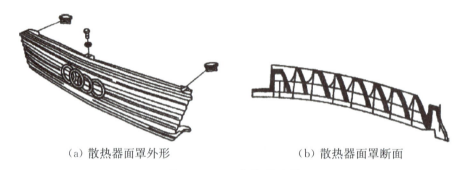

(a) 散热器面罩外形　　(b) 散热器面罩断面

图 6-1-9　散热器面罩

从材料上看,散热器面罩主要由钢板冲压件、铝合金压铸件、塑料树脂件等组成。钢板冲压件工艺要求低、成本低,广泛应用于载货车,但难以满足复杂的成形要求,所以在轿车上很少使用。铝合金压铸件在过去轿车散热器中广泛使用,能满足造型要求,加工装配精度也较高,但质量大、成本高,目前已逐渐被塑料件所取代。采用 ABS 树脂、PP 及聚酯树脂注射成型的散热器面罩在现代轿车中已广泛采用。

(2) 前机舱盖

前机舱盖是最醒目的车身构件,隔热、隔声、质量小、刚性强。发动机舱盖由内、外板组合而成,如图 6-1-10 所示。外板为空间曲面板,外表形状与整车造型协调一致;内板为薄钢板,为增加发动机舱盖的整体刚度,内板经整体拉延后成形,筋条呈网络状布置。发动机舱盖可通过暗铰链与车身连接,它可绕铰链轴线转动、打开,并用支撑杆支撑。

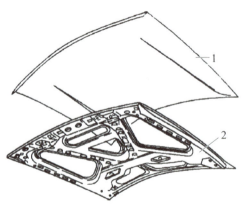

图 6-1-10　发动机舱盖
1—外板　2—内板焊接总成

(3) 前翼子板

前翼子板是车身上的大型覆盖件之一,一般由 0.6~0.8 mm 高强度钢板拉延成形,表面形状由车身造型确定,在绝大多数轿车上,前翼子板是用螺钉与车身本体连接的,其后端通过中间板和前围支柱连接,侧面与发动机舱盖缝线处和挡泥板相连,前部和散热器框延长部分相连,左右前翼子板间也有连接板,如图 6-1-11 所示。

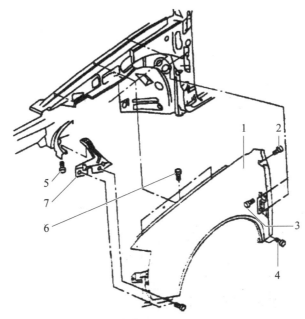

图 6-1-11 轿车前翼子板

1-翼子板　2-组合螺栓,10 N·m　3-组合螺栓 2 个,10 N·m　4、5、6-螺栓　7-连接板

(4) 行李舱盖

行李舱盖由内板、上外板、下内板三块钣金件构成,如图 6-1-12 所示。为减小整车的质量,应尽可能选择拉延性能好的薄钢板,从结构上看,行李舱盖内板的形状较复杂,既有纵向肋,又有横向肋,同时还有斜向肋和环状肋,因为汽车的行驶工况非常复杂,单一方向的肋不能保证汽车在各种路面行驶时行李舱盖不发生变形。整个行李舱盖的刚度必须接近车身后部的

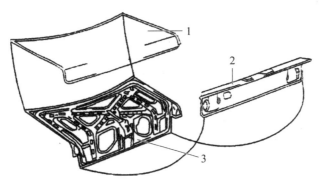

图 6-1-12 行李舱盖构成

1-行李舱盖上外板　2-行李舱盖下外板　3-行李舱盖内板

刚度,否则汽车在不平路面行驶时,某一部分变形大,而另一部分变形小,就会影响锁的正常使用及盖的密封性,并且产生噪声。

(二)车身内、外装饰件

车身内、外装饰件是车身内部和外部起装饰和保护作用的零部件的总称。外饰件主要包括前后保险杠、外部装饰条、玻璃、密封条、商标标志、散热器面罩和车外后视镜等;内饰件主要包括仪表板、车门内护板以及顶棚、地板和侧壁的内饰等。

(三)车身附件

车身附件是车身中具有某些独立功能的机构和装置,包括门锁、门铰链、玻璃升降器、遮阳板、后视镜、拉手、点烟器、烟灰盒以及座椅、安全带、安全气囊、车用空调等附属装置,如图6-1-13所示。

图6-1-13 车身附件

(四)车身电器和电子设备

车身电器和电子设备指除用于发动机和底盘以外的所有电器和电子设备,如各种仪表及开关、照明装置、信号装置、门窗玻璃电动升降设备、音像设备、刮水器、洗涤器、除霜装置、防盗装置、导航系统等。

二、纯电动汽车车门及车窗

(一)车门

1. 车门结构

车门是车身上的一个独立总成,一般用铰链安装在车身上,具有保证乘员上下车的方便性、行车的安全性、良好的侧面视野、密封性及低噪声等方面的功能。

车门通常由车门本体、附件和内外装饰件组成。

（1）车门本体

车门本体的骨架部分包括外板、内板、窗框和加强板等，如图 6-1-14 所示。

① 车门外板。车门外板一般用 0.6～0.8 mm 厚的薄钢板冲压而成，其形状取决于车身侧围的造型和门框的尺寸，一般为空间曲面，通常在外板上冲制一些孔，用以安装外手柄、锁机构、装饰条等。

② 车门内板。车门内板是车门主要受力部件，大多数车门附件装在车门内板上。其前部借助于两个门铰链，安装在车身壳体上，门内板后部装有门锁，使门关闭时能与车身壳体扣紧，门锁借助于内手柄和外手柄操纵，在门锁上还有导向榫，使门后部在垂直方向正确定位。

内板的形状复杂，刚度、强度都较高，并且在一些重要位置还需焊上加强板。内板有整体冲压的，也有分块冲压后焊接成形的，内板和外板一般采用焊接并通过四周的咬合形成封闭的箱体，内装门锁和玻璃升降装置等。

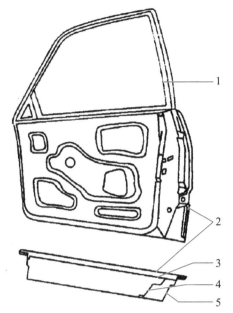

图 6-1-14　车门本体结构
1—窗框　2—外板　3—外加强板
4—加强板　5—车门内板

③ 窗框。车门窗框大多采用薄钢板冲压成形或滚压成形。窗框结构断面要考虑：

a. 与车身侧围门框的正确配合。

b. 良好的密封性能，密封条、玻璃导槽的布置和安装结构。

c. 符合玻璃升降的要求。

d. 窗框本身刚度，对密封影响较大。

e. 窗框与内、外板的连接结构。

④ 加强板。车门加强板是为了加强门体局部而设置。加强板的设置需考虑：

a. 车门加强板位于内板面上安装车门附件机构的部位，因此需提高安装部位的刚度和连接强度。

b. 在门体安装铰链处、开度限位器处和门锁处等部位设置 1.2～1.6 mm 厚的加强板，与车门内板焊接。

c. 车门内、外窗台处设置加强板，要考虑断面形式、密封条的固定安装结构。

（2）车门附件

车门附件主要有玻璃升降器、车窗玻璃、车窗电动机、门锁等。

① 玻璃升降器。玻璃升降器是车门主要附件之一，它是调节车窗玻璃开度大小的部件，如图 6-1-15 所示，其功能是保证车窗玻璃平衡升降，车窗玻璃能随时并顺利开启和关闭，使玻璃锁止在任意位置上。

现代轿车通常采用齿轮齿扇交叉臂式和钢丝绳式两种玻璃升降器。

玻璃升降器的组成

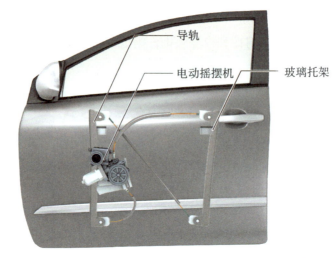

图 6-1-15 玻璃升降器

a. 齿轮齿扇交叉臂式玻璃升降器。

齿轮齿扇交叉臂式玻璃升降器,手柄的转轴与齿轮相连接,带动相啮合的齿扇旋转,铆接在齿扇上的主动臂随齿扇一起转动,使玻璃升降,如图 6-1-16 所示,从动臂与主动臂成交叉状,起支撑作用。在齿扇轴上装有钟表发条状弹簧(平衡弹簧),用来平衡玻璃的重力,制动弹簧是玻璃升降器最重要的零件,使玻璃停在任何位置都不会因玻璃的重力而下滑,平衡弹簧可抵消玻璃作用在齿扇轴上的大部分力矩,其余小部分由制动弹簧承受。

叉臂式玻璃升降器工作原理

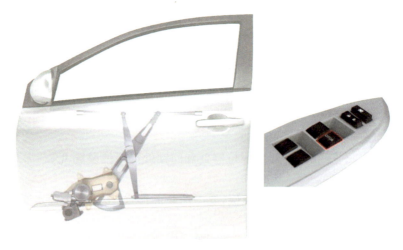

图 6-1-16 齿轮齿扇交叉臂式玻璃升降器

b. 钢丝绳式玻璃升降器。

钢丝绳式玻璃升降器是通过摇转手柄时驱动牵拉钢索,进而驱动玻璃托架移动的,如图 6-1-17 所示。其动力传递路线为:摇手柄→小齿轮→扇形齿轮→钢绳卷筒→钢丝绳→运动托架→玻璃升降。

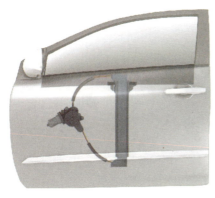

绳轮式玻璃升降器工作原理

图 6-1-17　钢丝绳式玻璃升降器

钢丝绳式结构的优点是：手柄位置可以自由布置，钢丝绳的松紧度可利用张紧轮进行调节，结构简单、加工容易、体积小、重量轻。由于玻璃装配在运动托架上，所以玻璃的重力线始终能与钢丝绳平行，玻璃升降过程均十分顺利，但由于这种升降器对自身倾斜没有保持能力，所以有必要设置玻璃导轨。

② 车窗玻璃。车窗是车厢四壁设置的窗户，为了挡风遮雨，又不遮挡视线，一般采用玻璃材质。

汽车的前、后窗通常采用利于视野又美观的曲面玻璃，由橡胶密封条嵌在窗框上或用专门的黏合剂粘贴在窗框上。为了便于自然通风，汽车的侧窗玻璃通常可上、下或前、后移动。

③ 车窗电动机。车窗电动机都是双向转动的，是一种用来为车窗的升降提供动力的装置，如图 6-1-18 所示，它有永磁型和双绕组串励型。

永磁型的电动机是外搭铁，通过改变输入电枢绕组的电流方向使电动机向不同的方向旋转。

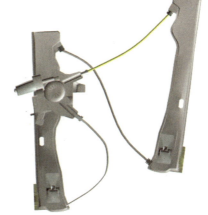

图 6-1-18　车窗电机

双绕组串励型的电动机是各绕组搭铁，有两个绕向相反的磁场绕组，一个称为上升绕组，另一个称为下降绕组，通电后产生相反方向的磁场，即可改变电动机的旋转方向。

一般汽车车窗使用双向永磁绕线型车窗电动机。

④ 门锁。门锁一般安装在车门内板的后端部。目前门锁普遍采用的结构为卡板式门锁，由一堆相互啮合的卡板止动爪实现车门的锁紧，如图 6-1-19 所示，以及通过锁体、外开操纵机构、内开操纵机构、内锁止/解锁止操纵机构、外锁止/解锁止操纵机构、锁销、电控机构等有序的动作来实现其功能，如内/外开启功能、内锁止/解锁止功能、外锁止/解锁止功能、防误锁功能、儿童锁功能等。

（3）内外装饰件

内外装饰件包括车门内护板、密封条、门锁手柄等。

① 车门内护板。车门内护板包括：左、右前车门护板，左、右后车门护板，有些

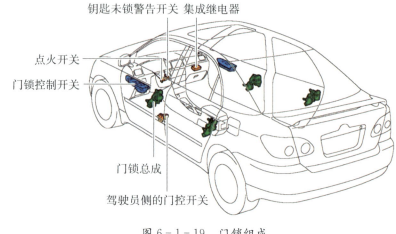

图 6-1-19 门锁组成

车还有尾门护板。比较简单的门护板一般由门护板本体和必要功能件如内扣手、扶手面板、地图袋及玻璃升降开关等组成,这类门护板在经济型轿车和货车中较常见。

车门内护板主要用于包覆金属门板,提供优美外观,并满足人机工程、舒适性、功能性和方便性;隔声、吸声、防尘;在侧碰时提供适当的吸能保护,对车外噪声提供屏蔽作用。

② 密封条。在汽车行驶时,车身壳体将产生反复扭转变形,为避免在此情况下车门与门框摩擦产生噪声或被门框卡住,一般采用橡胶密封条将车门与门框之间的间隙密封。

按照密封位置的不同,密封条一般分为车门密封条、车窗玻璃导槽密封条和车窗内外侧密封条。

a. 车门密封条。

车门密封条一般粘贴或镶嵌在车门上,与门框密封条配合,以增加车门与车体的密封作用。主要用于车门的固定、防尘及密封,起到防水、防尘、隔声、隔热、减振、装饰的作用。

b. 车窗玻璃导槽密封条。

车窗玻璃导槽密封条是安装在车门窗框上的密封条,在不同方向唇边上植绒可降低玻璃升降时同胶条间的摩擦阻力,还有减小噪声的作用。通常玻璃导槽密封条是整车密封系统中要求最高、结构最为复杂的。

c. 车窗内外侧密封条。

车窗内外侧密封条位于车门窗框下方的车窗内,密封条外植绒,一般由单重胶料构成,可提高整车外形的美观水平。这类密封条由于与玻璃升降部件接触,通常与玻璃接触部分表面植绒或者喷涂层。这不仅可以减小摩擦阻力,降低噪声和清洗车窗表面,而且以密封唇边起密封作用。

电动汽车密封条主要由三元乙丙橡胶和改性 PVC 材质制成,这两种原材料具有耐老化、耐高低温、耐酸碱、耐冲击、耐压缩等性能。

③ 门锁手柄。门锁外把手属于外观件,也属于功能件,对外观质量和强度、人机工程(舒适度)提出很高要求;门锁内开把手最大开启角 45°,开启到 35°时,锁必须开启。

门锁手柄主要有以下功能:

a. 结合整车造型理念,门锁手柄造型美观实用,符合人机工程学。

b. 门锁手柄兼具多重功效,带示廓、装饰灯功能,在把手外表面设计透明导光罩,内部安置 LED 彩色灯光,电源由车身内从把手安装孔引出至把手内。

c. 开启车门功能:

a）需要钥匙开启车门锁的，车主用传统的车钥匙开锁后，门把手开启锁机构，车主手动开启车门。

b）不需用钥匙开启车门锁的，车辆自动识别车主身份后，进入自动解锁功能并开启车门。

2. 车门分类

按其开启方法的不同，车门可分为：顺开式、逆开式、水平滑移式、上掀式、折叠式和外摆式等。

（1）顺开式车门

顺开式车门在汽车行驶时仍可借气流的压力关上，比较安全，故被广泛采用。纯电动汽车采用的就是顺开式车门，如图6-1-20所示。

图6-1-20 顺开式车门

（2）逆开式车门

逆开式车门在汽车行驶时若关闭不严就可能被迎面气流冲开，因而很少采用，如图6-1-21所示。

图6-1-21 逆开式车门

(3) 水平滑移式车门

水平滑移式车门车身侧壁与障碍物距离很小时仍能全部开启,如图 6-1-22 所示。

图 6-1-22　水平滑移式车门

(4) 上掀式车门

上掀式车门广泛用于轿车及轻型客车的门,有时也用于低矮的汽车,如图 6-1-23 所示。

图 6-1-23　上掀式车门

(5) 折叠式和外摆式车门

折叠式和外摆式车门广泛应用于大、中型客车,在有些大型客车上还备有加速乘客撤离事故现场以及便于救援人员进入的安全门,如图 6-1-24 和图 6-1-25 所示。

图 6-1-24 折叠式车门

图 6-1-25 外摆式车门

（二）车窗

汽车的车窗主要包括风窗和遮阳顶窗。

1. 风窗

汽车的前、后风窗通常采用有利于视野而又美观的曲面玻璃，借助于密封条扣在车身壳体上，多数现代轿车采用专门的黏合剂将前后窗粘贴，使之与车身壳体表面形成光顺连续的曲面以减小空气阻力，如图 6-1-26 所示。

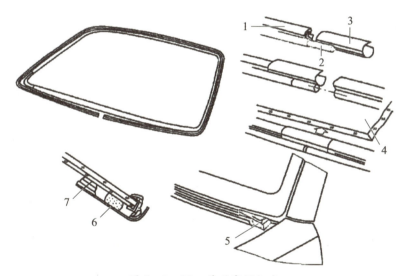

图 6-1-26 前风窗的组成
1-装饰条和密封条总成　2-橡胶圆条　3-接头　4-玻璃　5-楔形胶块　6-粘胶　7-垫块

2. 轿车的遮阳顶窗

在现代轿车上，遮阳顶窗（天窗）越来越广泛采用，遮阳顶窗及其他车窗开启时可使汽车室内与外界连通，接近敞篷车的性能，以便乘员充分享受明媚的阳光和新鲜的空气，遮阳顶窗不但可以增加室内的光照度，而且也是一种较有效的自然通风装置。根据不同的需要，可把遮阳顶窗部分或全部关闭，这样就形成了功能优异的全天候式车身结构。

汽车电动车顶(天窗)主要由天窗玻璃及玻璃边框组成,如图 6-1-27 所示,其中天窗玻璃大多采用带有隔热金属镀膜的月牙形玻璃;玻璃边框大多采用钢制材料,且边框周边上装有密封条。

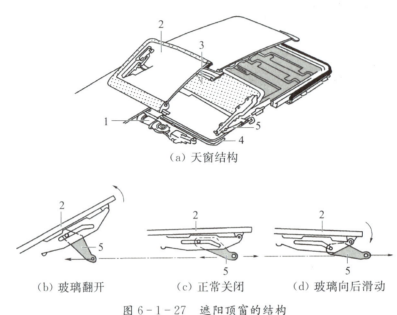

(a) 天窗结构

(b) 玻璃翻开　　(c) 正常关闭　　(d) 玻璃向后滑动

图 6-1-27　遮阳顶窗的结构

1-驱动电动机　2-玻璃　3-遮阳板　4-驱动钢索　5-撑杆

天窗由驱动电动机通过驱动钢索驱动,可使玻璃翻开或者向后滑入汽车顶盖之内。当左右两侧的驱动钢索将撑杆的下端拉向前时,撑杆上端逐渐把玻璃后部顶起从而使玻璃翻开;当驱动钢索拉动撑杆向后时,撑杆上端的销子下降并沿玻璃支架的槽向后拖动玻璃后部下沉,从而使之滑入顶盖之内。遮阳板位于玻璃的下面,可用手拉着前后移动,以阻隔从玻璃射入的阳光,同时也对室内起密封作用。

三、座椅及安全防护装置

(一) 座椅

座椅是车身内部的重要装置,其作用是支撑人体,使驾驶操作方便,乘坐舒适。座椅由骨架、座垫、靠背和调节机构等部分组成,如图 6-1-28 所示。

1. 座椅骨架

座椅骨架常由轧制型材料(钢管、型钢)或冲压成形的钢板焊接而成,座椅和靠背的尺寸、形状应与人体相适应,以使人体与座椅接触的压力合理分布,保证乘坐舒适。

2. 座垫和靠背

为避免人体在汽车行驶时左右摇晃而引起疲劳,座垫

图 6-1-28　座椅

和靠背中部略为凹陷（有些座椅设计成簸箕形），并在其表面制成凹入的格线以提高人体的附着性能且改善透气性。

座垫和靠背的覆饰材料应具有美观、强度高、耐磨、阻燃等性能。如图 6-1-29 所示，座椅面料采用富有弹性的针织布料能很好地适应座椅在人体重力作用下的反复变形；采用起毛织物可增加吸湿性和透气性，其原料以纯羊毛最好，但价格较高；真皮座椅价格虽高但耐用，适用于高级轿车；普通座椅的面料通常采用人造革或连皮发泡塑料，以便于擦拭。

座椅和靠背的弹性元件应保证弹性特性适当，弹性元件分为金属和非金属两类。金属弹性元件由弹簧钢丝绕成螺旋状或 S 形，通常绷在座椅骨架上；非金属弹性元件广泛采用聚氨酯发泡塑料，在金属模子中发泡成座垫或靠背芯子所需的形状，其密度、刚度、阻尼等都可按需要调配。

（a）纯毛座垫　　　　（b）混纺座垫　　　　（c）帘式座垫

图 6-1-29　座垫

3. 调节机构

座椅调节机构的作用是改变座椅与驾驶操纵机构的相对位置以适应不同身材的驾驶员的需要，如图 6-1-30 所示，最基本的两种调节方式是座椅行程调节和靠背角度调节。

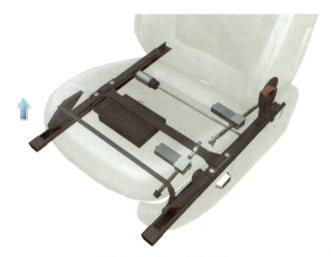

图 6-1-30　座椅调节

电动座椅结构及工作过程

行程调节装置可使座椅在左右两根滑轨上前后移动,拉起手柄可使移动的卡爪与固定的齿条脱开,手柄放松时,卡爪在复位弹簧作用下重新与齿条某个齿扣紧。

靠背角度调节器的内部有发条状弹簧、齿轮、卡爪等,发条状弹簧两端分别与座垫和靠背相连,力图使靠背向前倾翻,装在靠背上的齿轮亦随之翻转过相同的角度。扳动手柄就可操纵装在座垫上的卡爪扣住齿轮某个齿,从而使靠背在所需的角度上定位。

最先进的座椅调节机构采用微型电动机驱动,有十多种行程和角度调节方式(其中也包括调节转向盘倾角与后视镜倾角),这种机构有调节按钮并有电子记忆装置,可记忆 3 个驾驶员所需的调节方式,驾驶员就座后开动记忆装置就可操纵微型电动机,按预先设定的位置迅速完成十多项调节。

(二)安全防护装置

安全带是纯电动汽车车身结构中非常重要的安全防护装置,当汽车遇到意外情况或紧急制动时,安全带可以将车内乘员束缚在座椅上,以免前冲,最大限度地保护车内乘员避免二次碰撞造成的伤害,同时缓解碰撞的强度,使乘员的损伤指数达到最小,从而大幅度地降低碰撞事故时车内乘员的受伤率和死亡率。

轿车的安全带一般为三点式安全带,其主要由织带、收卷器、安全带导向件、夹紧锁舌和连接器等组成,其中,安全带导向件、夹紧锁舌和连接器是构成安全带的安装固件,如图 6-1-31 所示。

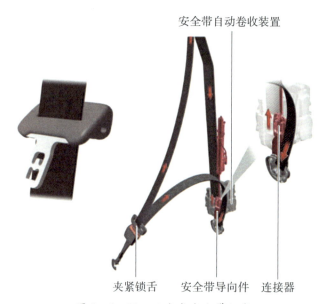

图 6-1-31 三点式安全带组成

1. 织带

织带是构成安全带的主体,多用尼龙、聚酯、维尼纶等合成纤维原丝编织成,具有足够的强度、延伸性能和吸收能量的性能。织带包括斜跨前胸的肩带、绕过人体胯部的腰带,在座椅外侧和内侧地板上各有一个固定点,第三个固定点位于座椅外侧支柱上方。带子绕过上方固定点的环状导向板伸入车身立柱内腔并卷在立柱下部的收卷器内,乘员胯部内侧附近有一个插扣,由插板(松套在带子上)和锁扣(与内侧地板固定点相连)两部分组成。两部分插合后即可将乘员约束在座椅上,按下插扣上的红色按钮就可解除约束。

2. 安装固件

安装固件(安全带导向件、夹紧锁舌和连接器)是与车体或座椅构件相连接的耳片、插件和螺栓等,它们的安装位置和牢固性,直接影响到安全带的保护效果和乘员的舒适感。

3. 收卷器

收卷器的作用是储存织带和锁止织带拉出,它是安全带系统中最复杂的机械件。有非锁止式收卷器、自动锁止式收卷器和紧急锁止式收卷器三种类型。

（1）非锁止式收卷器

指乘员用较小的外力就能把织带从收卷器中全部拉出,在织带全部拉出状态下保持束紧力。该种安全带保持束紧力是以乘员将织带全部拉出为前提。因此,不能因人而异地对一些非紧急情况做出准确判断并起到防护作用。

（2）自动锁止式收卷器

指乘员用较小的外力就能把织带拉出,并在任意位置停止拉出织带的动作时,其锁止机构能在停止位置附近自动锁止,同时能保持束紧力。

（3）紧急锁止式收卷器

预紧式安全带使用预紧器,在碰撞达到一定强度时,启动预紧器,带动锁扣回缩或收卷器回转,使得安全带缩短一定距离,有效消除安全带与人体之间的间隙,提高安全带的作用。

紧急锁止式收卷器是这三种收卷器类型中功能较完备的一种。

正常情况下,安全带对人体上部并不起约束作用,当乘员向前弯腰时,带子可从收卷器经由上方固定点的导向板被拉出,而当乘员恢复正常坐姿时,收卷器又会自动把多余的带子收起,使带子随时保持与人体贴合,但在紧急情况下——亦即汽车减速度超过 0.7g 或车身侧倾角超过 12°时,收卷器会将带子卡住从而对乘员产生有效的约束。

本任务介绍了纯电动汽车的车身、车门及车窗、座椅及安全防护装置(安全带)的组成及功用。

纯电动汽车车身一般由车身本体、内外装饰件、车身附件以及车身电器和电子设备组成。

车身能够为驾驶员提供良好的操作条件,能够隔离汽车行驶时的噪声、废气、振动以及恶劣天气,保证完好无损地运载货物且装卸方便,并改善发动机的冷却条件和室内通风。

车门通常由车门本体、附件和内外装饰件组成。

车门具有保证乘员上下车的方便性、行车的安全性、良好的侧面视野、密封性及低噪声等方面的功能。

座椅由骨架、座垫、靠背和调节机构等部分组成。

座椅是车身内部的重要装置,其作用是支撑人体,使驾驶操作方便,乘坐舒适。

轿车的安全带一般为三点式安全带,由织带、安装固定件和收卷器等部件组成。

安全带可以最大限度地保护车内乘员避免二次碰撞造成的伤害,同时缓解碰撞的强度,使乘员的损伤指数达到最小，从而大幅度地降低碰撞事故时车内乘员的受伤率和死亡率。

一、判断题

1. 前后保险杠、密封条、玻璃、商标标志、散热器面罩都属于车身内饰件。（ ）
2. 车身主要板件有：前挡泥板、前地板、后地板、前围板、顶盖、后轮罩和后窗台板。（ ）
3. 后围板为尾灯及后保险杠提供安装配合面及相应的安装孔，是车身骨架中承受横向载荷的主要部件。（ ）
4. 车门外板一般用 0.6～0.8 mm 厚的薄钢板冲压而成。（ ）
5. 现代轿车通常采用齿轮齿扇交叉臂式和钢丝绳式两种玻璃升降器。（ ）

二、选择题

1. 纯电动汽车车身一般由哪些部件构成？（   ）。【多选题】
   A．车身附件　　　　　　　　　　B．车身电器和电子设备
   C．车身本体　　　　　　　　　　D．内外装饰件
2. 车身壳体的纵向承力构件主要有哪些？（   ）。【多选题】
   A．前座椅横梁　　　B．后纵梁　　　C．地板后横梁　　　D．上边梁
3. 以下关于车身板制零件的说法，错误的是（   ）。【单选题】
   A．散热器面罩为散热器和空调冷凝器提供足够的通风冷却面积。
   B．车身板制零件主要由散热器面罩、发动机舱盖、前、后翼子板、行李舱盖等组成。
   C．发动机舱盖可通过暗铰链与车身连接，它可绕铰链轴线转动、打开，但不能用支撑杆支撑。
   D．前翼子板一般由 0.6～0.8 mm 高强度钢板拉延成形。
4. 以下关于车门内外装饰件的说法，不正确的是（   ）。【单选题】
   A．内护板、密封条、门锁手柄都属于内外装饰件。
   B．车门密封条具有防水、防尘、隔声、隔热、减振、装饰的作用。
   C．门锁内开把手最大开启角 45°，开启到 35°时，锁必须开启。
   D．内护板主要用于提高室内造型效果，不具备隔声、防尘的功能。

三、简答题

1. 请简要描述车身壳体的类型及各类型的特点。

2. 请简述汽车安全带的作用及组成。

任务 2　纯电动汽车空调系统构造与检修

任务目标

1. 了解纯电动汽车空调系统的功用、组成及原理。
2. 理解空调制冷循环系统、采暖系统、配气系统及控制系统的工作原理。
3. 了解空调通风和空气净化系统装置组成及类型。
4. 掌握北汽 EV160 汽车空调系统的组成及工作原理。
5. 掌握北汽 EV160 汽车空调系统常见故障检修。

任务导入

　　一辆牌照尾号为 1234 的纯电动汽车送至 4S 店进行维修，车主反映该车突然出现空调制冷工作异常的现象。维修接待人员试车发现空调制冷效果是逐渐变弱的，直至制冷效果完全丧失。经高级维修技师诊断，故障原因指向空调制冷循环系统，需要针对此故障进行维修。现车间调度将任务工单派发至你手中，请学习相关知识，安全规范地完成分派的检修任务。

空调制冷循环系统检修-情境导入

知识储备

随着人们对乘车舒适度的要求越来越高,汽车空调在汽车上的应用越来越广泛,与此同时空调的功能也越来越多。空调可以将车内空间的环境调整到对人体最适宜的状态,创造良好的劳动条件和工作环境,以提高驾驶人的劳动生产率和行车安全。本任务主要讲述纯电动汽车空调系统的组成、原理与检修。

一、汽车空调系统功能

汽车空调系统把经过处理的空气以一定的方式送入车内,从而将车内的环境状况控制在一定范围内,以满足驾乘人员的舒适性需求,其包括车内温度调节、车内湿度调节、车内空气流速调节、车内空气过滤净化等功能,如图6-2-1所示。

汽车空调功能

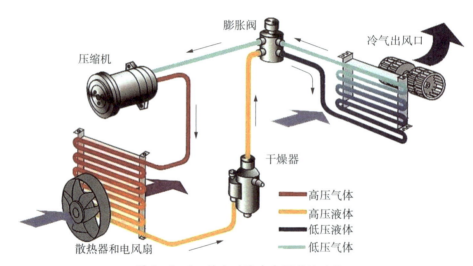

图6-2-1 纯电动汽车空调系统功能

1. 调节车内的温度

汽车空调在冬季利用其采暖装置升高车内的温度,在夏季利用其制冷装置降低车内的温度。

2. 调节车内的湿度

空调系统的除湿功能不但可以提高车内环境的舒适度,还可以预防或去除风窗玻璃上的雾、霜和冰雪,为驾乘人员提供良好的驾驶视野,改善驾驶条件,保障行驶安全。

3. 调节车内的空气流速

空气的流速和方向对人体舒适性影响很大。夏季,气流速度稍大,有利于人体散热降温;但气流流速过大,也会使人感到不舒服。冬季,气流流速过大,影响人体保温。根据人体生理特点,头部对冷比较敏感,脚部对热比较敏感,因此,在布置空调出风口时,应采取上冷下暖的方式,即让冷风吹到乘员的头部,暖风吹到乘员的脚部。

4. 过滤、净化车内的空气

由于车内空间小,乘员密度大,车内极易出现缺氧和二氧化碳浓度过高的情况,以及引入车内的新鲜空气可能含有一氧化碳、粉尘等有害物质,会造成车内人员的身体不适。因此,纯电动汽车空调需将外界的新鲜空气引入车内,并通过过滤、净化装置,对吸入车内的空气进行净化处理,以提高车内空气的洁净度。一般纯电动汽车空调上都设有进风门、排风门、空气过滤装置和空气净化装置。

二、汽车空调系统组成与原理

汽车空调由制冷系统、空调采暖系统、空调配气系统、空调控制系统、空调通风与空气净化系统组成。

(一)空调制冷系统

现代汽车大多采用的是自动空调,其空调制冷系统主要由空调制冷循环系统和控制系统组成。空调制冷系统可以在车内温度较高时降低车厢内温度,使驾乘人员感到凉爽、舒适。这里将重点介绍空调制冷系统中的空调制冷循环系统。

1. 空调制冷循环系统组成

汽车空调系统产生冷气的过程称为制冷,汽车空调制冷循环系统由压缩机、冷凝器、蒸发器、膨胀阀、储液干燥器、制冷剂、冷冻润滑油、电动风扇及管路组成。如图6-2-2所示。

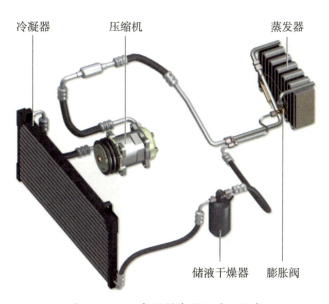

图6-2-2 空调制冷循环系统组成

（1）空调压缩机

① 空调压缩机的作用。空调压缩机是纯电动汽车空调制冷系统的心脏，其作用是吸入来自蒸发器的低温低压气态制冷剂，将其压缩成高温高压状态后送往冷凝器，保证制冷剂在系统中的循环流动。空调压缩机实物图如图6-2-3所示。

② 空调压缩机的类型。空调压缩机根据不同的分类标准可以分为不同的类型。

a. 按原理分类。根据工作原理的不同，空调压缩机可以分为定排量式压缩机和可变排量式压缩机，如图6-2-4所示。定排量压缩机的排气量是随着发动机的转速的提高而成比例提高，它不能根据制冷的需求而自动改变功率输出，而且对发动机油耗的影响比较大。

图6-2-3 空调压缩机

（a）定排量压缩机　　　　　　　　（b）可变排量压缩机

图6-2-4 空调压缩机按工作原理分类

可变排量压缩机可以根据制冷的需求自动调节功率输出。空调系统根据空调管路内压力的变化信号控制压缩机的压缩比，从而调节制冷系统的制冷强度，使空调制冷系统的温度达到设定的温度。

b. 按工作方式分类。根据工作方式的不同，空调压缩机一般可以分为往复式和旋转式，如图6-2-5所示。

（a）往复式压缩机　　　　　　　　（b）旋转式压缩机

图6-2-5 空调压缩机按工作方式分类

◇ 往复式压缩机。

往复式压缩机活塞在往复运动的过程中会不断地吸入低压制冷剂气体,将其压缩,压力升高后排入冷凝器,使制冷剂得以在制冷系统内循环。往复活塞式压缩机对材料的要求低,加工容易,造价低廉。它能适应较广泛的压力范围和制冷量范围,热效率高。不足之处是,由于活塞作往复运行,动力平衡性能差,限制了压缩机转速的提高,结构复杂,易损件多,维护工作量大。

常见的往复式压缩机有曲轴连杆式压缩机和轴向活塞式压缩机,如图6-2-6所示。曲轴连杆式压缩机只应用在客车领域,小排量压缩机已不再采用该结构。轴向活塞式压缩机制造技术成熟,结构紧凑,对制造有一定的要求,制造成本较低。同时在排量方面可大可小,能够广泛应用在各类车型上。

 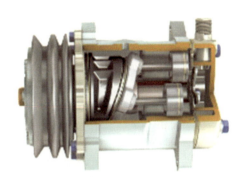

(a) 曲轴连杆式压缩机　　　　　　(b) 轴向活塞式压缩机

图6-2-6　往复式压缩机类型

轴向活塞式压缩机根据驱动结构不同分为摇盘式压缩机和斜盘式压缩机。摇盘式压缩机拥有更高的可靠性,耐恶劣工况优势明显,被普遍引用在货车、工程车上。斜盘式压缩机更容易实现小型化、轻量化、高转速、高效率,因此更多地应用在乘用车上。

◇ 旋转式压缩机。

常见的旋转式压缩机有旋转叶片式和涡旋式。如图6-2-7所示。

(a) 旋转叶片式压缩机　　　　　　(b) 涡旋式压缩机

图6-2-7　旋转式压缩机类型

旋转叶片式压缩机体积与重量均可以做到很小,便于在狭小的空间里布置,该压缩机具备高转速、高效、噪声低等优势。但其对加工精度要求、制造成本较高;因结构及加工技术的限制,目前该类压缩机无法做到大排量。

涡旋式压缩机具有重量轻、高转速、高可靠性、能效比高、噪声低、零件少等诸多优势,在小型化方向应用较多,但是,因对加工精度要求非常高,制造成本较高,且在大排量应用上不足,不能适应制冷量要求较高的领域。

③ 空调压缩机组成及工作原理。早期的轿车广泛使用的是可变排量的斜盘式压缩机,本节主要介绍斜盘式压缩机的组成和工作原理。

a. 斜盘式压缩机组成。

斜盘式空调压缩机是连续可变排量型,它的排量可以根据空调的制冷负荷进行调节,其主要由轴、接线板、活塞、滑蹄、曲柄室、气缸和电磁控制阀组成,如图 6-2-8 所示。其中,曲柄室与吸气通道相连;电磁控制阀安装在吸气通道(低压)和排放通道(高压)之间,根据空调放大器的信号,电磁控制阀以占空比控制的方式进行工作。

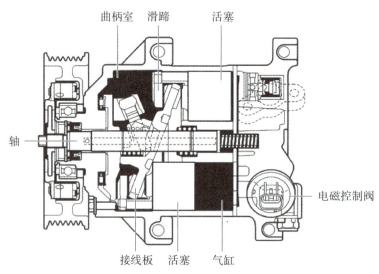

图 6-2-8 斜盘式压缩机组成

图 6-2-9 斜盘式压缩机的工作原理

b. 斜盘式压缩机工作原理。

电磁控制阀闭合的时候(电磁线圈通电),会产生一个压差,曲柄室内的压力降低。然后,作用在活塞右侧的压力将高于作用在活塞左侧的压力。这样就会压缩弹簧并倾斜接线板。因此,活塞行程增加且排量增加。电磁控制阀打开(电磁线圈不通电)时,压差消失。然后,作用在活塞左侧的压力将变得与作用在活塞右侧的压力相同。因此,弹簧伸长且消除接线板的倾斜,这样,活塞有小的行程且排量减少,其工作原理如图 6-2-9 所示。

(2) 冷凝器

冷凝器主要利用环境冷却介质(空气或水),将来自压缩机的高温高压制冷剂蒸气的热量带走,使高温高压制冷剂蒸气冷却,冷凝成高压中温的制冷剂液体。值得一提的是,冷凝器在把制冷剂蒸气变为制冷剂液体的过程中,压力是不变的,仍为高压。

① 冷凝器的类型。用于纯电动汽车空调中的冷凝器,常用的有管片式(管翅式)冷凝器、管带式冷凝器和平流式冷凝器,如图 6-2-10 所示。

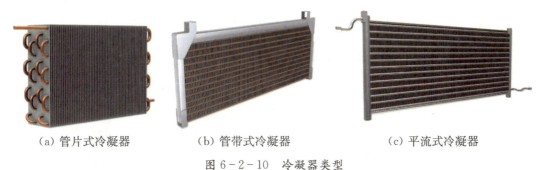

(a) 管片式冷凝器　　　　(b) 管带式冷凝器　　　　(c) 平流式冷凝器

图 6-2-10　冷凝器类型

a. 管片式(管翅式)冷凝器。

管片式(管翅式)冷凝器制作工艺简单,它是由圆铜管与其上厚约 0.2 mm 的铝片组合而成,是较早采用的一种冷凝器形式,目前一般用在大中型客车的空调装置上。

b. 管带式冷凝器。

管带式冷凝器普遍使用在小型纯电动汽车上。它采用一整根扁形管,弯成蛇形。管内用隔筋隔成若干个孔道,管外用厚约 0.2 mm 的铝片焊在上下两管外皮处,铝片折成皱纹状以增大散热面积。这种冷凝器结构紧凑(单管多孔)、质量小(全部铝质)、可靠性高(不用多处弯头焊接),但其管内制冷剂流动阻力要高于管片式。

c. 平流式冷凝器。

平流式冷凝器是为纯电动汽车空调使用新型制冷剂 R134a 而开发投放市场的。制冷剂由输入端接头进入圆柱主管中,再分别同时流入多个扁管,并平行地流至对面的主管,再集中经过跨接管流至冷凝器输出端接头。平流式冷凝器具有制冷剂侧的压力损失小、导热系数高、制冷剂充注量少等特点,更适合具有 R134a 性质的制冷剂在纯电动汽车空调中的使用。现代纯电动汽车的空调系统就是使用的平流式冷凝器。

② 冷凝器的组成。冷凝器是一个热交换设备,一般安装在散热器的前面,主要由制冷剂管路、翅片、入口和出口等构成,如图 6-2-11 所示。

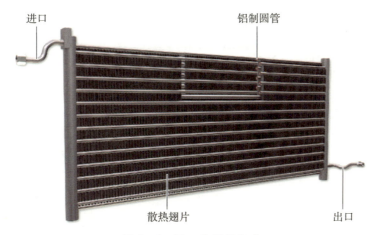

图 6-2-11　冷凝器组成

③ 冷凝器的工作原理。经压缩机压缩后的高温、高压气态制冷剂,从冷凝器顶端的入口进入冷凝器内部的螺旋状管路,将热量传递给管路和翅片,此时发动机冷却风扇运转,促使周围的空气对冷凝器的管路和翅片内的制冷剂进行冷却,直至冷凝器释放潜热,制冷剂凝结成液态,如图 6-2-12 所示。

冷凝器工作原理

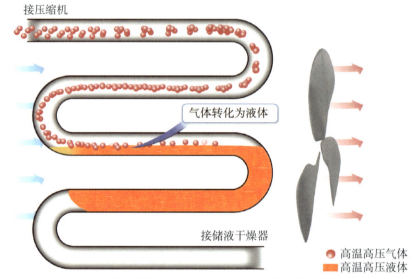

高温高压气态制冷剂经冷凝器,与空气流动交换,把热量散发出去。

图 6-2-12 冷凝器工作原理

(3) 蒸发器

蒸发器也是一个热交换设备,其作用是将经过节流降压后的液态制冷剂汽化,吸收蒸发器周围空气的热量而使之降温,鼓风机再将冷风吹到乘客舱内,如图 6-2-13 所示。

蒸发器功能演示

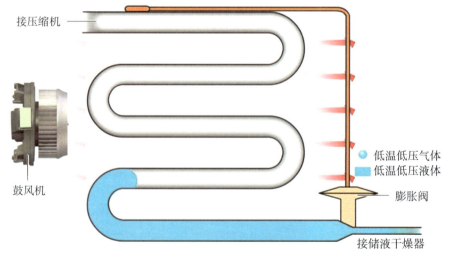

图 6-2-13 蒸发器作用

蒸发器通常位于仪表台下方的空调箱壳体总成内,主要由螺旋管、翅片、入口管路和出口管路等组成,如图6-2-14所示。

图6-2-14 蒸发器结构

(4) 膨胀阀

膨胀阀安装在蒸发器入口,它是空调制冷循环系统的节流部件。

① 膨胀阀作用。膨胀阀主要作用有三个,如图6-2-15所示。

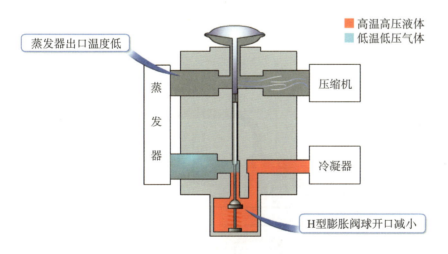

膨胀阀作用

图6-2-15 膨胀阀作用

a. 节流作用:高温高压的液态制冷剂经过膨胀阀的节流孔节流后,成为低温低压的雾状的制冷剂,为制冷剂的蒸发创造条件。

b. 调节作用：安装在膨胀阀体上的恒温控制阀按照要求改变开启或关闭位置来控制通过节流孔的液态制冷剂流量。

c. 控制制冷剂的流量：进入蒸发器的液态制冷剂，经过蒸发器后，制冷剂由液态蒸发为气态，吸收热量，降低车内的温度。膨胀阀控制制冷剂的流量，保证蒸发器的出口完全为气态制冷剂，若流量过大，出口含有液态制冷剂，可能进入压缩机产生液击；若制冷剂流量过小，提前蒸发完毕，会造成制冷不足。

② 膨胀阀的类型。按照平衡方式不同，常见的膨胀阀类型有内、外平衡式膨胀阀；按照结构特点不同，常见的膨胀阀类型有 H 型膨胀阀以及孔管式膨胀阀，如图 6-2-16 所示。

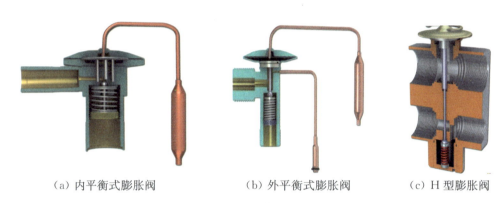

（a）内平衡式膨胀阀　　（b）外平衡式膨胀阀　　（c）H 型膨胀阀

图 6-2-16　膨胀阀类型

内平衡式的平衡压力来自蒸发器入口，外平衡式平衡压力来自蒸发器的出口。内平衡式膨胀阀一般用在家用空调上。纯电动汽车空调的制冷量一般比较大，制冷剂在蒸发器里的压力损失也较大，因此只用外平衡式的。

③ 膨胀阀的结构。膨胀阀的结构主要由感温包、毛细管、膜片、球阀、顶杆、弹簧等构成，如图 6-2-17 所示。

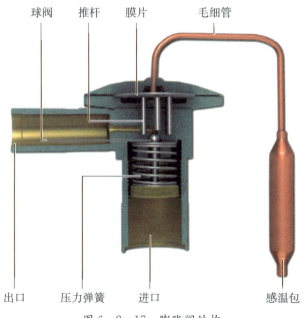

图 6-2-17　膨胀阀结构

④ 膨胀阀的工作原理。H形膨胀阀安装在蒸发器的入口和出口处,共有四个接口与制冷系统连接。四个接口分为两组,呈H形布置,如图所示6-2-17所示。一组接口连接蒸发器入口侧,它们分别连接储液干燥器和蒸发器入口;另一组接口连接蒸发器出口侧,它们分别连接蒸发器出口和压缩机入口,且这一组接口之间装有感温元件,以直接感应蒸发器出口的制冷剂的温度。

H形膨胀阀中有一个膜片,膜片上方有一个热敏杆,热敏杆的周围是蒸发器出口处的制冷剂,制冷剂温度的变化(负荷变化)可通过热敏杆使膜片右方气体的压力发生变化,从而使阀门的开度变化,调节制冷剂的流量以适应制冷负荷的变化。H形膨胀阀具有结构紧凑、工灵敏度高、工作可靠的特点,被广泛应用于汽车制造。

(5) 储液干燥器

储液干燥器用于装有膨胀阀的空调系统中,位于冷凝器和膨胀阀之间的高压侧。其作用是临时性地存储在冷凝器中液化的制冷剂,根据制冷负荷需要,随时供给蒸发器,保证流入蒸发器的制冷剂是纯液态,并补充系统中的微量渗漏以及对系统中的水分和杂质进行干燥和过滤。

① 储液干燥器结构。储液干燥器主要由储存瓶、过滤器、干燥剂和提取管路等构成。如图6-2-18所示。

图6-2-18 储液干燥器结构

其中,储存瓶用来储存液态制冷剂;过滤器用来去除冷冻润滑油和制冷剂中的颗粒物;干燥剂用来除去系统中的湿气;提取管路则是为了确保只有液态制冷剂才能离开储液干燥器;提取管路底部还包括一个被校准过的通道,用于调整返回系统的冷冻润滑油流量。

② 储液干燥器的工作原理。在正常的工作过程中,制冷剂从冷凝器的出口流到储液干燥器的顶部。制冷剂中的湿气被干燥剂吸收后,再通过微粒过滤器和提取管路返回系统,如图6-2-19所示。

储液干燥器工作原理

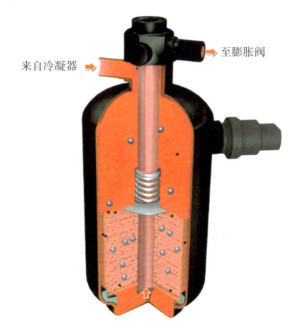

图 6-2-19 储液干燥器工作原理

(6) 制冷剂

制冷剂是制冷循环系统中传热的载体,通过物理状态变化吸收和放出热量,因此要求制冷剂在常温下容易汽化,在适当的凝结压力时,临界温度(临界温度:物质由气态转变为液态的最高温度)要高,在状态变化时尽可能多地吸收或放出热量。同时制冷剂还应具备以下性质:

① 无色、无味、无毒、无刺激,对人体健康无损害。
② 不易燃烧,不易爆炸。
③ 与冷冻润滑油接触时,化学、物理安定性良好,且可任意比互溶。
④ 泄漏时容易侦测。
⑤ 价格合理,容易制取。

制冷剂的英文名称为 Refrigerant,所以常用其第一个字母 R 来代表制冷剂,后面表示制冷剂名称,如 R12、R22、R134a 等。过去常用的制冷剂是 R12(又称为氟利昂),这种制冷剂各方面的性能都很好,但是有一个致命的缺点,就是对大气环境的破坏,它会破坏大气中的臭氧层,使太阳的紫外线直接照射到地球,对植物和动物造成伤害。我国目前已停止生产用 R12 作为制冷剂的汽车空调系统。

(7) 冷冻润滑油

在空调制冷系统中有相对运动的部件(压缩机),需要对其润滑。由于制冷系统中的工作条件比较特殊,所以需要专门的润滑油——冷冻润滑油。冷冻润滑油除了起到润滑作用以外,还可以起到冷却、密封和降低机械噪声的作用。在制冷系统中的润滑油还有一个特殊的要求,就是要与制冷剂相溶,并且随着制冷剂一起循环。因此在冷冻润滑油的选用上,一定要注意正确选用冷冻润滑油的型号,切不可乱用,否则将造成严重后果。

冷冻润滑油使用要求:

① 冷冻润滑油应保存在干燥、密封的容器里,存放在阴暗处,避免空气中的水分和其他杂质进入油中。

② 不同牌号的冷冻润滑油不能混装、混用。

③ 制冷系统中不能加注过量的冷冻润滑油,以免影响制冷效果。

(8) 电动风扇

电动风扇位于冷凝器的后方,用来提高通过冷凝器的空气流速,增强冷凝器的散热能力,加速气态制冷剂的冷凝。主要由集风罩、电动机、冷却风扇等组成,如图6-2-20所示。

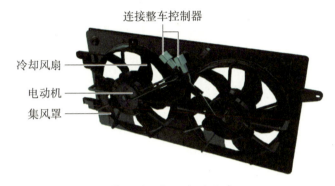

图6-2-20 电动风扇

2. 空调制冷系统工作原理

纯电动汽车的电动压缩机将气态的制冷剂从蒸发器中抽出,并将其压入冷凝器,低压气态制冷剂经冷凝器时液化而进行热交换(释放热量),热量被车外的空气带走。高压液态的制冷剂经膨胀阀的节流作用而降压,低压液态制冷剂在蒸发器中汽化而进行热交换(吸收热量),蒸发器附近被冷却了的空气通过鼓风机吹入车厢。气态的制冷剂又被压缩机抽走,泵入冷凝器,如此使制冷剂进行封闭的循环流动,不断地将车厢内的热量排到车外,使车厢内的气温降至适宜的温度。

纯电动汽车制冷系统的工作包括压缩、冷凝、干燥、节流和蒸发5个过程,如图6-2-21所示。具体过程如下:

① 压缩过程:空调压缩机吸入蒸发器出口处的低温低压的气态制冷剂,将其压缩成高温高压的气态制冷剂。

② 冷凝过程:高温高压的气态制冷剂进入冷凝器后,将热量释放到空气中,冷凝成中温高压的液态制冷剂。

③ 干燥过程:经冷凝器冷凝后的液态制冷剂进入储液干燥罐后,储液干燥罐将液态制冷剂的水分和微小杂质过滤后送到膨胀阀。

④ 节流过程:中温高压的液态制冷剂经过节流膨胀装置(膨胀阀)后体积变大,压力和温度急剧下降,变成低温低压的液态制冷剂(呈雾状)。

新能源汽车空调制冷循环系统工作原理

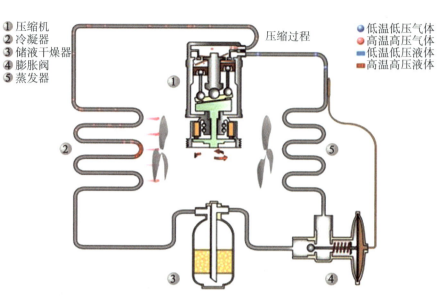

① 压缩机
② 冷凝器
③ 储液干燥器
④ 膨胀阀
⑤ 蒸发器

压缩过程

● 低温低压气体
● 高温高压气体
▬ 低温低压液体
▬ 高温高压液体

图 6-2-21　空调系统制冷循环示意图

⑤ 蒸发过程：低温低压的液态制冷剂进入蒸发器，由于此时制冷剂沸点远低于蒸发器内的温度，低温低压的液态制冷剂蒸发成低温低压的气态制冷剂。

（二）空调采暖系统

空调采暖系统的主要作用是与蒸发器一起共同将空气调节到使人感到舒适的温度。在寒冷的冬季向车内提供暖气，提高车内空气的温度；当车窗玻璃结雾或结霜，影响驾驶员和乘客的视线，不利于行车安全时，可通过采暖装置吹出热风来除雾或除霜。

1. 空调采暖系统组成

纯电动汽车空调供暖系统是由PTC加热器、PTC温度传感器、PTC控制器等部件组成，如图6-2-22所示。

图 6-2-22　空调采暖系统组成

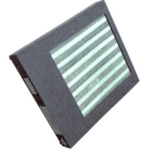

图 6-2-23　PTC加热器

（1）PTC加热器

PTC加热器如图6-2-23所示。PTC加热器具有体积小、制热效率高的优点，是一种自动恒温、省电、安全的电加热器。PTC加热器的突出特点在于安全性能上，如遇鼓风机故障停转时，PTC加热器因得不到充分散热，其功率会自动急剧下降，加热器的表面温度维持在居里温度左右（一般在250℃上下），不会产生像电热管加热器表面"发红"现象,不会因温度过高而引起火灾等安全隐患。

① PTC加热器组成。PTC加热器是由PTC发热单体和铝制散热器组成。在PTC加热器中共有7根PTC发热单体,通过内部电路的连接形式划分成两个功率不同的加热模块,如图6-2-24所示。一个是由3根发热单体并联组成的功率为1.5 kW的加热模块,另外一个是由4根发热单体并联组成的功率为2 kW的加热模块,它们的工作状态及工作方式均由PTC控制器控制。

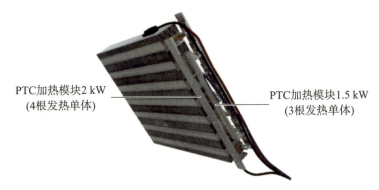

图6-2-24 PTC加热模块

PTC加热器安装于通风系统的风道中,从空气进入通风管道的流动方向来看,其位于蒸发器后方,流经PTC加热器的空气流量受到冷暖风门翻板的控制。

② PTC加热单体物理特性。PTC加热单体是一种用于恒温加热的正温度系数热敏电阻器,其恒温发热特性是由材料特性决定的。当PTC加热单体通电后,电能转化成热能使得元件本体温度上升,随着温度的增加,加热单体自身的电阻值也在急剧增大。在正常的工作范围内,流过元件的电流增大,电功率就增大。元件的温度升高、使阻值增大、电流减小、电功率减小。当电功率引起的温升与散热量达到平衡时,此时元件本体的自身温度、阻值都趋于稳定,发热量处于恒温发热的状态。

如图6-2-25所示,由PTC加热器单体"温度-电阻"特性曲线可知,元件自身的阻值变化与自身的温度成正比例的关系。当某种原因造成流过元件的电流突然增大,则突然增大的电功率会使元件的自身电阻值很快呈高阻状态,使电流降至接近于零起到限流保护作用。

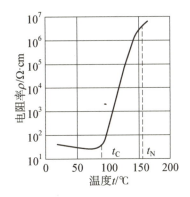

图6-2-25 PTC加热器"温度-电阻"特性曲线

PTC加热器工作原理

③ PTC加热器工作过程。当空调系统处在制冷/通风换气工况时，PTC加热器受PTC控制器控制处于断电状态。冷暖风门翻板将关闭流向PTC加热器的通风管道入口（PTC加热器自身不发热），空气流穿过蒸发器后直接经相关的模式风门进入车厢，从出风口吹出的风为冷风/自然风。

当空调系统处于供暖工况时，冷暖风门翻板开启一定角度将一部分来自蒸发器的空气流引入PTC加热器，PTC控制器控制PTC加热器通电产生热量。经过加热后的部分空气流从加热腔室流出后与从蒸发器流出的空气混合形成温度适宜的空气流，从相关模式风门吹出进入车厢进行供暖。

（2）PTC温度传感器

PTC温度传感器是一个负温度系数的热敏电阻器，安装位置如图6-2-26所示。该温度传感器用于将PTC加热器的实时温度数值转换成电压信号传送至PTC控制器。通过PTC温度传感器的反馈信号，控制器能实现对加热器的发热量进行有效控制。

图6-2-26 PTC温度传感器

图6-2-27 PTC控制器安装位置

（3）PTC控制器

PTC控制器安装在车舱PDU内部，安装位置如图6-2-27所示。PTC控制器对PTC加热器的供电进行控制（通电模式、电流导通时间），接收空调控制单元的制热触发指令并根据系统对热量的需求情况，精确控制PTC加热器的发热量。

PTC控制模块根据接收到的加热请求信号、集成控制器控制信号、PTC总成内部传感器温度反馈等信号综合控制PTC加热器电路通断。PTC控制模块采集信息内容包括风速、冷暖程度设置、出风模式、加热器启动请求、环境温度。

2. 空调采暖系统的类型

燃油汽车空调系统的暖风热源主要由发动机冷

却液提供,而纯电动汽车的暖风系统与之不同。纯电动汽车空调采暖系统常见的热源类型有热泵、PTC加热器、余热+辅助PTC三种。

(1) 热泵

由传动带驱动的直流无刷电动机的纯电动汽车热泵式空调系统工作原理如图6-2-28所示。空调系统的制热模式由电磁四通换向阀转换,实线箭头表示制冷工况,虚线箭头表示制热工况。从原理上讲,该系统与普通的热泵空调并无区别,但是用于纯电动汽车上,其专门开发了双工作腔滑片压缩机、直流无刷电动机和逆变器控制系统。在热泵工况下,系统从融霜模式转为制热模式时,风道内换热器上的冷凝水将迅速蒸发,在风窗玻璃上结霜,影响驾驶的安全性。

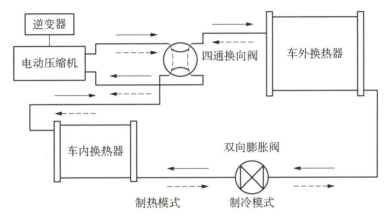

图6-2-28 热泵式空调系统原理

(2) 采用PTC加热器取暖

PTC泛指正温度系数很大的半导体材料或元器件,通常是指正温度系数热敏电阻。PTC电加热器是采用PTC热敏电阻元件为发热源的一种加热器,如图6-2-29所示。PTC热敏电阻通常是用半导体材料制成的,PTC热敏电阻元件因具有随环境温度高低的变化,其电阻值随之增加或减小的变化特性,所以PTC加热器具有节能、恒温、安全和使用寿命长等特点。

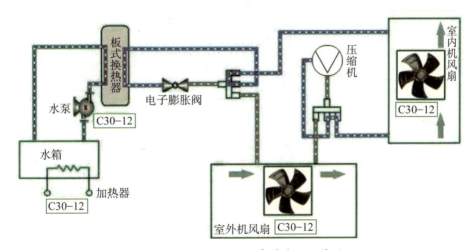

图6-2-29 PTC加热采暖系统工作原理

按材质可以分为陶瓷 PTC 热敏电阻和有机高分子 PTC 热敏电阻。用于空调辅助电加热器的是陶瓷 PTC 热敏电阻。

利用 PTC 热电阻制成的加热器为纯电动汽车车室内供暖时，虽然具有恒温发热、无明火、温升速度快、成本低、使用寿命长、绿色环保、不需要控制系统等优点，且不需要改动暖风机总成的壳体，但是能耗较高。当车室内要满足除霜、取暖等要求时，PTC 需要达到 3 kW 以上的功率。这样不仅会对蓄电池产生较大的影响，同时还会产生异味，存在安全隐患。但对于纯电动汽车而言，PTC 加热器目前是最佳的取暖方案。

（3）余热＋辅助 PTC

利用大功率器件（功率变换、驱动电机、电机控制器等）工作时产生的热量，对车内环境进行热交换。当热量不足时，启用辅助 PTC 加热器。

（三）空调配气系统

1. 空调配气系统的类型

纯电动汽车空调配气系统主要有冷暖独立式、冷暖转换式、半空调式和全空调式四种，如图 6-2-30 所示。

① 冷暖独立式。在夏季，车内空气在鼓风机吹动下，通过蒸发器冷却后吹向车内，降低车内温度。在冬季，车内空气与车外空气混合，在鼓风机的吹送下，通过加热升温，从中、下风门输送到车内，或经上风口吹向风窗玻璃进行除霜。

② 冷暖转换式。当选择制冷功能时，混合空气经蒸发器冷却后吹出；当选择制热功能时，混合空气经加热升温后由地板风口吹出，当选择除霜功能时，热风由除霜风口吹向风窗玻璃；当加热器和蒸发器全关闭时，送入车内的为自然风。

③ 半空调式。车内循环空气和新鲜空气经风门调节混合后，先经过蒸发器冷却，后经鼓风机送入风门调节，一部分或大部分进入加热器，冷风出口不再进行调节，已经被除湿。如果不开蒸发器，送出的是暖风；若两者都不开，则送出来的是自然风。

汽车空调配气系统的结构及工作原理

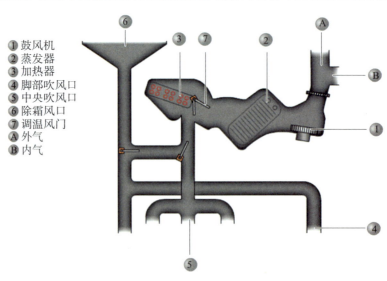

① 鼓风机
② 蒸发器
③ 加热器
④ 脚部吹风口
⑤ 中央吹风口
⑥ 除霜风口
⑦ 调温风门
Ⓐ 外气
Ⓑ 内气

图 6-2-30 空调配气系统的组成

④ 全空调式。也称空气混合式,即新鲜空气和车内循环空气经过风门调节后,由鼓风机吹向蒸发器进行降温除湿,再经风门进入加热器加热,出来的冷气和热气混合后,按功能要求送入车内。

2. 空调配气系统工作过程

纯电动汽车配气系统的工作过程一般由空气进入阶段、空气混合阶段、空气分配阶段三部分构成。

第一部分为空气进口段,主要由气源风门和鼓风机组成,用来控制室外新鲜空气和室内再循环空气的比例。

第二部分为空气混合段,主要由蒸发器、加热器和调温风门组成,用来调配所需温度和湿度的空气。

第三部分为空气分配段,分配段的除霜门、中风门、下风门,可调节空调风吹向风窗玻璃、乘员的中上部或脚部,控制空调器内鼓风机转速,调节空调风的流量,改变人体感觉的温度,如图 6-2-31 所示。

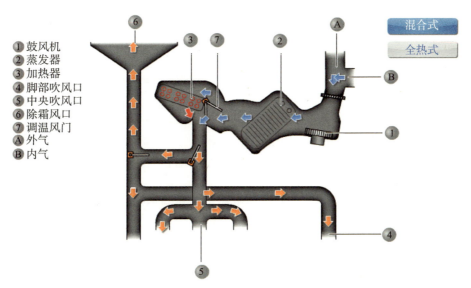

图 6-2-31 空调配气系统工作过程

(四) 空调控制系统

空调自动控制系统是指利用自动控制装置,保证某一特定空间内的空气环境状态参数达到期望值的控制系统。其作用是通过对车室内空气的温度、风量、流向进行操纵,实现对制冷和暖风系统的温度、压力进行控制,以完善空调系统的各项功能。

1. 空调控制系统组成

纯电动汽车空调控制系统主要由传感器、控制器和执行调节机构组成,如图 6-2-32 所示。

① 传感器。传感器可将空调系统的工作状况转化为电信号,发送给空调控制器,作为纯电动汽车空调控制的输入参数。主要包括车外环境温度传感器、车内温度传感器、蒸发器温度传感器、光照传感器、制冷剂压力传感器等。

汽车空调控制系统

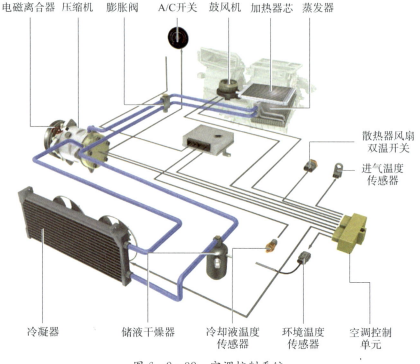

图 6-2-32 空调控制系统

② 控制器。空调控制器与操纵面板制成一体,称为空调控制器总成,它对输入的各种传感器和功能选择键的输入指令进行计算、分析、比较后发出指令,控制各个执行元件动作,使车内温度、空气流动状况等始终保持在设定的水平上,另外空调控制器还具有自诊断功能。

③ 执行调节机构。执行调节机构根据来自空调控制器的调节信号控制电动阀门、电磁阀等执行器的工作,从而实现相应的控制功能。执行控制机构包括进风伺服电动机、鼓风机、压缩机等。

2. 空调控制系统原理

空调控制器采集到空调 A/C 开关信号、空调压力开关信号、蒸发器温度信号、风速信号以及环境温度信号,经过运算处理形成控制信号,通过 CAN 总线传输给空调的电动压缩机和 PTC 加热器,空调控制器控制空调压缩机和 PTC 加热器的工作,从而使纯电动汽车内具有适当的温度,如图 6-2-33 所示。

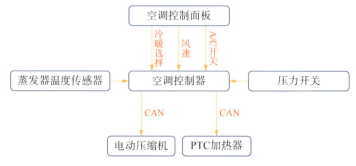

图 6-2-33 纯电动汽车空调控制原理

（五）空调通风与空气净化系统

车厢内存有人呼吸排出的二氧化碳、蒸发的汗液、吸烟以及从车外进入的灰尘、花粉等污染物，因此，对车厢内进行通风换气以及对车内空气进行过滤、净化是十分必要的，纯电动汽车通风和空气净化系统是纯电动汽车空调系统的重要组成部分。

1. 通风系统

（1）空调通风系统组成

将新鲜空气送进车内取代污浊空气的过程称为通风。通风系统的作用是在纯电动汽车行驶时保证室内通风，即对纯电动汽车室内不断加入新鲜空气，驱排混有尘埃、二氧化碳的有害气体。在寒冷的冬季，还应对新鲜空气进行加热，以保证室内温度适宜。纯电动汽车空调通风系统主要由鼓风机、风门伺服电动机、风门、出风口、各出风管道和蒸发器等组成，如图6-2-34所示。

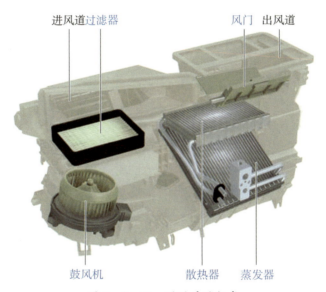

图6-2-34 通风系统组成

（2）空调通风系统类型

纯电动汽车空调的通风方式一般有动压通风、强制通风和综合通风三种。

① 动压通风。动压通风也称自然风，它是利用纯电动汽车行驶时对车身外部所产生的风压为动力，在适当的地方开设进风口和排风口，以实现车内的通风换气。轿车风洞试验的车身表面压力分布如图6-2-35所示，车身外部大多受到负压，只有在车前及前风窗玻璃周围为正压区。进风口应设置在正风压区，并且离地面尽可能高，以免引入汽车行驶时的扬尘。排风口则设置在纯电动

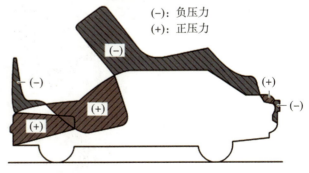

图6-2-35 轿车车表面压力分布

汽车车厢后部的负压区,并且应尽量加大排气口的有效流通面积,提高排气效果,注意防尘、噪声以及雨水的侵入。

动压通风时,车内空气的流动情况如图 6-2-36 所示。自然风通过进风口流入,车外空气的动能压力大于车厢内空气,挤压车内空气从排风口排出,车外空气与车内空气完成通风换气。动压通风不消耗动力,结构简单,通风效果较好。因此,轿车大都设有动压通风口。

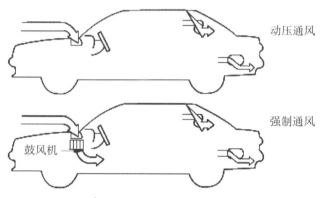

图 6-2-36 纯电动汽车的通风方式

② 强制通风。强制通风是利用鼓风机强制将车外空气送入车厢内进行通风换气,进气口和排气口一般与自然通风的风口在相同的位置。在冷暖一体化的纯电动汽车空调上,大多采用通风、供暖和制冷的联合装置,将外气与空调冷暖空气混合后送入车内。

③ 综合通风。综合通风是一辆纯电动汽车上同时采用动压通风和强制通风。综合通风系统结构复杂,但省电,经济性好,运行成本低。特别是在春秋季节的天气,用动压通风导入凉爽的外气,以取代制冷系统工作,同样可以保证舒适性要求。

2. 空调空气净化系统

空调空气净化系统就是通过车内外通风实现空调对车内空气的净化,除去车内空气中的异味、有毒有害气体、细菌病毒等污染源,使车内保持清洁舒适的空气环境,如图 6-2-37 所示。

图 6-2-37 空调空气净化系统净化功能

(1) 空调空气净化系统组成

现在传统汽车普遍使用的空气净化系统主要由滤网型车载空气净化器和鼓风机组成。滤网型车载空气净化器可以有效净化纯电动汽车内的灰尘、甲醛、苯、细菌等有害物质,达到清洁车内空气的目的。鼓风机则是一个微风扇,负责将冷气或热气输送到室内,为空调空气净化系统提供风动力。

而纯电动汽车的空气净化系统则主要由空气质量传感器、负离子发生器、空调滤清器和鼓风机组成。空气质量传感器用来检测和控制车内流通的空气质量,对各种空气污染源都有极高的灵敏度,响应时间快,随时保证空气中的净化质量达标。负离子发生器则是通过碳纤维毛刷的直流副高压放电形成负离子,改善车内空气质量,为驾驶员及乘客营造健康、舒适的车内环境。空气滤清器主要用于过滤掉空调吸入空气中的杂质,对车内空气起到净化作用。

(2) 空调空气净化系统工作原理

系统内的鼓风机(微风扇)使车内空气循环流动,污染的空气通过机内的 PM2.5 过滤网和活性炭滤芯后将各种污染物过滤或吸附,然后经过装在出风口的负离子发生器(工作时负离子发生器中的高压产生直流负高压)将空气不断电离,产生大量负离子,被微风扇送出,形成负离子气流,达到清洁、净化空气的目的,如图 6-2-38 所示。

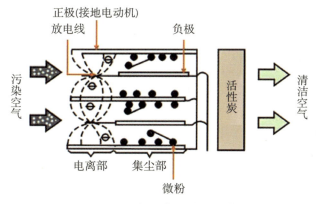

图 6-2-38 空气净化系统工作过程

(3) 空调空气净化系统中空气净化装置类型

目前常见的车载空气净化装置类型主要有:空气过滤式和静电集尘式两种。

① 空气过滤式净化器。空气过滤式净化器设置在空调系统的进风口处,采用风扇强制换气,利用多孔性滤材,如活性炭、滤纸、纤维、泡棉等,对空气中的悬浮颗粒、有害气体进行吸附,从而有效过滤悬浮物和少量有害物质。

其结构比较简单,只需定期清理过滤网上的灰尘和杂物,对臭味异味、病原菌、病毒、微生物及装饰材料造成的空气污染有一定作用。但滤网型车载空气净化器只对被动吸入的空气进行净化,由于功率的限制,无法把车内的空气进行吸入而净化,因此净化效果有限。

空气过滤式净化器广泛用于各种纯电动汽车空调系统中,北汽 EV160 电动空调系统采用的就是空气过滤式净化器。

② 静电集尘式空气净化器。静电集尘式空气净化器是在空气进口的过滤器后再设置一套静电集尘装置或单独安装一套用于净化车内空气的静电集尘装置。

静电集尘式车载空气净化器是利用纤维状活性炭滤网及静电滤尘网净化空气。

静电滤网的原理是在无纺布纤维内植入正负向永久性电荷,使布面上充满强力静电,用来吸附空气中的悬浮粒子,使有害人体的分子在通过滤网时被吸附在滤网内,滤网清洁效率可从7%到滤心集尘95%。

首先,永久性网孔预过滤器将鼓风机带进的脏空气和大型颗粒如毛发和纤维屑网住。

其次,空气清洁器的空气净化滤网内的高压电离器使空气中的污染物小到如细菌和病毒这样 0.01 μm 的微粒带电,并被吸附在收集盘中,这样可以阻止有害的刺激物在室内流通。

然后,活性炭过滤器吸收异味。

最后,净化后的空气又回到了车厢内。

通过定期洗涤,可以很方便地更新空气净化滤网。但静电集尘型车载空气净化器需要与其他器材配合才能达到高效的净化效果,因为静电集尘型车载空气净化器并不能完全吸附并消除异味,也无法完全分解有毒化学气体。同时,其净化效果和净化效率会随着悬浮微粒的累积增加而递减,需要经常清洗集尘板以恢复其效果与效率,故维护成本较高,只用于高级轿车和旅行车上。

三、北汽 EV160 纯电动汽车空调系统

北汽 EV160 与其他纯电动汽车一样,其空调系统主要由制冷系统、采暖系统、控制系统、通风系统等组成。

(一) 北汽 EV160 纯电动汽车空调制冷系统

1. 北汽 EV160 汽车空调制冷系统组成

北汽 EV160 电动空调制冷系统采用的是循环离合器膨胀阀系统,其结构主要由电动压缩机、冷凝器、蒸发器、膨胀阀、储液干燥器、电动风扇、高低压管路以及管路内循环的制冷剂和冷冻润滑油组成,如图 6-2-39 所示。

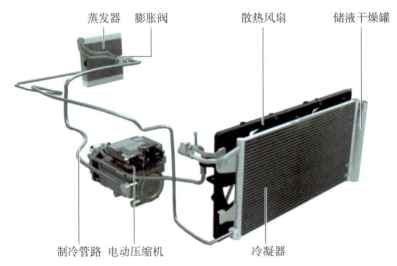

图 6-2-39 北汽 EV160 电动空调制冷系统组成

各部件之间通过铝管和高压橡胶管连接成一个密闭的循环系统。制冷系统的基本原理是利用系统管路中制冷剂物理状态的变化(汽化、液化)达到吸热和放热的目的,从而实现热量交

换。和传统内燃机空调制冷系统相比主要区别在于北汽 EV160 空调系统采用了电动压缩机、电子膨胀阀。

（1）电动压缩机

北汽 EV160 与其他纯电动汽车一样，没有发动机作为空调压缩机的动力源。所以，北汽 EV160 同样采用电动压缩机作为空调制冷系统的动力源。

① 北汽 EV160 电动压缩机组成。北汽 EV160 纯电动汽车采用的是同轴独立式驱动的电动压缩机，其结构类型为涡旋式，位于蒸发器和冷凝器之间，其本身具有调速功能，所以其控制系统与传统空调压缩机控制有明显不同。该压缩机的电能来源于纯电动汽车上动力蓄电池的直流电，压缩机靠单独电动机驱动，压缩机转速单独可控，因此可以通过精确的控制以及在常见热负荷工况下的高效率运转来降低空调系统的能耗，从而提高整车的经济性。

北汽 EV160 纯电动汽车的电动压缩机是涡旋式电动压缩机，其主要由压缩机控制器、驱动电动机、涡盘泵体总成、壳体以及内部密封圈和轴承等组成，如图 6-2-40 所示。

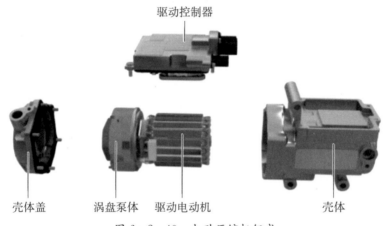

图 6-2-40　电动压缩机组成

a. 驱动控制器。

直流电动机的驱动控制器是一种对直流电动机的运行过程进行综合控制的电气装置，又可称为直流变频控制器，其安装位置如图 6-2-41 所示。

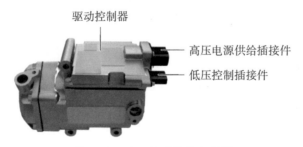

图 6-2-41　驱动控制器位置

驱动控制器的外部有两个插接件接口：一个接高压电源供给插接件，一个接低压控制插接件。两个插接件接口的引脚定义见表 6-2-1。

表6-2-1 驱动控制器插接件接口引脚定义

插接件	引脚端口	接口定义	备注
高压两芯(动力接口)	A	高压正	控制器与PDU(动力蓄电池)连接
	B	高压负	
低压六芯(控制信号接口)	1	DC12 V 正极	控制器与低压控制系统连接
	2	高低压互锁信号	
	3	高低压互锁信号	
	4	低压蓄电池接地	
	5	CANH	
	6	CANL	

电动压缩机转速的调节是通过驱动控制器改变无刷同步直流电动机的供电频率而实现的。驱动控制器通过CAN总线与空调控制器及整车控制器进行通信,从而可按实际负荷工况需求控制空调压缩机的运行速度。

b. 驱动电动机。

驱动电动机是电动压缩机的动力来源,将电能转化为机械能,带动压缩机压缩制冷剂。其位于压缩机壳体内部,与涡盘泵体总成中的动涡盘同轴转动,如图6-2-42所示。

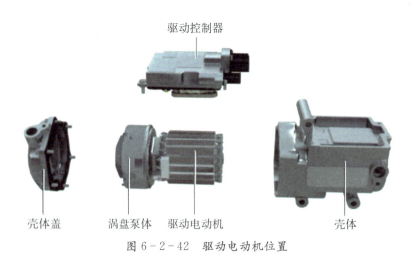

图6-2-42 驱动电动机位置

其详细参数可见表6-2-2。

表 6-2-2　驱动电动机参数

项目	参数	项目	参数
最大使用转速	3 500 r/min	制冷剂	R134a
最小使用转速	1 500 r/min	冷冻润滑油	RL68H；(POE68)
转速误差	<1%	最大使用制冷量	2 500 W
排量	27 mL/r		

北汽 EV160 选用的是无刷同步直流电动机。无论是在纯电动汽车上，还是在混合动力电动汽车上，在空调制冷系统的压缩机中都充满了制冷剂蒸气，而有刷电动机的电刷及换向器在电动机转动时会产生火花、碳粉等，容易造成危险。

c. 涡盘泵体总成。

涡旋式压缩机涡盘泵体总成将来自蒸发器的低压气态制冷剂压缩成高压的气态制冷剂送至冷凝器，其由涡轮动盘、涡轮静盘相互啮合而成，如图 6-2-43 所示。这两个涡盘都是渐开线形且在相互啮合的情况下呈偏心渐开线运动，它们相互错开 180°安装在一起，即相位角相差 180°。

图 6-2-43　涡盘泵体啮合示意图

其中涡轮动盘是不能自转的，只能围绕涡轮静盘作很小回转半径的公转运动。

在压缩机吸气、压缩、排气的工作过程中，涡轮静盘通过支架固定在壳体上，涡轮动盘由偏心轴驱动并由防自转机构制约，围绕涡轮静盘基圆中心作很小半径的平面转动。来自蒸发器的低温、低压气态制冷剂被吸入到涡轮动盘的外围，随着偏心轴的旋转，气态制冷剂在涡轮动盘、涡轮静盘贴合所组成的若干个月牙形压缩腔内被逐步压缩，然后由涡轮静盘中心部件的轴向孔连续挤出至冷凝器，如图 6-2-44 所示。

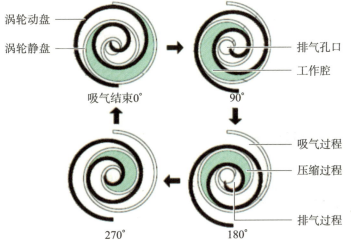

图 6-2-44　涡盘泵体工作原理

涡旋式压缩机结构及工作原理

d. 壳体。

涡旋式电动压缩机壳体采用铝合金材质，壳体主要用于密封驱动电动机、涡盘泵体总成，并支撑电动压缩机整体。

② 电动压缩机控制特点。北汽 EV160 纯电动汽车空调电动压缩机电路原理如图 6-2-45 所示。空调继电器控制压缩机 12 V 低压电源，低压电源电压是空调压缩机控制器的通信信号传输及控制功能得以正常运行的可靠保证。整车控制器(VCU)通过数据总线"CANH、CANL"与空调压缩机控制器相连接，再由压缩机控制器控制空调压缩机的高压电源线"DC＋(正)与 DC－(负)"通断。高压互锁信号线在高压上电前确保整个高压系统的完整性，使高压电处于一个封闭的环境下工作，提高安全性。空调压缩机的高压互锁开关串联在整车控制器和车载充电机之间，是电压互锁系统的一部分。空调压缩机的高压线束与低压线束相互独立，DC＋(正)是由高压控制盒输出的高压直流电源正极，DC－(负)是由高压控制盒输出的高压直流电源负极。

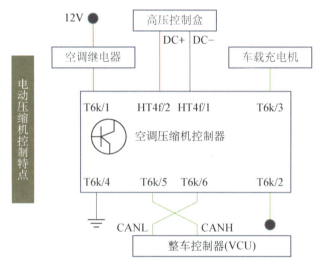

图 6-2-45 北汽 EV160 空调电动压缩机电路原理图

为了更好地提高电动空调系统的效率，北汽 EV160 采用的是可变频式电动压缩机。在电动空调系统工作情况下，压缩机驱动电动机的转速可以按实际负荷工况需求调节，以适应整车行驶工况并达到节约车载能源的目的。

（2）冷凝器

北汽 EV160 采用的是平流式冷凝器，如图 6-2-46 所示。

依据集流管分段与否，平流式冷凝器可分为多元平流式和单元平流式，北汽 EV160 纯电动汽车选用的是多元平流式冷凝器，安装在机舱前保险杠进气格栅处，位于压缩机排气口和膨胀阀之间，采用铝合金材质铸造使得整体重量更轻且导热性能更好，同时在制冷剂流通的扁管条之间装有用于增强散热

图 6-2-46 冷凝器结构

效果的铝翅片，使得散热效率更高。

（3）蒸发器

北汽 EV160 纯电动汽车的蒸发器安装在通风系统总成中，在膨胀阀的后方，其结构特性方面与冷凝器一样都是采用的平流式设计，如图 6-2-47 所示。

（4）膨胀阀

北汽 EV160 纯电动汽车使用的是 H 型膨胀阀，该类型膨胀阀具有调节灵敏度高、结构紧凑、抗振性能优良等特点。H 型膨胀阀主要由感温元件、钢球和压力弹簧组成，在 H 型膨胀阀外部有四个管路接口，分别与储液干燥罐出口、蒸发器入口、蒸发器出口和压缩机入口连通，如图 6-2-48 所示。

图 6-2-47 蒸发器

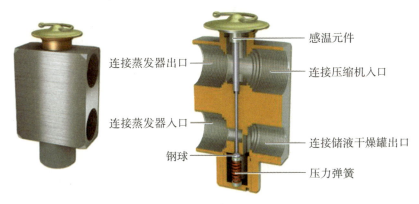

图 6-2-48 膨胀阀结构

（5）电动风扇

北汽 EV160 纯电动汽车的电动风扇是两级调速电子风扇，有两种运动状态：高速运转和低速运转。其运行状态的切换是由整车控制器（VCU）控制的，高速运转的触发信号是压力开关发出的中压信号。

（6）制冷剂

北汽 EV160 纯电动汽车空调制冷系统采用的是替代制冷剂 R134a，其分子式为 CH_2FCF_3，对臭氧的破坏系数（ODP）为 0，不可燃，毒性非常低，安全类别为 A1，是很安全的制冷剂。其物理性质参见表 6-2-3。

表 6-2-3　R134a 制冷剂物理性质表

项目	参数	项目	参数
沸点/℃	-26.18	临界温度/℃	101.5
冰点/℃	-101	临界压力/MPa	4.065

制冷剂 R134a 使用要求：

① R134a 与 R12 制冷剂是不可相溶的，绝不能使两者混合，如果混用制冷剂，将导致压缩

机损坏。

② 回收制冷剂时应使用制冷剂回收机,不可将制冷剂排至大气,工作维修区空气应保持流通。

(7) 冷冻润滑油

北汽 EV160 采用的是 R134a 制冷剂,与之对应的冷冻润滑油为 POE(PolyolEster),又称聚酯油,它是一种全合成的多元醇酯类油。

2. 北汽 EV160 空调制冷系统控制逻辑

当新能源汽车空调制冷系统工作时,空调控制模块密切监控并控制空调系统各执行器的工作情况。蒸发器温度传感器实时监控蒸发器温度,当蒸发器温度较高时,控制电子膨胀阀节流口开度加大,增加流过制冷剂量以达到加速降温的目的。当蒸发器温度较低时,控制电子膨胀阀节流口开度减小,减少流过制冷剂量以减小降温速度防止蒸发器结冰。出风口温度传感器监控出风口温度,并与驾驶员选择的制冷温度对比,以确定所需制冷量。空调控制模块根据所需制冷量控制电动压缩机的转速以实现变频控制,达到节能的目的,如图 6-2-49 所示。

北汽 EV160 空调制冷系统控制逻辑

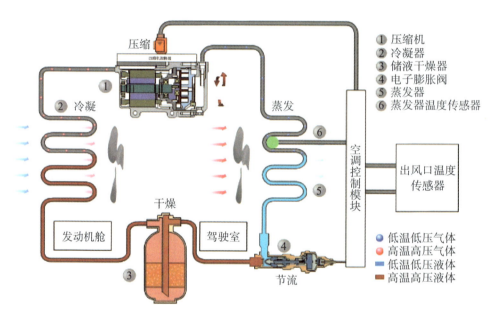

图 6-2-49 北汽 EV160 空调制冷系统控制逻辑

(二) 北汽 EV160 空调采暖系统

由于没有发动机,纯电动汽车需要用其他热源来进行供热。北汽 EV160 与其他纯电动汽车一样,也没有发动机余热可以利用以达到取暖、除霜的效果,而且其他发热部件产生的热量不足以满足车厢内的供暖需求。所以,北汽 EV160 采暖系统同样采用电子采暖装置——PTC 加热器进行供热。

1. 采暖系统组成

北汽 EV160 采用的是 PTC 加热器的方式进行供热。其电动空调暖风系统采用两级式控制,其原理如图 6-2-50 所示。PTC 控制器根据环境温度、PTC 加热器温度、空调温度调节旋钮以及动力蓄电池电压等控制 PTC 加热器中两个电热芯的通断。新款的北汽 EV160 的两个电热芯的功率分别为 1.5 kW 和 2 kW,控制精度和乘员舒适性都有所提高。

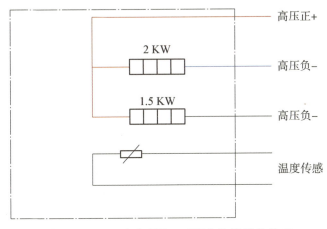

图 6-2-50 北汽 EV160 PTC 控制模块原理

2. 空调采暖系统工作原理

空调供暖系统依据驾乘人员对车厢温度的需求,通过空调控制器采集空调操作面板上的温度调节旋钮的具体指示位置以初步判定驾乘人员对车厢内部的温度期望值,并参考环境温度传感器反馈的实时车厢外温度值和蒸发器温度传感器的温度信号,综合计算出供暖系统所需的制热量以及冷暖风门翻板的开启度。通过空调控制器内的 CAN 总线收发模块将控制指令发送给 PTC 控制器。PTC 控制器接收到该信号并对信号解析处理,依据内部程序存储器中的控制程序控制加热模块 1.5 kW(或加热模块 2 kW)或者两者同时接地使加热模块工作,并通过 PTC 温度传感器的温度反馈监控 PTC 加热器的状态,如图 6-2-51 所示。

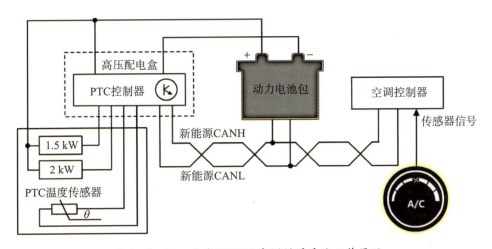

北汽 EV160 采暖系统工作原理

图 6-2-51 北汽 EV160 空调供暖系统工作原理

（三）北汽 EV160 空调控制系统

1. 北汽 EV160 空调控制系统组成

北汽 EV160 电动空调控制系统也是由信号检测装置、空调控制单元和执行元件组成。信号检测装置主要包括温度传感器、空调系统压力开关、风门翻板位置传感器以及空调控制相关开关等；空调控制单元主要是指空调控制器总成；执行元件包括风门电动机、鼓风机、空调压缩机、冷凝器、散热风扇和各种空调状态指示灯等。

（1）信号检测装置

① 温度传感器。温度传感器广泛应用于检测现代汽车冷却液温度、进气温度、空调系统环境温度和室内温度等，为汽车的自动控制提供重要依据。纯电动汽车的温度传感器为热敏电阻式，而且为负温度系数热敏电阻式，其随着温度的上升电阻值逐渐下降，如图 6-2-52 所示为负温度系数热敏电阻传感器工作特性。

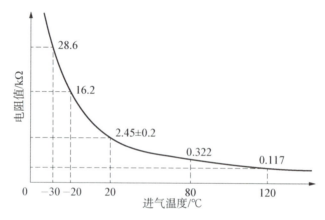

图 6-2-52 进气温度传感器的工作特性

北汽 EV160 汽车的空调系统中有 3 个温度传感器，分别为：环境温度传感器、蒸发器温度传感器和 PTC 温度传感器，如图 6-2-53 所示。

图 6-2-53 温度传感器线束连接关系

a. 环境温度传感器。

环境温度传感器安装在冷凝器之前进气格栅处，如图 6-2-54 所示。

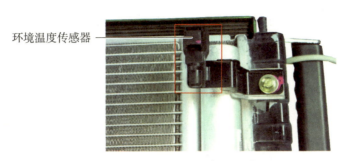

图 6-2-54 环境温度传感器安装位置

它主要用于测量车厢内、外的环境温度,并将测到的温度信息转换为电信号发送给空调控制器,空调控制器将此信号作为计算空调系统制冷/供暖量的重要参考依据。

在北汽 EV160 汽车空调系统局部电路图图 6-2-55 中,环境温度传感器的两个引脚分别通过导线连接至空调控制器的 T16a/6 和 T16a/11 端子,其中 T16a/11 端子通过空调控制器内部直接搭铁,空调控制器内部的温度检测电路通过测取 T16a/6 端子的电压实时数据,计算出实际温度值。

b. 蒸发器温度传感器。

蒸发器温度传感器安装在蒸发器与 PTC 加热器之间的风道中,用于检测流经蒸发器后的空气温度,并将温度信号传送至空调控制器,该信号作为空调控制器控制电动压缩机工作输出排量的重要参考依据。它向空调控制器发送信号,如果温度低于 -1.5℃,压缩机会停止运行,以防蒸发器表面结冰,如图 6-2-56 所示。空调控制器将电压(5 V)施加到蒸发器温度传感器(空调热敏电阻)上,并且在蒸发器温度传感器(空调热敏电阻)的电阻改变时读取它的电压变化值。

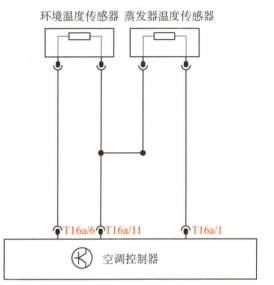

图 6-2-55 北汽 EV160 汽车空调系统电路图(局部)

图 6-2-56 蒸发器传感器与空调控制器之间的线路关系

在北汽 EV160 汽车空调系统局部电路图图 6-2-55 中,蒸发器温度传感器的两个引脚分别通过导线连接至空调控制器的 T16a/11 和 T16a/1 端子,其中 T16a/11 端子通过空调控制器内部搭铁,蒸发器温度传感器通过 T16a/1 端子将流经蒸发器后的空气流温度信号传送给空调控制器内部检测电路。

c. PTC 温度传感器。

PTC 温度传感器安装在 PTC 加热器的铝散热器表面,在与铝散热器表面接触的一面涂敷一层导热硅脂,可增强热量的传导效率,如图 6-2-57 所示。它主要用于测量 PTC 加热器的温度,并将测到的温度信息转换为电信号发送给 PTC 控制器。PTC 控制器通过此信号对 PTC 加热器的发热量进行有效控制。

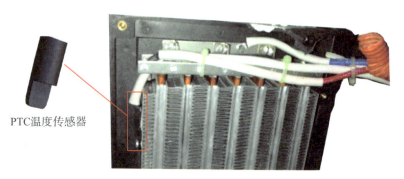

图 6-2-57　PTC 温度传感器安装位置

在北汽 EV160 汽车空调系统局部电路图(图 6-2-58)中,PTC 温度传感器通过导线连接至 PTC 控制器的 T12g/1 和 T12g/2 端子。当 PTC 加热器的散热器表面温度升高时,PTC 温度传感器的阻值随之减小至与当前温度对应的电阻值,PTC 控制器内部检测电路通过检测 PTC 温度传感器两端的实时电压,并与数据存储器中的数据对比,计算出此时 PTC 加热器的温度值大小。

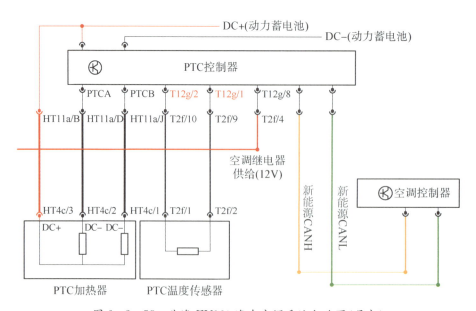

图 6-2-58　北汽 EV160 汽车空调系统电路图(局部)

② 空调系统压力开关。压力开关安装在汽车空调制冷系统循环的高压管路中,可检测制冷系统高压管路的压力变化情况。当检测到压力过低或过高时,空调控制器控制电动压缩机停止运转,以防止制冷系统损坏;当压力达到中等压力时,冷凝器散热风扇高速旋转。常见的压力开关主要有高压开关、低压开关和三位压力开关等。北汽EV160采用的是三位压力开关,其位置位于储液干燥罐和膨胀阀之间的管路中,如图6-2-59所示。

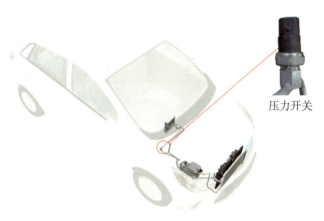

图6-2-59 压力开关位置

三位压力开关由高压开关、中压开关和低压开关组成。在制冷系统中高压管路的压力符合规定标准时,高、低压力开关一直处于常闭状态;在制冷系统高压管路中的压力没有达到1.77 MPa时,中压开关一直处于常开状态,如图6-2-60所示。其中高压开关开启(触点断开)压力为3.14 MPa,中压开关闭合压力为1.77 MPa,低压开关开启(触点断开)压力为0.196 MPa。压力保护开关的触点状态是受空调制冷系统高压管路中的压力决定的。当制冷剂压力高于或者低于规定压力(规定压力为0.196~3.14 MPa之间)时,空调控制器会控制电动压缩机停止运行;当制冷剂压力达到1.77 MPa时,空调控制器通过CAN总线与集成控制器通信,控制冷凝器的散热风扇以高速档运行,利于降温降压。

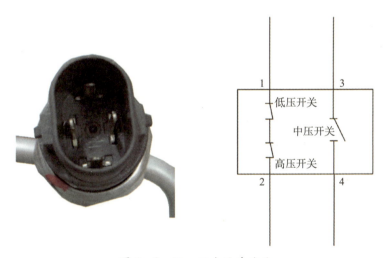

图6-2-60 压力开关端子

在北汽EV160汽车空调系统局部电路图图6-2-61中,压力开关共有4个端子,其中高、低压开关是串联关系,通过导线将T4d/1端子与空调控制器的T16a/10端子连接,T4d/2端子通过导线连接至低压蓄电池负极。当制冷系统高压侧的制冷剂压力处在0.196 MPa和3.14 MPa之间时,高、低压力开关都处于闭合状态,此时空调控制器检测到T16a/10端子为低电平,制冷系统压力处于正常状态。反之,当制冷系统压力小于0.196 MPa或大于3.14 MPa时,低/高压力开关处在断开状态,空调控制器检测到T16a/10端子为高电平,制冷系统压力失

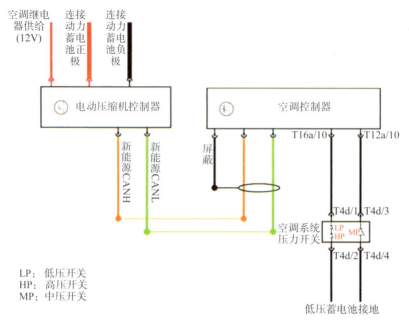

图 6-2-61 北汽 EV160 电动空调系统电路图(局部)

常,空调控制器随即发出强制停止电动压缩机运行控制指令,并通过 CAN 总线传送给电动压缩机控制器,电动压缩机控制器切断给电动压缩机的供电,空调制冷系统停止工作不再制冷。

从北汽 EV160 汽车空调系统局部电路图图 6-2-62 中,可以看到中压开关是一个单独

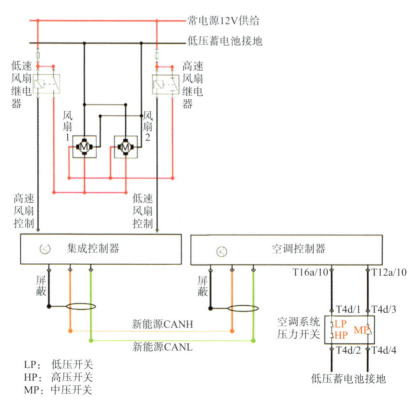

图 6-2-62 北汽 EV160 电动空调系统电路图(局部)

设置的开关,其端子 T4d/3 通过导线与空调控制器的 T12a/10 端子连接,另一端子 T4d/4 经导线连接至低压蓄电池负极;按下 A/C 开关,电动压缩机起动,对制冷剂进行压缩,当制冷系统高压侧压力尚未达到 1.77 MPa 时,中压开关一直处于断开状态,冷凝器散热风扇低速运转;当制冷系统的高压侧制冷剂的压力达到 1.77 MPa 时,中压开关由断开状态转变为闭合状态,空调控制器检测到 T12a/10 端子为低电平,空调控制器通过 CAN 总线与集成控制器通信,控制冷凝器的散热风扇以高速档运行。

③ 风门翻板位置传感器。北汽 EV160 汽车空调系统中有两个风门翻板位置传感器(冷暖风门位置传感器、模式风门位置传感器),它们分别位于冷暖风门执行机构和模式风门执行机构中的风门电动机内。

冷暖风门翻板位置传感器和模式风门翻板位置传感器都属电位器式传感器,其滑动电阻触头随风门电动机转子旋转做同步移动,随着风门电动机转子的旋转带动风门翻板转动,位置传感器中的滑动触头上的电压值也随即发生改变。风门翻板位置传感器主要检测风门位置信号并发送给空调控制器,空调控制器就是通过此电压值大小,来确定风门翻板的实际开度是否达到对应模式下规定的开启角度。

北汽 EV160 空调系统一共有 5 种出风模式(脸部出风、脚部出风、前风窗玻璃出风、脸和脚部同时出风、前风窗玻璃和脚部同时出风)。在每一种出风模式工作状态下,风门位置传感器的滑动触头反馈至空调控制器的电压值是唯一的,这样空调控制器通过位置传感器反馈的电压值,可识别出风门翻板的开启角度对应的是哪一种出风模式,以及在特定的出风模式下风门翻板开启的角度是否达到了规定值。

对于冷暖风门翻板而言,开度的大小决定着流入 PTC 加热器的空气流量。依据驾乘人员对车厢内温度的需求,空调控制器采集温度调节旋钮的输入信号即驾乘人员对温度的期望值,通过控制冷暖风门电动机旋转继而带动冷暖风门翻板打开一定的角度,在这个过程中冷暖风门翻板位置传感器可实时监测风门翻板的开度,并将开度信号转换成电信号反馈给空调控制器,便于空调控制器对冷暖风门翻板的开度做出修正并识别冷暖风门电动机的工作是否正常。

在北汽 EV160 汽车空调系统局部电路图图 6-2-63 中,空调控制器中的端子 T12a/6 和

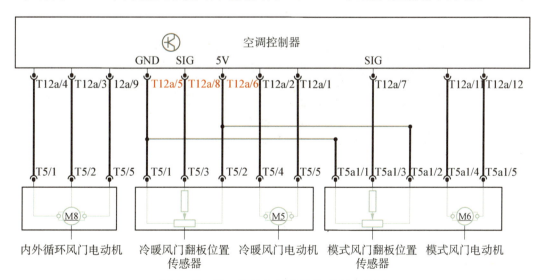

图 6-2-63 风门翻板位置传感器电路图

T12a/5 为冷暖风门执行机构和模式风门执行机构中的位置传感器提供 5 V 的工作电压。空调控制器通过 T12a/8 和 T12a/7 端子接收冷暖风门执行机构和模式风门执行机构中位置传感器的反馈信号。

（2）空调控制器单元

空调控制器单元即为空调控制器总成，其由空调操作面板和空调控制器组成，位于中央多媒体显示器的正下方，如图 6-2-64 所示。空调操作面板主要给驾乘人员进行空调功能的基本设定，空调控制器通过采集操作面板上的按钮信息确定驾乘人员的操作意图，然后做相应的控制动作。

图 6-2-64 空调控制器总成位置

空调操作面板上的功能按钮如图 6-2-65 所示，通过这些功能按钮可以实现：车内温度的调节，出风量调节，通风循环模式选择，出风模式调节以及前、后风窗玻璃除雾等空调系统的功能。

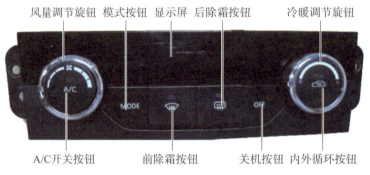

图 6-2-65 空调控制器总成功能按钮

空调控制器总成上有两组插接件：A 端插接件和 B 端插接件，其中 A 端插接件中有 16 个引脚，B 端插接件有 12 个引脚，如图 6-2-66 所示。A 端插接件引脚功能见表 6-2-4，B 端插接件引脚功能见表 6-2-5。

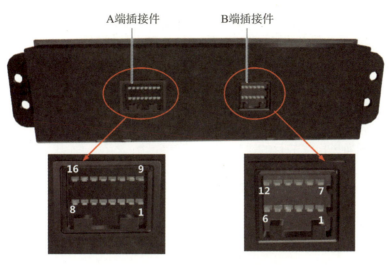

图 6-2-66 空调控制器总成插接件

表 6-2-4 空调控制器总成 A 端插接件引脚功能说明

序号	引脚	功能说明
A-1	EVAP Sensor	蒸发器温度传感器
A-2	IG2	点火电压
A-3	鼓风机上电继电器	鼓风机上电继电器
A-4	FAN F/B	鼓风机反馈信号
A-5	BLW CTRL	鼓风机控制信号
A-6	AMB Sensor	环境温度传感器
A-7	CANH	CAN 高
A-8	CANL	CAN 低
A-9	CAN-SHIELD	CAN 屏蔽
A-10	管路压力高/低	管路压力高/低触发
A-11	SGND	传感器接地
A-12	RDEF	后除霜信号
A-13	RDEF F/B	后除霜反馈
A-14	——	——
A-15	——	——
A-16	GND	接地

表 6-2-5 空调控制器总成 B 端插接件引脚功能说明

序号	引脚	功能说明
B-1	SREF+	电位器+
B-2	SGND	模拟地
B-3	INTAKE FRE	外循环-
B-4	INTAKE REC	内循环-
B-5	TEMP COOL	温度冷-
B-6	TEMP WARM	温度暖-
B-7	MODE VENT	模式-
B-8	MODE DEF	模式+
B-9	新风电动机电源	新风电动机电源
B-10	管路压力中	管路压力中压触发
B-11	TEMP F/B	冷暖风门反馈
B-12	MODE F/B	模式风门反馈

（3）执行元件

北汽 EV160 空调控制系统的执行元件主要有风门电动机和鼓风机。

① 风门电动机。北汽 EV160 的风门电动机主要有混合门电动机、模式门电动机和进风风门电动机三种类型。混合门电动机驱动混合门，改变进入车内的冷气和热气的比例，调节车内空气温度。模式门电动机用于驱动模式门，调节出风口出风方式，可以组织吹脸、双层、吹脚、吹脚/除雾、除雾五种出风类型。进风风门电动机驱动进气门，调节新鲜空气循环量。

② 鼓风机。空调系统鼓风机可将空调滤清器过滤后的空气输送至车厢内，实现车厢内空气的循环流动，达到通风换气的目的。

a. 鼓风机组成。

空调系统采用离心式鼓风机，鼓风机在通风系统中的安装位置如图 6-2-67 所示。

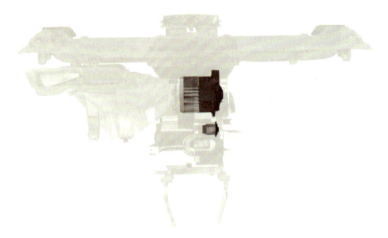

图 6-2-67 鼓风机安装位置

鼓风机主要由鼓风机电动机、鼓风机涡扇、鼓风机调速模块组成，如图 6-2-68 所示。鼓风机电动机采用的是永磁直流驱动电动机，鼓风机调速模块上装有铝合金散热片。

图 6-2-68 鼓风机组成

b. 鼓风机调速。

在鼓风机转速控制方面，通过空调控制器对鼓风机调速模块的占空比控制，实现多个挡位转速。鼓风机调速模块为一个内部带有大功率开关晶体管的器件,当鼓风机运行时调速模块中的晶体管接收空调控制器的脉宽调制信号,此时晶体管使鼓风机的控制端子不断地处于高频的开闭搭铁动作状态。在此工作过程中流经鼓风机调速模块的工作电流很容易发热,为了保证调速模块的长时间稳定工作,在调速模块上安装有铝合金散热片。鼓风机调速模块安装在通风配气系统总成壳体的风道中,位于鼓风机气流出口位置。

北汽 EV160 空调系统电路图如图 6-2-69 所示。鼓风机的电源供给是受鼓风机继电器控制的。当空调控制器接收到空调操作面板的触发指令(制冷、制热、通风换气)时,通过控制 T16a/3 端子使其搭铁电流流经鼓风机继电器线圈产生电磁吸力吸合导通 30 端子与 87 端子,12 V 电压施加到鼓风机的 T2ab/2 端子。

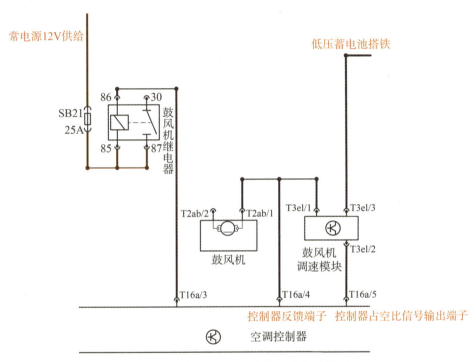

图 6-2-69　北汽 EV160 空调系统电路图(局部)

鼓风机调速模块上共有 3 个端子,T3el/1 端子通过导线与鼓风机的 T2ab/1 端子连接;T3el/2 端子通过导线与空调控制器的 T16a/5 端子连接,用于接收空调控制器的占空比信号;T3el/3 端子连接至低压蓄电池负极。空调控制器通过检测 T16a/4 端子的电压反馈情况,监控鼓风机系统运行正常与否。鼓风机系统运行状态正常的情况下,T16a/4 端子与 T16a/5 端子的单位时刻脉宽相等,相位相反。

c. 鼓风机工作过程。

当驾乘人员在空调操作面板上选择某一出风模式(面部、脚部、面部和脚部、前风窗玻璃、前风窗玻璃和脚部)时,空气流从该模式的风门入口进入通风管道流向鼓风机的涡轮中心。空调通风系统的鼓风机通过电动机驱动安装于转子轴头的涡扇叶轮旋转,在离心力的作用下空气从涡扇叶轮中心被甩出并沿通风系统壳体总成内的通风管道流向蒸发器及空气混合调节区域,经温度调节后的空气从空调出风口吹出进入车厢内。

2. 北汽EV160空调控制系统控制原理

北汽EV160电动空调控制系统控制原理如图6-2-70所示,其工作原理为:通过空调面板采集风速调节旋钮、温度调节旋钮、A/C开关和模式循环开关上的按钮信号,并将所采集到的按钮信号发送给整车控制器(VCU),然后VCU根据空调面板发送的按钮信号、蒸发器温度传感器所采集到的温度信号、BMS发送的动力蓄电池信息按照预设策略对压缩机、PCT加热器、冷凝器风扇和散热风扇进行控制,以实现空调功能。

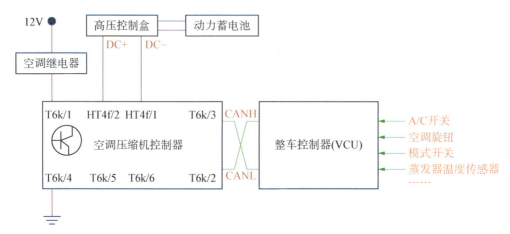

图6-2-70 北汽EV160电动空调控制系统控制原理

(1) 开关控制

① 汽车静止时。VCU通过CAN方式从BMS获取动力蓄电池的信息,根据动力蓄电池剩余电量(SOC)和最大可放电功率来判断电动空调压缩机是否可以运转。一般来说当剩余电量小于5%或者最大可放电功率小于6 kW时,空调系统不能使用。

当空调在使用过程中,剩余电量小于3%或者最大可放电功率小于5 kW时,VCU会关闭空调,以防止动力蓄电池过放电。

② 汽车行驶中。VCU判断车辆剩余续驶里程是否低于某一预设数值,若低于该数值,则VCU通过仪表对驾驶员进行提示,以提示驾驶员可通过关闭空调系统来延长续驶里程,通常该数值设定为30 km。

③ 汽车在充电中。当车辆处于充电模式下时,VCU根据BMS、CAN报文获取动力蓄电池的剩余电量,考虑到车辆在充电时开启空调动力蓄电池的SOC有可能会降低(动力蓄电池的输入功率低于空调系统的消耗功率时),为防止动力蓄电池因空调系统工作而造成过放电,当电池SOC低于10%时,禁止使用空调。

④ 当空调在使用过程中,剩余电量小于5%时,VCU会关闭空调,以防止动力蓄电池过放电。

(2) 模式控制

VCU根据从温度调节旋钮采集到的信号、A/C开关信号和循环模式开关信号控制空调的工作模式。具体控制过程如下:

① 当A/C开关和循环模式开关均未被按下或温度调节旋钮处于中间状态时,VCU不对压缩机与PTC加热器进行控制,此时空调处于待机状态。

② 当A/C开关被按下时,VCU会通过CAN网络向压缩机控制器发送使能命令与转速值。其中,转速值是VCU根据温度调节旋钮所确定的冷暖风门位置计算而来的。压缩机的转速值与冷暖风门位置呈非线性关系,温度调节旋钮越偏向制冷侧,压缩机转速就越高。

③ 当仅循环模式开关被按下时,VCU会通过CAN网络向PTC控制器发送使能命令与PTC加热器的工作功率值。其中,PTC加热器的工作功率值是VCU根据温度调节旋钮所确定的冷暖风门位置计算而来的。PTC加热器的工作功率值与冷暖风门位置呈非线性关系,温度调节旋钮越偏向制热侧,PTC加热器的工作功率值就越高。

④ 当A/C开关和循环模式开关均被按下时,VCU判断这两个按钮哪个先被按下,并以先按下的按钮为准对空调进行控制。另外,若A/C开关和循环模式开关同时被按下,则VCU向压缩机发出使能命令,否则延时30 s后发出使能命令,以保护压缩机。

(3) 风扇控制

① 冷凝器风扇控制。VCU根据A/C信号、冷暖选择信号、制冷系统压力信号来控制冷凝器风扇转速,防止制冷系统压力过高,达到用户要求的制冷量。和传统汽车相比,北汽EV160只要A/C开关接通,空调冷凝器风扇就开始工作。

② 散热风扇控制。当驾驶人通过A/C开关关闭压缩机(PTC加热器)之后,VCU通过压缩机控制器将对应的关闭指令发送至压缩机驱动控制模块(PTC驱动控制板),在压缩机(PTC加热器)停止工作后,VCU控制散热风扇继续对蒸发器(PTC加热器)散热一段时间。

(4) 送风速度控制

送风速度控制是通过调节鼓风机转速控制送风速度,调节室内空气的降温或升温速度。

① 预热控制。冬天,开暖风时若马上打开鼓风机,此时吹出的是冷空气而不是想要的暖气。因此,鼓风机要在PTC加热器温度到一定值时,才能逐步正常工作。

② 时滞控制。夏天,车内温度较高,若打开空调制冷系统就马上打开鼓风机,则此时吹出的是热风而不是想要的冷风。因此,鼓风机不能马上工作,而是滞留一段时间,等蒸发器温度降低后才工作。

四、纯电动汽车空调系统检修

汽车空调系统的检修按照由外到内、由简单到复杂、由整体到部分的思路进行,具体的检修主要包括:空调制冷系统检修、采暖系统检修。

(一) 空调制冷系统检修

1. 空调制冷基本检查

(1) 打开空调

起动汽车,打开空调开关,调整开关至制冷位置。

(2) 空调制冷系统工况检查

汽车空调制冷系统基本检查:启动制冷系统15~20 min后,用手触摸空调系统管路及各部件,感受其温度,正常情况检查系统主要零部件温度,低压管路呈低温状态,高压管路呈高温状态。低温区是从膨胀阀出口→蒸发器→压缩机,这些部件表面应该由凉到冷再到凉,连接部分有水露,但不应有霜冻。高温区是从压缩机的出口→冷凝器→储液干燥器→膨胀阀的入口处,这些部件表面温度为40~65℃,手感热而不烫。

具体情况有：

① 压缩机进口处手感冰凉，出口处手感较热，进、出口温差明显。若温差不大，说明制冷剂不足；若没有温差，说明制冷剂有泄漏。

② 膨胀阀进口处手感较热，出口处手感冰凉，进、出口温差明显，有水露。若膨胀阀处有霜冻现象，则说明膨胀阀阀口堵塞，可能是脏堵或冰堵。

③ 储液干燥器应是热的，表面无水露，进、出口温度相等。如果其表面出现水露，则干燥剂破碎堵住制冷剂流通的管路；若进口热，出口冷剂，也说明其内部堵塞。

④ 冷凝器进、出口管应有温差，出口管温度应低于进口处温度。

(3) 观察视液窗

观察视液窗，判断制冷剂量，具体情况如下：

① 视液窗清晰，孔内偶有气泡。可能有三种情况：一是系统内无制冷剂，二是制冷剂过量，三是制冷剂适量。

a. 看不见液体流动，用手触摸压缩机进、排气口，没有冷热感觉，出风口无冷风，表示系统内无制冷剂，这时应立即关闭空调

b. 看见液体快速流动，用手触摸压缩机进、排气口，高压侧有烫手感，低压侧有冰霜，表示制冷剂过量。

c. 看见有液体稳定的紊流，用手触摸压缩机进、排气口，高压侧热，低压侧凉，表示制冷剂适量。

② 有少量气泡，可能有两种情况：一是制冷剂不足，二是制冷系统中有水分。

a. 当膨胀阀有冰堵时，则表明制冷系统中有水分。

b. 当膨胀阀没有冰堵时，则说明制冷系统中制冷剂不足。这时应进行检漏并补充制冷剂。

③ 有大量气泡，说明制冷剂严重不足并有大量的水分。

④ 观察窗的玻璃上有条纹状的油渍或黑油状泡沫，可能有三种情况：一是冷冻润滑油过多，二是冷冻润滑油变质、脏污，三是无制冷剂。

a. 若压缩机进排气口有明显的温差，关闭空调后窗内油渍干净，则说明冷冻润滑油过多。

b. 若压缩机进排气口有明显的温差，关闭空调后窗内仍有油渍或其他杂物，则说明冷冻润滑油变质、脏污。

c. 若压缩机进排气口无温差，空调器出风口无冷风，则说明无制冷剂，视窗镜上是冷冻润滑油，应立即关闭空调。

2. 汽车空调制冷系统的在线检测

在进行制冷系统在线检测时，连接纯电动汽车专用诊断仪，并进入空调模块，读取车辆空调制冷系统相关故障码和数据流，主要根据车内温度、车外温度、蒸发器温度、压力值、压力状态、散热风扇工作状态、电动压缩机状态、电动压缩机占空比、水泵继电器状态、蓄电池电压、BMS是否允许空调高压模块功能、空调高压模块状态、电子膨胀阀、蒸发器出口制冷剂温度、蒸发器出口压力等数据判断空调制冷系统工况是否正常。

3. 汽车空调制冷系统的检漏检查

(1) 制冷剂泄漏的部位

汽车空调系统工作条件比较恶劣，极易造成部件管道损坏和接头松动，使制冷剂发生泄

漏。常发生制冷剂泄漏的部件有冷凝器、蒸发器、储液干燥器、制冷剂管道、压缩机,其常发生泄漏的部位见表6-2-6。

表6-2-6　汽车空调系统制冷剂常发生泄漏的部位

部件	常发生泄漏部位
冷凝器	冷凝器进气管和出液管连接处 冷凝器盘管
蒸发器	蒸发器进口管和出口管的连接处 蒸发器 蒸发器盘管
储液干燥器	易熔塞 管道接头喇叭口处
制冷剂管道	高、低压软管 高、低压软管各接头
压缩机	压缩机轴封,压缩机吸、排气阀处 前、后盖密封处,与制冷剂管道接头处

(2)制冷剂泄漏检测方法

汽车空调制冷系统的检漏方法常用的有目测检漏法、肥皂液检漏法、染料检漏法、检漏灯检漏法、电子检漏仪检漏法、抽真空检漏法和加压检漏法等。

① 目测检漏法。用肉眼查看制冷系统各部件和制冷系统的管接头是否有润滑油渗漏痕迹,有油迹的部位就是泄漏处。

② 肥皂液检漏。对施加了压力的制冷系统,用毛刷或棉纱蘸肥皂液涂抹在被检查部位,察看被检查部位是否有气泡产生。这种方法检漏时不受设备的限制,使用成本低,因此应用广泛,但是要求一定要细致、认真。

③ 染料检漏法。把黄色或红色的颜料溶液通过歧管压力表组引入空调系统,漏点周围会有染料积存。染料检漏不会影响系统的正常运行,是较理想的检漏方法。

④ 检漏灯检漏法。检漏灯检漏的原理是根据卤素与吸入制冷剂燃烧后产生的火焰颜色来判断泄漏量。泄漏量少时,火焰呈浅绿色;泄漏较多时,火焰呈蓝色;泄漏量很大时,火焰呈紫色。该方法检测精度低,已逐渐被淘汰。

⑤ 电子检漏仪检漏法。使用电子检漏仪时应当遵照电子检漏仪制造厂家的规定。一般方法是:接通电源开关,经短时间热机后,将探头伸入检测部位,通过声音或仪表显示即可判断泄漏量。该方法使用方便、安全,灵敏度高,应用广泛。

⑥ 抽真空检漏法。对制冷系统抽真空,真空度应达到 0.1 MPa,保持 24 h,真空度没有明显变化即可。这种方法只能说明制冷系统是否泄漏,而不能确定泄漏的具体部位。

⑦ 加压检漏法。对于制冷剂全部漏光时的检漏,可以使用加压检漏法,分别将歧管压力表的高压软管和低压软管连接在压缩机的高、低压检修阀上。打开高、低压检修阀,向系统中充干燥氮气,其压力一般应为 1.5 MPa 左右。系统达到规定压力后,用检漏设备进行检漏,泄漏大的地方有微小声音,检漏必须复查3~5次,发现渗漏处应做上记号并及时加以修复,然后

再去检查其他接头处,直至渗漏彻底排除。检修完毕,应试漏,让系统保压 24～48 h,则检漏合格;倘若压力有显著降低,必须重新进行检漏,直至找出泄漏部位并予以消除为止。

4. 汽车空调制冷系统的压力检测

汽车空调制冷系统可以利用歧管压力表检测制冷系统高、低压侧的压力,根据压力大小分析故障原因,判断故障部位。

(1) 连接歧管压力表

按照正确的步骤取下汽车空调制冷系统高、低压管路维修接口防尘罩,并规范连接歧管压力表到指定位置。

(2) 打开空调

打开空调开关,调节空调温度至最冷,并打开所有车门。

(3) 再次读取压力表数值并分析

打开空调后等待 10～15 min 后读取压力表读数,根据读取的压力表数值分析空调制冷系统的工作状态。

通过以上检查判断出制冷系统的故障之后,严格按照排空制冷剂、系统检漏、抽真空、充注制冷剂的顺序对空调制冷系统进行维修。

(二) 空调采暖系统检修

1. 空调采暖基本检查

(1) 打开空调

起动汽车,打开空调开关,调整开关至制热位置。

(2) 空调采暖系统工况检查

① 检测空调采暖系统各部件外观情况,如部件的外观是否有破损、漏液等情况,若有应及时维修。

② 调节空调温度至 20℃ 以上,查看空调系统出风口温度是否正常升高,并观察采暖系统相关部件运转是否有噪声、振动等不正常情况。

③ 调节出风模式,查看出风口是否能正常出风,并检测出风口风量是否正常。若启动采暖设置后,若空调吹出风仍为冷风,则空调 PTC 不工作,需要检测 PTC,必要时更换。

④ 启动采暖设置后,若空调出风口吹出的风温度异常升高或者从空调出风口嗅到塑料焦糊气味,则可能为空调 PTC 控制模块损坏、粘连、不能正常断开,则需要关闭空调制热功能,整车下电后检查 PTC 加热器及 PTC 控制模块。

2. 空调采暖在线检测

在采暖系统在线检测时,连接纯电动汽车专用诊断仪,并进入空调模块,读取车辆空调采暖系统相关故障码和数据流,主要根据车内温度、车外温度、PTC 状态、PTC 占空比、蓄电池电压、BMS 是否允许空调高压模块功能、空调高压模块状态等数据判断空调采暖系统工况是否正常。

3. 空调采暖系统检测

① 使用万用表检测 PTC 控制电压值,若不正常需要检修空调采暖系统相关线路。

② 使用万用表检测 PTC 电阻值,若不正常需要检修空调 PTC。

纯电动汽车空调系统检修过程中的标准参数见表 6-2-7。

表6-2-7 北汽EV160空调系统标准检测数据

检修内容	标准值范围
空调制冷系统高压压力检测	1.3～1.5 MPa
空调制冷系统低压压力检测	0.25～0.35 MPa
电动压缩机绝缘电阻值检测	20 MΩ
PTC加热器电阻值检测	80～300 Ω(单级冷态电阻)
空调制冷系统出风口温度	全力制冷模式下＜10℃
空调采暖系统出风口温度	全力采暖模式下＞39℃

 技能训练

实训1 比亚迪E5电动空调压缩机检测维修

请扫描二维码,查看"电动空调压缩机检测维修"技能视频,结合视频内容及相关资料,规范地完成电动空调压缩机检测维修的实训。

◆ 实训准备

1. 安全操作规范

① 操作前需穿戴高压安全防护装备。
② 拆卸高压系统部件时需要使用绝缘工具。
③ 断开空调压缩机连接管路前穿戴安全防护装备。
④ 规范使用设备和检测仪器。

2. 实操工具准备

（1）设备准备
空调台架、制冷剂回收加注一体机。
（2）工具准备
① 常用工具:世达150件套常用工具套装。
② 绝缘工具:世达68件绝缘工具套件。
③ 检测工具:空调检漏仪、208接线盒、万用表。
（3）防护用品
绝缘手套、绝缘鞋、车内三件套、车外三件套等。
（4）耗材
自封袋、绝缘胶布。

电动空调压缩机检测维修

◆ **实训步骤**

1. 前期准备

① 安装车轮挡块和底盘垫块。
② 打开车门降下左前窗,安装车内三件套。
③ 检查车辆是否处于P挡,是否拉起手刹。
④ 打开发动机机舱盖,安装翼子板布和前格栅布。
⑤ 配戴手套和护目镜。

2. 制冷系统泄漏检测

① 打开制冷剂泄漏检测仪开关。
② 按下电池测试键,检查制冷剂泄漏检测仪电量是否充足。若电量不足,则需更换新的电池,以免影响测试结果。
③ 按下制冷剂泄漏检测仪灵敏度调节按键,如图6-2-71所示,调节制冷剂泄漏检测仪灵敏度。

图6-2-71 检测仪灵敏度调节按键

图6-2-72 检测管路接头上方

④ 将检测仪探头置于压缩机管路接头上方,检测制冷剂是否有泄漏,若检测仪发出高频的滴滴警报声,则说明存在泄漏,需更换新的密封圈或空调管路,如图6-2-72所示。
⑤ 使用同样的方法检测冷凝器管路接口上方有无制冷剂泄漏,若有则需更换新的密封圈或空调管路。

使用同样的方法检测冷凝器翅片上方有无制冷剂泄漏,如图6-2-73所示,若有则需更换新的冷凝器。

图6-2-73 检测冷凝器翅片处泄露

图6-2-74 检测压力传感器处泄露

图 6-2-75 检测膨胀阀上方泄露

图 6-2-76 检测加注口泄露

⑥ 使用同样的方法检测各空调压力传感器上方有无制冷剂泄漏,如图 6-2-74 所示。若有则需更换新的空调管路或空调压力传感器。

⑦ 使用同样的方法检测膨胀阀上方有无制冷剂泄漏,如图 6-2-75 所示。若有则需更换新的空调管路或膨胀阀。

⑧ 取下空调管路制冷剂高压加注口盖,将检测仪探头置于制冷剂加注口上方,检测制冷剂是否有泄漏,如图 6-2-76 所示。若检测仪发出高频的滴滴警报声,则说明存在泄漏,需更换新的空调管路或制冷剂高压加注口。操作完毕后安装空调管路制冷剂高压加注口盖。

⑨ 使用同样的方法检测空调管路制冷剂低压加注口上方有无制冷剂泄漏,若有则需更换新的空调管路或制冷剂低压加注口。

⑩ 检测完毕,关闭制冷剂泄漏检测仪开关。

3. 制冷系统压力检测

① 将制冷剂回收加注一体机高低压管路连接至空调管路上。
② 接通制冷剂回收加注一体机电源。
③ 打开电源开关,打开制冷剂回收加注一体机高低压开关。
④ 检查空调管路压力是否正常,若测量值与标准值不符,则说明空调系统存在故障,需要进行检修。
⑤ 关闭制冷剂回收加注一体机上高低压开关,拔下制冷剂回收加注一体机电源。
⑥ 断开制冷剂回收加注一体机高低压管路。

4. 压缩机电路检测

根据电路图 6-2-77 可知,BA17 为空调压缩机低压线束接插器,1 号针脚为供电线束,2 号针脚为搭铁线束,4 号针脚为 CAN-H 通信线束,5 号针脚为 CAN-L 通信线束。

(1) 压缩机供电线束检测
① 断开低压蓄电池负极。
② 断开空调压缩机低压线束接插器 BA17。
③ 连接低压蓄电池负极。
④ 按下车辆起动开关至 ON 位置。
⑤ 取出万用表,校表确认万用表是否正常可用。
⑥ 将万用表调至直流电压挡。

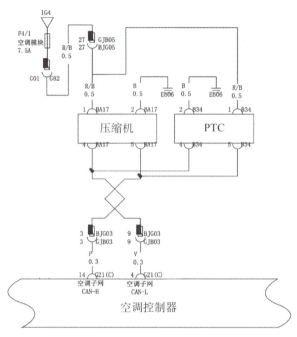

图 6-2-77 压缩机电路原理图

⑦ 将万用表红表笔连接压缩机低压线束接插器 BA17 的 1 号针脚，如图 6-2-78 所示。黑表笔连接车身搭铁，如图 6-2-79 所示。

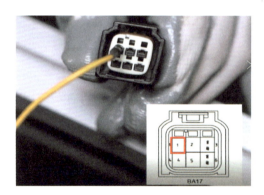

图 6-2-78 接插器 BA17-1 供电端

图 6-2-79 万用表黑笔搭铁

⑧ 待万用表数值稳定后记录万用表数值，如图 6-2-80 所示。若测量值与标准值不符，则说明压缩机供电线束存在故障，需要进行检修。

⑨ 关闭车辆电源开关，断开低压蓄电池负极，并将万用表调至电阻测试挡。

⑩ 将万用表红表笔连接压缩机低压线束接插器 BA17 的 1 号针脚，黑表笔连接压缩机供电保险丝一端。待万用表数值稳定后，记录万用表数值，如图 6-2-81 所示。若测量值与标准值不符，则说明压缩机供电线路存在断路故障，需对压缩机供电线束进行维修或更换。

（2）CAN 通信线束检测

① 连接低压蓄电池负极。

② 按下车辆起动开关至 ON 位置。

图 6-2-80 供电电压实测值　　图 6-2-81 接插器 BA17-1 脚与保险丝导通测量

③ 将万用表调至直流电压挡。

④ 红表笔连接压缩机低压线束接插器 BA17 的 4 号针脚,如图 6-2-82 所示。黑表笔连接车身搭铁。待万用表数值稳定后,记录万用表数值,如图 6-2-83 所示。若测量值与标准值不符,则说明 CAN-H 通信线束故障,需要进行检修。

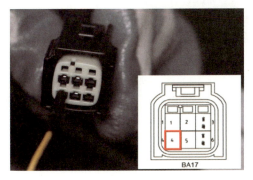 

图 6-2-82 CAN-H 电压检测　　图 6-2-83 CAN-H 对地电压实测值

⑤ 关闭车辆电源开关。

⑥ 断开低压蓄电池负极。

⑦ 断开空调控制器线束接插器 G21(C)。

⑧ 将万用表调至电阻挡,红表笔连接压缩机低压线束接插器 BA17 的 4 号针脚,如图 6-2-84 所示。黑表笔连接空调控制器线束接插器 G21(C)/14 号针脚。待万用表数值稳定后,

图 6-2-84 空调控制器接插器 G21(C)/14 脚　　图 6-2-85 BA17-4 脚与 G21(C)/14 脚导通测量

记录万用表数值,如图6-2-85所示。若测量值与标准值不符,则说明CAN-H通信线路存在断路故障,需对CAN-H通信线路进行维修或更换。

⑨ 以同样方法检测CAN-L通信线束。

(3) 压缩机搭铁线束检测

① 关闭车辆电源开关,断开低压蓄电池负极。

② 将万用表调至电阻挡,红表笔连接压缩机低压线束接插器BA17的2号针脚,黑表笔连接车身搭铁。

图6-2-86　压缩机搭铁线检测

③ 待万用表数值稳定后,记录万用表数值,如图6-2-86所示。若测量值与标准值不符,则说明压缩机搭铁线束存在断路故障,需对搭铁线束进行维修或更换。

5. 压缩机拆装

(1) 空调系统制冷剂回收

① 空调制冷剂回收结束后,按下暂停按钮,停止制冷剂回收。

② 点击下一步进行压缩机排油,直至排油结束。

(2) 压缩机拆卸

① 断开低压蓄电池负极,如图6-2-87。

② 佩戴绝缘手套,并拔下高压维修塞如图6-2-88所示。

图6-2-87　断开蓄电池负极

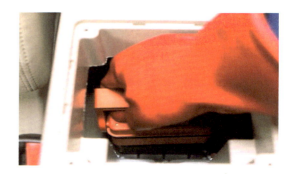

图6-2-88　拆拔高压维修塞

③ 拔下高压电控总成侧的压缩机高压线束接插器,如图6-2-89所示。

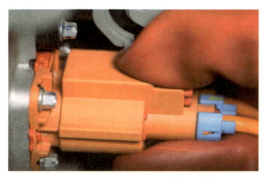

图 6-2-89 拔下压缩机高压接插器

图 6-2-90 拆卸空调高压管路螺栓

④ 使用 10 mm 套筒、棘轮扳手组合工具拆卸空调高压管路固定螺栓,如图 6-2-90 所示。

⑤ 断开空调高压管路与压缩机的连接,并拆下空调高压管路接头上的密封圈,如图 6-2-91 所示。

密封圈每次拆卸后都必须更换新件。

⑥ 使用自封袋包裹空调管路接头,以免灰尘和杂质进入空调管路,如图 6-2-92 所示。

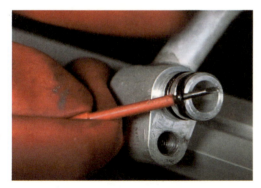

图 6-2-91 拆除密封圈

图 6-2-92 包裹管路接头

⑦ 取下压缩机管路接口上的密封圈,并使用绝缘胶带封住压缩机管路接口,以免灰尘和杂质进入空调管路。

密封圈每次拆卸后都必须更换新件。

⑧ 以同样方法拆卸空调低压管路。

⑨ 使用 13 mm 开口扳手配合 10 mm 开口扳手拆卸空调压缩机 2 颗固定螺栓和螺母并用

手取下。
⑩ 取下空调压缩机,并妥善放置。
(3) 压缩机安装
① 将压缩机孔位对齐,并用手旋入 2 颗固定螺栓和螺母。
② 用手安装空调压缩机 2 颗固定螺栓和螺母。
③ 使用 13 mm 开口扳手配合 10 mm 开口扳手紧固空调压缩机 2 颗固定螺栓和螺母。
④ 取下压缩机管路接口上的绝缘胶带。
⑤ 安装新的密封圈至压缩机管路接口上。
⑥ 取下空调管路上自封袋,并安装新的密封圈至空调高压管路接头上。
⑦ 将空调高压管路连接至压缩机上,并用手旋入固定螺栓。
⑧ 使用 10 mm 套筒、棘轮扳手组合工具安装空调高压管路固定螺栓。
⑨ 以同样方法安装空调低压管路。
⑩ 安装高压电控总成侧压缩机高压线束接插器。
(4) 空调系统制冷剂加注
保压完成后进行自动注油,注油后,按下制冷剂加注按钮,调整加注质量至 500 克。

6. 整理归位

整理工具、清洁场地、设备复位。

实训 2　纯电动汽车空调 PTC 拆装

◆ 实训准备

1. 安全操作规范

① 操作前需穿戴高压安全防护装备。
② 拆卸高压系统部件时需要使用绝缘工具。

2. 实操工具准备

(1) 设备准备
2016 款北汽 EV160 纯电动汽车、举升机和制冷剂加注回收机。
(2) 工具准备
① 常用工具:世达 100 件工具套装。
② 绝缘工具:世达 68 件绝缘工具套件。

◆ 实训步骤

1. 前期准备

① 安装车轮挡块。
② 打开车门,降下左前窗,安装车内三件套。
③ 检查车辆变速杆是否处于 P 位,是否拉起驻车制动杆。

④ 打开前机舱盖，安装翼子板布和前格栅布。

2. 断开维修开关

① 选用绝缘棘轮扳手、接杆、10 mm 套筒拆卸低压蓄电池固定螺栓，取下蓄电池负极电缆。
② 拆卸动力蓄电池高压维修开关。
a. 拆卸后排座椅。
b. 掀开后排脚垫，选用十字螺丝刀松开高压维修开关盖板固定螺栓，取下盖板。
c. 按压锁舌，断开高压维修开关，用胶带密封插接器座。

断开高压维修开关后，请等待 15 min 以上，待车辆完全放电后，再进行下一步操作。

3. 汽车空调 PTC 拆卸

① 拔下驾驶室储物箱下方右下角 PTC 加热器高压线束插头。
② 用手拆卸前排乘员地板左前角的 PTC 加热器护板。
③ 拔下低压线束插头。
④ 用棘轮扳手、接杆和 8 号套筒拆下 PTC 加热器搭铁线螺栓。
⑤ 用 T30 拆下 PTC 加热器两个固定螺栓。
⑥ 抽出 PTC 加热器总成。

4. 汽车空调 PTC 安装

① 插入 PTC 加热器总成至安装位置。
② 用 T30 安装 PTC 加热器两个固定螺栓。
③ 连接低压线。
④ 用棘轮扳手、接杆和 8 号套筒安装 PTC 加热器搭铁线螺栓，固定搭铁线。
⑤ 用手安装 PTC 加热器护板。
⑥ 连接 PTC 高压线束插头。

5. 安装高压维修开关

① 取下高压维修开关底座的密封胶带。
② 安装高压维修开关至规定位置。
③ 放置高压维修塞盖板至规定位置，并安装其固定螺栓。
④ 放回后排脚垫，并安装汽车后排座椅。
⑤ 安装低压蓄电池负极电缆。

6. 空调 PTC 工况检查

① 打开车辆电源开关。
② 打开空调开关。
③ 冷热调节旋钮调到最热位置。
④ 鼓风机旋钮调到适当位置。
⑤ 调节出风模式检查暖风效果，如果各出风口温度正常，说明 PTC 加热器工作正常。

7. 整理归位

① 关闭空调并取下三件套。
② 按照 7S 管理标准，整理工具和场地。

纯电动汽车与燃油汽车空调系统的功能相同，其主要作用是调节车内的温度、湿度、气流速度和空气洁净度等，使其在舒适的标准范围内。现代空调系统主要由制冷系统、空调采暖系统、空调配气系统、空调控制系统、空调通风与空气净化系统及控制系统组成。本任务以北汽 EV160 为例介绍纯电动汽车空调系统组成原理和检修。

北汽 EV160 电动空调制冷系统采用的是循环离合器膨胀阀系统，其结构主要由电动压缩机、冷凝器、储液干燥器、膨胀阀、蒸发器、制冷剂、冷冻润滑油、电动风扇和高低压管路附件等组成。各部件之间通过铝管和高压橡胶管连接成一个密闭的循环系统，其工作过程主要包括压缩、冷凝、干燥、节流和蒸发五个过程。

北汽 EV160 采用的是 PTC 加热器的方式进行供热。PTC 控制器根据环境温度、PTC 加热器温度、空调温度调节旋钮及动力电池电压等控制 PTC 加热器中两个电热芯的通断。新款的北汽 EV160 的两个电热芯的功率分别为 1.5 kW 和 2 kW，控制精度和乘员舒适性都有所提高。

北汽 EV160 电动空调控制系统主要由信号检测装置、空调控制单元和执行元件组成。信号检测装置主要包括温度传感器、空调系统压力开关、风门翻板位置传感器及空调控制相关开关等；空调控制单元主要是指空调控制器总成；执行元件包括风门电机、鼓风机、空调压缩机、冷凝器、散热风扇和各种空调状态指示灯等。通过空调面板采集风速调节旋钮、温度调节旋钮、A/C 开关和模式循环开关上的按钮信号，并将所采集到的按钮信号发送给整车控制器（VCU），然后 VCU 根据空调面板发送的按钮信号、蒸发器温度传感器所采集到的温度信号、BMS 发送的电池信息按照预设策略对压缩机、PCT 加热器冷凝器风扇和散热风扇进行控制，以实现空调功能。

北汽 EV160 纯电动汽车空调控制系统的电动压缩机作为高速旋转的工作部件，常见的故障有异响、泄漏及不工作等。冷凝器的常见故障是外部堵塞、损坏泄漏。鼓风机不正常工作的表现有：噪音、出风口风速偏小、无风吹出或空调不工作，出现以上故障的原因主要有：鼓风机元件本身物理损坏、电路故障、通风管路故障或受污染等。PTC 不工作，启动功能设置后风仍为凉风；PTC 过热，出风温度异常升高或从空调出风口嗅到焦糊气味。

一、判断题

1. 空调控制系统中，传感器的输入是被调参数，输出的是检测信号。（　　）
2. 空调压缩机吸入来自蒸发器的高温、高压的制冷剂蒸气，压缩制冷剂蒸气使其温度和压力降低，并将制冷剂蒸气送往冷凝器，在热量吸收和释放的过程中，实现热交换。（　　）

3. 摇板式压缩机和斜盘式压缩机都属于轴向活塞式压缩机。（   ）
4. 管片式（管翅式）冷凝器目前一般用在小型纯电动汽车的冷气装置上。（   ）
5. 纯电动汽车空调制冷系统都是采用以 R134a 为制冷剂的蒸气压缩式循环系统。（   ）

二、选择题

1. 以下哪些系统属于现代空调系统的组成？（   ）。【多选题】
   A. 制冷系统　　　　　　　　　　　　B. 空调采暖系统
   C. 空调配气系统　　　　　　　　　　D. 空调控制系统
2. 关于纯电动汽车空调压缩机的说法，正确的有（   ）。【单选题】
   A. 根据工作原理的不同，空调压缩机可以分为往复式压缩机和旋转式压缩机。
   B. 根据工作方式的不同，空调压缩机一般可以分为定排量式压缩机和可变排量式压缩机。
   C. 常见的旋转式压缩机有曲轴连杆式压缩机和轴向活塞式压缩机
   D. 轴向活塞式压缩机可分为摇板式压缩机和斜盘式压缩机。
3. 以下关于北汽 EV160 电动空调制冷系统的说法，不正确的是（   ）。【单选题】
   A. 北汽 EV160 电动空调系统采用的压缩机为电动压缩机。
   B. 北汽 EV160 纯电动汽车空调制冷系统采用的制冷剂是 R134a。
   C. 北汽 EV160 纯电动汽车空调制冷系统采用的制冷剂是 R12。
   D. 北汽 EV160 纯电动汽车空调制冷系统采用的冷冻润滑油为 POE。
4. 以下关于纯电动汽车配气系统的工作过程，说法正确的是（   ）。【多选题】
   A. 纯电动汽车配气系统的工作过程一般由空气进入阶段、空气混合阶段、空气分配阶段三部分构成。
   B. 纯电动汽车配气系统的工作过程第一阶段，主要用来调配所需温度和湿度的空气。
   C. 纯电动汽车配气系统的工作过程第二阶段，主要用来控制室外新鲜空气和室内再循环空气的比例。
   D. 纯电动汽车配气系统的工作过程第三阶段，可调节空调风吹向风窗玻璃、乘员的中上部或脚部。

三、简答题

1. 请简述涡旋式压缩机的组成及工作原理。

2. 请简述北汽 EV160 空调制冷系统的控制逻辑。